U0749727

互联网文化产业研究书系

主编 陈少峰 于小涵

互联网文创电商

张立波 侯杰耀 吕明圆 著

浙江工商大学出版社
ZHEJIANG GONGSHANG UNIVERSITY PRESS
·杭州·

图书在版编目（CIP）数据

互联网文创电商 / 张立波，侯杰耀，吕明圆著. —
杭州：浙江工商大学出版社，2023.1
（互联网文化产业研究书系 / 陈少峰，于小涵主编）
ISBN 978-7-5178-5032-8

Ⅰ. ①互… Ⅱ. ①张… ②侯… ③吕… Ⅲ. ①文化产
业－关系－电子商务－产业发展－研究－中国 Ⅳ.
①G124②F724.6

中国版本图书馆 CIP 数据核字（2022）第 128321 号

互联网文创电商
HULIANWANG WENCHUANG DIANSHANG

张立波　　侯杰耀　　吕明圆 著

出 品 人	鲍观明	
策划编辑	任晓燕	
责任编辑	张晶晶	
责任校对	何小玲	
封面设计	朱嘉怡	
责任印制	包建辉	
出版发行	浙江工商大学出版社	
	（杭州市教工路 198 号　邮政编码 310012）	
	（E-mail：zjgsupress@163.com）	
	（网址：http：//www.zjgsupress.com）	
	电话：0571-88904980，88831806（传真）	
排　　版	杭州朝曦图文设计有限公司	
印　　刷	杭州宏雅印刷有限公司	
开　　本	710 mm×1000 mm　1/16	
印　　张	14	
字　　数	218 千	
版 印 次	2023 年 1 月第 1 版　2023 年 1 月第 1 次印刷	
书　　号	ISBN 978-7-5178-5032-8	
定　　价	78.00 元	

教育部哲学社会科学研究重大课题攻关项目"我国体育产业高质量发展研究"（19JZD016）

山东省社科规划基金项目"促进我省互联网文化产业发展对策研究"（18CHLJ05）

山东重大技术攻关项目"面向社区的 IP 元宇宙文创电商平台研发及产业化应用"

总　序

　　近年来，随着互联网技术的不断发展，互联网逐渐成为人们购物、互动娱乐、知识分享等"卖场与传播"的平台，互联网文化与人们的生活方式相互促进、深度融合，文化产业进入了互联网文化产业的新时代，"互联网平台＋数字内容＋电商"的文化科技融合新业态呈现出迅猛发展的态势。作为一个在传统文化产业基础上建立起来的新的产业形态，互联网文化产业在延续文化产业的基本内涵的同时，更加突出了轻资产的特点，这也为文化产业拓展了新的发展空间。

　　众所周知，互联网文化产业的发展，一方面得益于互联网平台文化与科技融合的特性，另一方面也是传统文化产业实现供给侧改革、跨界融合及产业转型升级的结果。从现有的互联网平台与互联网整体经济驱动发展的潜力角度看，今天的互联网文化产业发展仍处于初级阶段。今后伴随着人工智能、大数据、物联网、陪伴机器人等技术的不断融合发展，以及 IP 产业链的打造，互联网文化产业有着广阔的发展空间和美好的发展前景。

　　可以预见，在未来互联网文化产业的发展进程中，互联网文化、生活方式、技术创新与文化产业的融合将进一步加强，互联网文化与文化产业也将呈现出新的特点和发展趋势，需要文化企业与时俱进，不断探寻新机遇、把握新模式。尽管当前的互联网文化产业还是以广告为主，但各种媒体营销、互动娱乐、文创电商、付费点播、知识分享、版权开发、新媒体垂直业务等也将持续快速发展。互联网平台公司往往注重内容制作，形成"平台＋部分自制内容＋垂直运作"的新模式。可以说，今后内容提供（故事 IP 与形象 IP）、网红经济、互联网平台(技术创新)等将成为缺一不可的综合体系。随着获取优质内容的竞争趋于激烈化,以及政府逐渐取缔过度娱乐化的节目(如直播等),互联网文化企业也需要转型升级,创作或者扶持精品内容。就是说,做文化产业不仅要有适度的娱乐,还需要有文化内涵,或者要做正能量的娱乐。同时,互联网文化企业也要重视跨界创新,形成技术与设计、创意、艺术、故事等的跨界融合。

互联网平台的价值变现和技术创新,具有不同的等次和功能。我认为,以"卖场+内容"支撑的新媒体与文创电商将成为今后发展的重点,其中,新媒体各种小平台的建立,以及其垂直业务的发展是最具活力的。自媒体(新媒体)的商业模式从传统的"传播型"转化为"经营型",即以自媒体吸引粉丝的能力为基础,以品牌(含网红品牌)效应为后盾,开发自主产品,发布自家产品的广告,形成产品、营销、渠道一体化的新型平台(卖场),并且通过频道组合(多个自媒体),逐步成长为新媒体文创集团,形成内容(故事)驱动与衍生品开发相结合的新业态,从而实现内容产业、小平台频道组合和衍生品产业的内在融合。这也将成为互联网文化产业持续发展的新动能。

互联网文化产业在商业模式上更加突出了"未来"的特点,即互联网文化科技企业(及其投资)的关注点不在于考察当下是否盈利,而在于企业的整体价值最大化,尤其是未来导向的成长性。因此,业态的选择很重要,公司的战略、内在能力积累、发展前景也变得越来越重要。此外,基于互联网平台出现全市场、全方位竞争的特点,企业之间的合作关系将替代竞争关系,企业需要更关注行业资源的获取、资源的互补性及业务的合作开发。当然,文化科技融合与跨界业态的发展,还将整合以互联网平台为核心的产业要素,在经营方式上实现线上线下的融合。例如,随着人工智能技术的日渐成熟和人们生活方式的变化及内在需求的增加,娱乐机器人、陪伴机器人的时代也即将来临,这将赋予以互联网平台为核心的文化科技融合产业更大的发展空间。

当然,在关注互联网文化产业发展的同时,各种网络伦理问题,包括与大数据应用和机器人思维、机器人道德教育等相关的伦理问题也需要我们予以

更多的关注,需要进行前瞻性的研究,做出深入的思考。

　　基于以上的关切和研究的问题意识,浙江工商大学中国互联网文化产业研究院、北京大学文化产业研究院、北京峰火文创中心与浙江工商大学出版社联合推出了"互联网文化产业研究书系",拟组织业界专家学者对网络文化和互联网文化产业的相关政策、产业趋势、营销模式、商业模式、企业文化、伦理问题等进行比较系统的探讨和研究,希望该书系成为文化产业和互联网文化企业研究人员、相关从业人员和同学们有益的参考读物。

陈少峰

2019 年 1 月

目　录

导　言

随着互联网与文化产业的融合发展，以互联网文化产业为核心的各种新产品、新业态、新模式层出不穷，且逐渐成为文化产业领域的主流。着力发展互联网文化产业既是新时代信息化发展的新战略，也是驱动引领经济高质量发展的新动能。而"文化＋电商"作为互联网文化产业的一个有机组成部分，代表了大数据与文化产业深度融合的一个重要方向。

一、发展背景与趋势

近些年来，电商与数字内容、社交应用融合加深，移动支付使用率保持高速增长。截至 2018 年 6 月，我国网络购物用户和使用网上支付的用户占总体网民的比例均为 71.0％，网络购物与互联网支付已成为网民使用比例非常高的应用。[①] 一方面，电子商务、社交应用、数字内容相互融合，社交电商模式拓展了电商业务，电商企业越来越多地推出了具有数字内容的多元化购物场景。在此基础上，电商保持稳定发展，且在协调供给侧结构性改革、拉动社会就业、助力乡村振兴战略、助力残疾人自强等方面都发挥着重要作用。另一方面，绝大多数支付机构接入互联网，提高了资金透明度和网络支付的安全性，手机网民中使用移动支付的比例达 71.9％，开创了无现金交易的新时代。

从发展趋势看，将来互联网平台的主要收入之一还是来自电商，不过这种电商已经不是传统意义上的电商了，而是逐步升级为文化内容与电商相融

---

① 第 42 次《中国互联网络发展状况统计报告》，(2018-01-31)［2021-12-17］，http://www.cac.gov.cn/2018-08/20/c_1123296882.htm。

合的互联网文创电商。比如：我们研发的基于"频道组合制"的电商，可以形成少数的平台和多数的垂直业务（App可以是小平台，也可以是垂直业务载体），或者是小平台＋垂直业务（如各类经营性的微信公众号）；垂直业务可以组合成一个互助的平台，即通过互助营销等成为一种组合性平台。频道组合的电商最好的形式其实是互联网文创电商——在借鉴类似电影衍生品和迪斯尼的互联网文创电商的基础上，推出两个创新：一个是先有商标后有植入（全部是拥有商标专用权的自主知识产权产品），一个是频道组合制（公司＋产品组合）的植入与互助营销。新型的互联网文创电商的突出特点在于，网络零售的产品是内容产业中的预设化（拥有商标和设计）的植入产品（文化化的产品），产品具有独特的品牌和内容展示中的文化、形象包装、情感以及故事提升附加价值的优势。而一般电商要么推销假冒产品，要么相互降价竞争，对于我国产业结构升级、提升附加价值都具有很大的负面作用，也有很多商品严重侵犯知识产权，造成假货泛滥。互联网文创电商就可以解决一般电商存在的假货泛滥和降价竞争这两大困扰。而且，对于互联网文创电商来说，所有的消费品都可以成为文化产品，都可以通过互联网文创电商得到附加价值的提升。因此，互联网文创电商既是我国文化产业转型发展的重要契机，也是我国电商转型发展的重要方向。

二、业态与模式创新

对于传统文化产业转型升级而言，只有实现文化产业和新媒体产业的结合，才能形成一个"内容＋网红＋品牌＋植入＋电商"的产业链。比如，互联网电视领域的优朋普乐提出的TV电商模式，就是一种内容场景与电商交互实现的模式，其大致场景为：客厅里，一家人正在互联网电视前观看电影院同期放映的好莱坞大片《变形金刚》，4岁的儿子指着屏幕上的"大黄蜂"吵着要买玩具汽车；老婆看见女主角穿的上衣，觉得款式很适合自己；而男主人则感觉影片中植入的啤酒广告虽然牵强，但那啤酒看着应该挺好喝。男主人拿起遥控器，暂停影片，切换到TV电商平台，然后选中商品，在线支付，完成购买。

当今互联网已经进入全面开放时代，平台竞争重塑行业格局，互联网开

放态势以平台为依托的竞争成为主旋律。在包括百度在内的互联网企业竖起开放平台大旗之后,腾讯宣布已进入"全平台开放"。至此,国内互联网第一阵营中腾讯、百度、阿里巴巴、京东、奇虎360、网易、新浪等均已公布开放平台计划。人人网、开心网、UC优视也积极跟进,进入开放平台的行列。同时,电影产业、动漫产业和游戏产业纷纷搭建、开发平台助推文化产业发展。

借助现代信息技术,各类文化企业继续保持"跨界合作"的势头。优酷土豆网、炫动传播、奥飞等多家公司频频跨界经营,这是因为,一方面它们看到了中国原创内容的巨大价值,另一方面希望通过整合内容、渠道,以及传统行业资源,借互联网风口,加速企业自身发展。新的文化业态会慢慢地代替旧的业态或者将其整合。电商作为互联网时代下衍生出来的新行业,不仅对人们的生活方式有深刻的影响,对企业的商业方式也会产生深刻影响。但是,不管新的还是旧的,其未来定位都还没有完全明朗,所以现阶段以及未来的较长一段时间都将是文化产业的新旧业态不断调整融合的时期。

随着互联网与文化产业加速融合发展,互联网文化产业领域的商业模式可谓日新月异,企业围绕着互联网进行的业务创新、产品创新和业态创新日益成为常态。从以前单一形式的书籍、广播、电视到如今的电子书、网络直播、微视频、微博、微信公众号、AR/VR(虚拟现实/增强现实)、娱乐机器人等,整个文化产业异彩纷呈。比如,互联网从4G向5G和6G快速升级,促使以微电影或微视频为代表的微内容的爆发式增长。微电影或微视频作为一种新型的内容业态,有明确的营销传播诉求点,其诉求方式更为坦诚、自然、直接,且无时间限制,情节完全可控,能更好地诠释品牌理念。与传统影视相比,微电影或微视频的广告植入更灵活,改变了以往影视作品创作后期广告硬性植入而引发观众抵触情绪的情况,其播出平台也能收获巨大的点击量及广告收益。在传播过程中,新奇有趣的创意会吸引受众不断地转发和分享,且容易吸引受众自发撰写微电影或微视频评论,可达到持续传播和强化品牌冲击力的效果。

从商业模式创新的角度来说,"系列微电影或微视频+"是开发互联网文创电商的一种重要创新方式,它比院线电影更具有发展潜力和持续性。另外,不同系列的微电影或微视频也可以形成频道组合制,既可以互相植入品牌产品,也可以形成开展互助营销的新平台。"系列微电影或微视频+"区别于已有的微电影制作方式与商业模式（靠赞助和广告为主要收入来源的商业模式），也不同于网络剧和网络大电影。它既是替代传统电影商业模式的创新，也是延长电影产业链的创新。"系列微电影或微视频＋"的收入来自含改编为大电影在内的知识产权的积累和互联网文创电商（主要是自有品牌产品的植入，如原创性互联网文创电商＋商标专用权）。同时，植入产品可以持续得到系列微电影或微视频的内容植入（不同系列微电影或微视频可以植入同一品牌产品）和传播。在连续的微电影中饰演主角的演员也能成为网红，转而代言文化产品。

三、文化与电商融合

互联网文创电商既是互联网产业商业模式的重要环节，也是现代企业进行业务创新的基本方向。合理的商业模式是企业的立足之本，企业发展的关键在于商业模式创新，企业应重视以互联网文创电商为支撑的商业模式的发现、选择、改进和优化。商业模式中盈利方法的选择是丰富而多端的，有时候是单一的盈利点，有时候是组合的盈利点，有时候是交叉的盈利点。在思考商业模式创新时，需要结合产业的变动、消费者生活方式的变化与商机的变动，更需要结合企业内在性优势和外部性优势，在某些情况下还需要把握自身拥有竞争优势的具体领域。

在对文化产业商业模式持续研究的过程中，我们非常关注电商对文化产业经营特别是商业模式的影响，并重视运用文化产业商业模式模型分析电商与文化产业之间的关联以及对企业业务结构的影响。在本书中我们在"文化内容＋电商"相融合的基础上进一步对"互联网文创电商"的概念、要素、结构和实现形式进行系统探讨，重点从文化产业自身转型升级和互联网跨界融合两个方面探讨企业商业模式创新的基本路径，进而构建互联网文创电商运营的基本理论框架。本书主要内容包括三大部分：第一部分即第一章和第二章作为总论部分，主要分析内容产业与电商的融合发展态势，在此基础上厘清互联网文创电商的核心要素及运营逻辑。第二部分即第三章至第九章作为分论部分，主要根据互联网文创电商发展脉络，对新媒体电商模式、影视电商

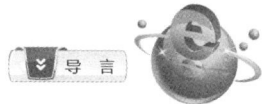

模式、"电视＋社交＋电商"模式、博物馆文创电商模式、体育文化电商模式、艺术品电商模式以及"微电影＋电商"模式等分别加以分析和探讨。第三部分即第十章和第十一章，是延伸和展望部分，分析互联网文创电商与文化企业商业模式创新的深层互动，并对互联网文创电商的未来进行展望。

　　本书在选取互联网文创电商相关案例时，注重的是个案的开创性、代表性和启发性的有机结合，而不是简单以案例事件本身存续时间的长短作为评判标准。因为没有永远卓越的产业，也没有永远卓越的企业，可能有的是某些卓越的经营行为和方法，而这些行为和方法可以启示或引发我们对问题的思考。作为互联网文化产业研究成果之一，本课题团队成员庞敏、赵雅兰、唐敏敏、刘园香等不同程度地参与了前期调研、数据收集及部分案例评析，并针对相关问题进行了数次研讨、论证和交流，为问题的结构化和系统化研究奠定了某种实证基础。由于互联网文创电商还属于新兴的研究领域，许多问题的研究尚处于探索阶段，书中某些观点和思路或有不当之处，诚望各位方家及读者在阅读中提出建设性的批评，以期通过思考改进使之进一步趋于完善。

第一章 内容产业与电商的融合

在互联网时代,跨界融合是产业发展的基本规律,也是企业商业模式创新的基本趋势。互联网带来新的商业模式变化,主要是互联网规则。互联网规则按照统一的标准、统一的模式向用户提供产品或服务,而不做专门的差异化。比如新浪微博模式就主要靠微信息互动传播,快速在全国范围内形成统一标准、统一服务,用这种方式获得快速的扩张。这一变化背后,主要按照互联网规则去推动。

一、跨界融合作为普遍法则

在互联网的推动下,跨界融合成为产业创新和商业模式创新的本质与重心所在。跨界融合既包括横向跨界,即跨媒体、跨行业、跨地域、跨国界经营,也包括纵向跨界,即内容＋平台＋衍生服务的全产业链要素。例如,"四C合一",即内容、计算机、通信、消费者具有融合趋势;再如,IT产业由内容驱动软件与硬件革新,实现内容—软件—硬件的一体化运营。当前,跨界融合越来越呈现出加速的态势,其最主要体现为信息技术与文化内容的高度融合,其典型特征是数字化、网络化和智能化。信息技术与文化内容的融合来自人们生活方式的变迁与科技创新的互动,企业如果能够把科技和文化有效融合起来,就容易做强做大。我国当前市值比较高的公司如阿里巴巴、百度、腾讯、京东等,都越来越成为以互联网＋内容产业为核心业务的企业,而仅仅局限于IT技术领域的公司,其规模一般都比较小。

（一）信息技术和文化内容融合加快发展

进入 21 世纪以来，文化产业发展的一个重要特点就是跨界融合速度加快，尤其是技术创新的步伐加快，不断推动渠道的变革，进而带动文化产业结构发生根本性的发化。比如信息技术的升级让电视剧播出平台多样化，涌现出网络电视、手机电视、移动电视等新媒体平台，同时伴随着国家酝酿当中的"三网融合"的政策支持，给整个产业带来巨大的发展契机。数字化信息技术的突破带来的新趋势是跨行业的复合型业态。以往传统的垂直型产业链，从内容策划、设计、产品与行业结合，到最终推向市场实现自己的价值，都处于比较割裂的状态，其整个内容与渠道尚未实现有效的沟通。

商业模式创新主要借助信息化技术提升传统产业，开发新市场。新商业模式并不排斥传统产业，传统产业通过信息化技术能够开发出新的市场空间，再造新的优势。过去企业把软件作为一次性产品来卖，其实其增值服务是无限的。软件业正在从传统的光盘套装、授权付费型，向在线托管、租赁使用、按需付费型转变。在线软件服务即插即用，用多少付多少费，还可面向全球客户，争取更大的市场份额。

在数字化、网络化和智能化的驱动之下，科技与文化的融合创新，将会开辟出巨大的文化消费新市场。当年乔布斯和苹果公司开发的 iPhone、iTunes、iPad 等，几乎在一夜之间颠覆了传统的视听艺术样式，把新颖的视听手段与丰富的视听内容结合起来，满足了人们随时随地进行视听享受的要求，开发出一个全新的视听消费市场。

比如，数字出版已经成为出版行业发展的大趋势。亚马逊 Kindle 电子书下载平台的出现，在美国引起了传统新闻出版业的剧变，越来越多的新闻出版企业加入亚马逊的数字出版发行平台中来，数字出版物销售所占比例大幅提升。各类电子阅读器正为了加快国内新闻出版业的数字化进程而生。更为重要的是，以 Kindle 为代表的新一代电子阅读器，已经建立了一个成功的商业模式，可以带领传统新闻出版业走向数字化未来。当前，国家重点支持出版传媒集团发展以网络出版、手机出版、云出版等为代表的出版新业态，支持出版传媒集团和大型电商企业进行战略合作和资源整合，构建线上流通和线下流通相结合的现代化出版物流通体系。鼓励开发应用互联网、物联网和云计算技术,构建开放式、综合性、多功能集成的流通信息平台;支持出版传媒集团实施数字化战略,加快发展有声阅读、电子书、电子书包、数字报、精品学术期刊数据库等。

单就移动阅读平台而言,据初步估算,电子书的销售额中,15％通过平板电脑,55％通过智能手机,另外 30％通过各类电子书阅读器终端。可以说,移动终端正在取代 PC 而成为数字出版的核心传播平台。当今,移动数字杂志阅读的六大趋势为:网站过气,移动 App 当道;个性化和社会化阅读的内容聚合＋信息筛选将成为数字杂志内容输出新方向;视频、图片与社交媒体的互动成为提升移动数字杂志阅读体验的核心武器;"80 后"是移动数字杂志阅读的主体人群,"70 后"和"90 后""00 后"紧随其后;移动阅读成为读者休闲和填补碎片时间的重要方式,杂志不进行数字化转型将很难抓住新一代受众;手机杂志阅读偏好娱乐或新闻类,而时尚和财经内容阅读忠诚度高。[①] 然而,国内数字出版商业模式的重点依然在传统互联网,对于移动互联网所带来的机遇及挑战缺乏足够的思考。

(二)内容为王越来越凸显

文化产业的产业结构一般都通过"内容为王"的扩展来体现。所谓内容为王,意指故事创意、音乐、节目、信息、活动安排以及各种文化艺术的知识产权所构成的文化产业的核心,它决定着文化产品或服务的附加价值。当前,在电影、电视剧以及动漫卡通领域开始步入总产能过剩以及制作费用持续提升的时期,能够提供优质内容、及时延长产业链、打造综合传媒平台和渠道、整合行业及社会资源的公司,可巩固自身的竞争优势,在内容传媒需求大爆发的时期,高速成长。比如,精品电视剧依旧是稀缺资源,呈现供小于求的态势。普通电视剧市场价格一般在 35 万元/集,而部分精品剧的价格可以达到100 万元/集以上;网络版权 50 万—60 万/集,搜狐视频购买《新还珠格格》、优酷购买《倾城雪》、乐视网购买《后宫》等热门剧集,价格均超过 2000 万元。

---

① 高虹飞:《社会化媒体时代的创新与变革》,《北京大学校报》,2012-11-04。

内容是数字化、网络化和智能化发展的灵魂和血脉,只有拥有丰富多彩的内容,数字生活才会更加精彩。TV、手机、电脑等视听终端的逐步丰富,特别是以手机和可移动设备为终端的数字内容服务模式的出现,刺激了我国数字内容的快速发展,也造就了一个非常庞大的市场。移动互联时代是消费者霸权的时代,而消费者的权利通过无处不在、无所不能的社交网络变得无比强大。随着智能手机、平板电脑、电子书阅读终端的普及,与其他传媒产业一样,数字内容正迎来爆发式增长时代。无论是火爆的"SoLoMo"概念(Social 社交化、Local 本地化、Mobile 移动化),还是苹果、安卓、亚马逊平台上琳琅满目的应用产品,都昭示着一个全新的内容信息传播格局正在形成。

(三)新技术的协同创新越来越被重视

商业模式创新离不开新技术的支撑,但新技术要与商业模式形成协同才能发挥作用。如恒生电子提供 Web2.0、手机银行解决方案和金融信息交换平台等,充分说明只有按市场需求搞研发,依靠商业模式创新去占领市场,才能促进科技成果产业化。某些产品由于自身的专业性和领先性,其运行可能需要特别的软件等与之相匹配。如索尼公司投放市场的游戏机售价很低,但它从 UMD 特别格式的游戏和记忆棒内存生意上获利,而这种商业策略的技术保障就是 UMD 光盘,一种从硬件上无法拷贝、提取数据的技术。再如,2012 年国内彩电巨头 TCL 集团与央视签约,成为我国首个 3D 电视频道央视的独家合作伙伴,这也是国内 3D 终端显示设备及技术提供企业首次与我国的权威 3D 内容提供平台实现合作,标志着中国 3D 产业链实现了上下游打通,并初步构建起完整的 3D 产业生态系统。在智慧城市的时代,这样的潮流可谓风起云涌。智慧城市通过感知化、互联化、智能化的方式,把城市中的物理基础设施、信息基础设施、社会基础设施等连接起来,"智慧+互联+协同"成为智慧城市建设的核心理念。TCL 集团与央视签约成为我国首个 3D 电视频道的独家合作伙伴,标志着科技创新、内容创新和商业模式创新,开始了新的融合,预示着新的市场空间开始出现。

随着新媒体的发展和生活方式的变动,部分传统媒体产业,包括报纸、图书、杂志、光盘、唱片、数码相机等,都将受到不同程度的冲击。现在已经出现了信息技术跟文化内容融合的趋势,其中"四C合一"即内容产业、计算机、通信、消费者电子相融合是其中一个方面。今后,很多IT硬件产品里面都要内置娱乐内容,如美国的苹果公司,还有索尼、诺基亚、微软等,这些年都将电子技术和文化设计内容进行融合。当前,包括因特网和手机在内的媒体平台的完善,特别是视频内容产业的快速发展,定制内容服务以及广告等的收入占媒体产业一半以上的市场份额。

对于新媒体的发展趋势,有人概括为7个方面:手机再无领导品牌;App生命周期缩短;象征"游牧时代";桌面、移动互联网分工日益成型;手机购物冲击实体店;手机阅读跳过桌面互联网;"三微"(微博、微信、微视频)发力。但它们前景各异。[①] 不过,我国今后10年中最大的媒体仍然是手机,手机不仅会成为我们最大的媒体终端,而且会成为我们生活当中最大一个消费终端。

二、"内容+平台"作为全产业链形态

新的商业模式是企业基于互联网和新技术,通过内部流程和基本构造的设计,以及对外部资源的整合利用来细分市场、创造需求,实现增值服务的。当今,基于互联网和新技术比较普遍的商业模式主要有:一是电商类,如阿里巴巴全球B2B电商平台模式;二是软件技术服务类,如AI和VR运用以及三维仿真城市平台提供商模式;三是信息服务类,如"三网合一"互动呼叫搜索模式;四是娱乐与文化旅游服务类,如卡通影视动漫及衍生品模式;五是服务外包类,如视频会议服务外包模式;六是人才服务类,如互动教育平台模式;七是连锁经营与物流配送类,如IT连锁市场经营模式;八是网络与电视媒体虚拟店铺销售类,如淘宝网C2C电商平台模式。这些商业模式在很大程度上都是信息技术和文化内容相互融合的产物。

信息技术和文化内容的融合发展,可以有效地促进文化产业的全产业链经营。文化产业的全产业链结构,是一种同一内容资源在空间和时间维度上都重复延伸使用的结构,它显示了更强的融贯性和扩展性。在空间上,文化

---

① 高虹飞:《社会化媒体时代的创新与变革》,《北京大学校报》,2012-11-04。

产业的全产业链以创意内容为轴心,既可以实现纵向伸展,使上下游各产业要素有机地连接为一体,又可以实现横向打通和协同,使各个向周围辐射的产业内在地连接起来,实现内容资源重复开发的增值,或者实现内容服务驱动硬件(如手机、电子阅读器、存储器以及其他可移动设备等)增长。在时间上,它以顾客需求为导向,使创意内容时刻跟随或者引导顾客生活方式以及消费方式的变化,保持文化产品生产过程的时效性和动态性。由此,文化产业的全产业链能够做到这样几个方面:其一,往横向和纵向延伸,附加价值高,上下周围资源配置平衡,创新与品牌贯穿始终;其二,通过内容的知识产权,对从起点到终端的每个环节进行有效管理,并对关键环节进行有效掌控;其三,各环节相互衔接,整个产业链前后左右贯通为一体;其四,不同产品线之间的相关功能可以实现整合或者战略性有机协同。

在内容资源推陈出新的同时,内容呈现形式也取得很大进步,将内容和平台结合起来,是最合理也是最有效的商业模式。文化产业的一大特色,是既要"内容为王",又要"平台取胜",有了富于人文精神和审美魅力的内容,文化产品才能感染人和影响人;而有了广泛传播的渠道,文化产品才能转化为千百万人的消费品。而平台与内容又会相互影响,推进更适合传播的内容和更能承载内涵的渠道。如此一来,上游制作商提供的内容才可能决定一部电影的根本商业价值:拥有成熟导演和热门演员的电影公司,利用自身稀缺的人力资源和经验丰富的电影制作团队,不仅可以缓解上游制作成本的压力,还可以提高电影的含金量。

在如今文化产业发展潮流中,同时掌控内容生产与传播渠道,成为越来越多的文化企业所热衷的全产业链商业模式。同时拥有内容与渠道,内容能够为渠道提供消费点,而渠道能够保持内容生产所需现金流的平衡。但对于国内那些相对已经做大的文化企业来说,其业务仍然只是侧重于某一方面,或是内容生产,或是提供平台或渠道。即使在内容生产方面,也仅局限于影视、动漫、图书或游戏等文化产业某一特定业态。因此,当文化企业在实施跨界融合,甚至试图联姻内容与渠道之时,选择何种商业模式便成为首要命题。国外所有的大电影公司如迪士尼、华纳兄弟、环球等,无一例外都是传媒集团的一部分,因为传媒和娱乐跨界结合的最直接结果就是传媒能够给娱乐提供营销上的帮助。

以国内的华谊兄弟言之。华谊兄弟公司以优质的影视内容为核心竞争力，通过"最优剧本＋明星制作团队＋成熟平台"，以及一系列收购或直接投资，开始打造国内的娱乐航母。在电影方面，公司依靠强大的制作实力，通过原创系列电影、独立制片、国际合拍等多元化制片模式满足观众日益挑剔的需求，并通过全资子公司华谊国际与美国传奇影业开展国际合作。电视剧领域，公司通过独到的制片人工作室模式，生产各类题材的电视剧，形成规模化生产能力，同时通过全面对接电视台需求，定制化打造高价电视剧。在产业链布局领域，2011年底公司共有11家电影院投入运营，占据电影院票房市场份额前五；公司51％控股收购华谊巨人、参股掌趣科技22％股权以进入游戏领域。华谊兄弟，正利用了其"优质电影和电视剧＋演艺人员经纪业务＋发行"三块业务，形成"人力资源＋渠道＋版权＋产业链＋资本"的全渠道，以调整影视产业的布局。

再如，一直在全力探索和打造"平台＋内容"商业模式的光线传媒。光线传媒公司是国内最大的民营节目制作及提供商，以娱乐资讯、综艺、生活及访谈类节目起家，率先构建了工业化的娱乐节目制作体系，将国外成熟的管理理念与国内产业运作特点及产业现状相结合，通过优化实现了娱乐节目的标准化制作，并且打造了大型的以电视联播网为主导的娱乐综艺平台。在此基础上，公司不断布局网络视频、电商、线下娱乐等新媒体和新业务，并进一步释放其广告价值实力。目前已经成为集"综艺娱乐节目制作发行＋影视制作发行＋广告＋公关"的大型文化公司，并有望在"内生＋外延"带来的新业务模式中实现跨越式增长。

构建文化产业的全产业链商业模式，应以企业整体价值为目标，最大限度地提升企业的竞争能力，实现规模化经营的扩展，提升专业化水平和附加价值。例如，2006年北京联盟传媒有限公司拍摄了80集章回体古装喜剧《武林外传》，随后把电视剧集作为整个品牌及产业链的起点，对《武林外传》进行了深度的文化产业衍生开发，创立出全新的"武林外传"全产业链。"武林外传"全产业链的典型特征在于，对同一种内容从不同角度进行了深度的文化产业衍生开发，形成了包括电视剧、电影、动漫、Web2.0网络游戏、话剧、川剧、动漫人偶剧、桌牌游戏、图书、毛绒玩具、文具以及邮票等系列衍生产品，进而打造出"武林外传"文化品牌，创立出全新的"武林外传"商业模式。《武林外传》由电视剧已经带动延伸出20多种产品，内容的每一次使用都会有增值,每种产品都在市场上创造出不菲的业绩。《武林外传》从影视品牌到网络游戏品牌,到图书品牌,再到戏剧以及增值服务,是从产品系列向品牌系列的深度扩展。总之,打动人心的故事创意,全产业链构建思路,才会打造出"武林外传"这样成功的文化品牌。

在互联网时代,娱乐内容和互联网相互融合的过程、内容＋渠道＋衍生品的整合过程,其实也是全产业链商业模式建构的过程。例如,腾讯之所以与华谊兄弟进行战略合作,是因为长期以来腾讯对影视娱乐产业与互联网产业的协同效应有着比较高的期望,也希望逐步将旗下的全平台产品与影视娱乐创作、传播和衍生产品发行相结合,实现真正的跨产业融合。腾讯业务收入主要来自游戏、会员服务、广告和无线等几个方面,这些业务收入均来自互联网领域,在业务创新上弱于竞争对手。而华谊兄弟拥有客观的优质影视片源和版权,还有100多名艺人资源,入股华谊兄弟有助于腾讯攀上国内影视内容版权高地,并在目前火爆的网络视频领域取得突破。此外,入股华谊兄弟,腾讯显然是想从文化创意资源源头上获得竞争优势。而对于旨在整合内容、渠道和衍生品的华谊兄弟而言,腾讯超10亿用户的渠道资源将有助于其影视内容的推广。

三、大数据助推电商转型升级

不是我不明白,是世界变化太快。在这个日新月异的信息世界,PC互联网、移动互联网接踵而至,转眼之间我们又进入了大数据时代。大数据将是未来一切产业或商业活动的基石和基础,近些年来,无论新兴企业(如社交网站、电商平台)还是传统企业都在积极调整自己的经营战略,将业务触角和产品线延伸拓展至大数据领域。

(一)大数据带来的变革

在"互联网＋"推动下,大数据作为一种越来越重要的生产要素,给产业发展以及人类的生活方式都带来前所未有的变革,在如下两个方面表现得尤为突出。

第一，数据逐渐成为核心竞争力。大数据得以快速发展基于 3 个核心理念：其一，世间万物都可以数据化；其二，数据既是技术也是内容；其三，重要的不是因果关系，而是相关关系。[①] 这些理念为企业经营提供了一种新的思路或走向，即数据越来越成为企业的核心资产，拥有、分析、挖掘和传输数据成为企业核心能力之所在。一方面，企业需要拥有庞大的数据，并运用云计算随需取用的特性最大限度地满足用户对数据的需求；另一方面，企业更需学会并善于利用、挖掘、分析各种数据，通过数据应用和商业分析提升决策效率和质量，从而提升企业的整体价值。

第二，娱乐无边界成为基本生活状态。大数据也在大大扩展娱乐的范围，改变人们的娱乐方式及娱乐形态，特别是造就互动性强的娱乐无边界。娱乐无边界就是人们的娱乐不受时间和空间的限制，特别是在移动互联网推动下，娱乐的时间和空间限制完全被打破了。在我们看来，以大数据为基础的移动互联网才是真正 Web 3.0 时代，其最主要的特点有二：一是拥有海量的数据（包括文本、图片、图像以及各种位置信息、基因信息等），二是交互性超强。这将更好地满足娱乐无边界的需求。在娱乐方式变化方面需要特别关注的是，青少年始终是娱乐无边界的主体。青少年围绕 PC 互联网和移动互联网进行内容消费和娱乐体验，成为网络创作、阅读和体验消费的主体，也是时尚电子产品消费和付费下载的主体。青少年群体喜欢节奏快，参与性、互动性、体验性强，明星在场的娱乐。主流消费者的需求决定了产品的开发方向，谁赢得青少年，谁就赢得市场。

（二）大数据时代电商转型升级的基本走向

在大数据推动的跨界融合、娱乐无边界的大趋势下，以数据为生命线的电商也亟须转型升级。总体来看，未来 5 至 8 年，大数据、云计算、社交媒体与内容产业的联动，将会给电商转型升级带来新的机遇和挑战。具体来说，电商转型升级的走向将表现在以下几个方面。

---

① 维克托·迈尔-舍恩伯格、肯尼思·库克耶：《大数据时代——生活、工作与思维的大变革》，浙江人民出版社 2013 年版，第 2 页。

1. 由销量制胜到数据制胜

一般而言,电商在发展的初级阶段,大都强调销量,强调人气,强调商气,并借此想方设法实现销量的增长,用销量的规模或市场地位换取市场话语权。而到了高级阶段,聚集庞大的数据就成为主要方面,销量制胜逐渐转变为数据制胜,数据成为电商企业的核心资产和核心竞争力。企业通过对各种各样数据的多年积累和对顾客消费行为的分析,可以成为消费者、销售者和生产者的引领者,从而也成为业界的领头羊。例如,亚马逊之所以能在强手(其竞争对手是沃尔玛、苹果、IBM 等超级公司)如林的电商及云计算领域中独占鳌头,且营业收入持续攀升、市值一度逼近万亿美元,根本原因在于亚马逊通过开发丰富的体验性产品积累了比竞争对手更丰富的数据资源。

2. 由规模化制造到个性化定制

现代社会,人们的个性化需求越来越凸显,而企业要高效地满足人们的个性化需求必须靠大数据支持。只要人们上网,就会在网络上留下痕迹,电商可以实时得到顾客的相关数据,并分析其在网站内的搜索、收藏、购买行为以及购买商品间的关联性。了解到顾客以前购买过什么样的东西、浏览过什么样的网页、有什么样的购买偏好,再根据这些信息对症下药,为顾客推荐最适合的个性化产品或服务。网络的普及其实在某些方面已经在默默地改变人类的思维与行为习惯(如知道"是什么"可以提高点击率)。例如,天猫顾客对产品好坏的评判已经不再仅仅根据产品的材质与款式做出,消费者更注重的是产品的好评率、好评内容、销量、店铺的总体得分等。企业通过对数据的整合和分析,研究顾客偏好差异,针对不同的顾客需求,满足个性化和专业化的需求,从而提升平台的吸引力和顾客黏性及忠诚度。阿里巴巴之所以能率先开启电商的所谓大数据时代,是与其多年来对数据的积累和分析能力的提升分不开的。

当前电商从初级向高级转型升级,意味着要给消费者提供更高级、更精细、更具个性化的服务,给商家提供更有针对性的解决方案,也有效解决了个性化需求与规模化制造之间的矛盾。

3. 由平台为王到内容与平台的综合化

电商企业需要高度关注新一代消费者及其生活方式的变化,特别是新媒体环境下青少年消费群体及其生活方式的变化。在当今社会,人们的娱乐、休闲、购物、餐饮等都是一体化的,仅仅提供一个购物环境或平台是远远不够的。未来的电商企业应充分利用大数据和关系链,在为顾客推荐(含引领)最适合的生活方式、提供近乎量身打造的产品或服务的同时,使他们体验社交娱乐的乐趣。相应地,在平台上就需要有游戏、音乐、视频、体育、社交、购物、学习、下载服务、在线观看和交易金融服务等高度综合化的内容。如阿里入股新浪微博、全资收购优酷土豆,百度收购PPS,都是平台企业收购内容企业,以实现内容和平台的综合化的商业实践。未来5至8年,中国将有10家左右的超级网络平台企业(含电信运营商)通过不断并购整合,实现业务组合的优化(包括娱乐、购物、广告、社交、金融等,什么业务都做),由此公司规模不断扩大。

内容与平台的综合化会大大提升顾客的体验价值。体验价值是超越功能性价值的精神满足。以腾讯微信为例,微信将越来越趋向于集娱乐、休闲、社交、营销、金融等于一身,满足人们在碎片化时间里的上网沟通和应用等多方面的需求。比如微信通过抢红包、互动广告、社交游戏、金融支付平台以及其他无线增值服务等,扩大自身规模效应并实现更大范围的盈利。当然,将来电商平台也有可能发行虚拟货币。有人说虚拟的货币因为虚拟而不具备可信度和可交易性,实际上所有的纸币都可以说是虚拟的,货币的生命力不在于它是否虚拟,关键在于背后有没有强有力的信用体系的支撑。总之,随着移动互联网的发展,内容与平台的综合化给人们带来的体验将是超乎想象的。

4. 由资产并购到数据整合

在产业融合的大背景下,围绕大数据的整合并购加速发展。大数据使跨界融合越来越便捷,并购重组将越来越成为平台类企业成长和壮大的重要途径,如刚才提到的阿里入股新浪微博、阿里收购优酷土豆、百度收购PPS。仔细思忖我们会发现,资产的重组、股权的重组仅仅是并购的外在形式,其内在的本质是数据的打通、数据资源的共享和数据规模的扩展。也就是说,资本运作是手段,实现数据的打通、共享和扩展是并购的本质。

电商企业通过对并购整合后的数据的挖掘,将更有效地研究和洞察人类生活方式的变化,包括生活习惯、娱乐方式、购买偏好、潮流走向等。由此,下一步电商平台在大规模定制的基础上,可能会成为所有制造类和服务类企业的整合者,也就成为许多行业标准或规则的制定者。我们经常说,三流的企业做产品,二流的企业做品牌,一流的企业做标准。电商平台通过对大数据的分析能够预测产业的趋势和潮流,然后根据标准或规则设计研发订单形式的定制产品,由此占据价值链高端,其他制造类和服务类企业则成为它的附庸。

5. 由 PC 端到手机端

4G 的快速普及和 Wi-Fi 无线网络的覆盖为手机上网奠定了网络基础,各类与生活联系紧密的手机应用则增强了网民的使用动力,尤其是手机网络音乐、手机网络视频、手机网络游戏和手机网络文学的顾客规模持续增长,以及基于真实生活需要的手机地图、购物、支付等应用满足了手机网民多元化的需要,大大增强了网民的使用黏性。

随着移动互联网越来越成为互联网发展的新动力,手机将逐步成为信息应用和话语权的中心。相应地,手机作为最有前途的多媒体平台,会越来越取代 PC,成为最大的媒体终端和娱乐消费终端,同时也会成为最大的购物终端。中国互联网信息中心报告显示,截至 2018 年 6 月,我国网民规模达 8.02 亿人,互联网普及率为 57.7%,我国手机网民规模达 7.88 亿人,网民通过手机接入互联网的比例高达 98.3%。手机是拉动网民规模增长的首要设备,网民手机上网比例继续攀升。[①] 电脑端向手机端迁移趋势明显,手机电商应用发展迅速,手机领域内各应用的使用率相较其他类应用涨幅更大,其中手机在线支付使用率的涨幅最大。在 4G 和 5G 推动下,手机应用会引入更多的创新,并会产生新的电商模式。

6. 由复制到扩展

内容产业的基本规律是一意多用,大数据价值的关键也是数据的无限次利用。在大数据时代,"数据的价值并不仅限于特定的用途,它可以为了同一

---

① 中国互联网信息中心:《第 42 次中国互联网络发展状况统计报告》,(2018-08-20)[2021-12-12],http://www.cac.gov.cn/2018-08/20/c_1123296882.htm。

目的而被多次使用,也可以用于其他目的"①。大部分数据的价值在于它的使用,而不是拥有或占有本身。判断数据的价值需要考虑到未来它可能被使用的各种方式,而非仅仅考虑其目前的用途。

由此,通过业务的复制、模式的复制等实现扩展,亦是大数据时代电商企业的主要商业模式之一。复制是手段,实现企业扩展才是目的。企业需要在复制的基础上,实现企业的空间使用的高效率和业务的规模化,包括实现企业物理平台(如物流、配送、仓储等)和虚拟平台的联动,线上与线下的整合,品牌价值的提升,最后实现企业整体价值的最大化。业务模式的复制可以实现企业的扩展。比如,现在许多电商平台正在做互联网金融业务,互联网金融有其独特的竞争优势如大数据分析能力、征信体系、透明度、低成本运行等,必然会对传统银行造成巨大的冲击,由此重构金融体系。

总之,在当今大数据时代,电商相对丰富完备的服务平台是内容产业的良好载体,而与内容产业融合发展也为电商转型升级提供了新的契机和空间。尤其是"文化内容+电商"将在一定程度上改变电商现有的经营方式与营销方式,促进其向更高层次迈进。以数据为支撑的电商企业要顺势而为,积极推动电商与内容产业融合发展,创新经营方式与营销方式,实现由销量制胜到数据制胜、由规模化制造到个性化定制、由平台为王到内容与平台的综合化、由资产并购到数据整合、由 PC 端到手机端、由复制到扩展等多层面的转型升级,才可能拥有自己持久的竞争优势。

四、阿里巴巴电商的大数据战略

作为电商平台企业,阿里巴巴在数据开发应用领域一直走在时代前列,充分利用其海量的数据积累,深耕大数据领域,已成为国内最为耀眼的数据应用王国,同时也初步显露出"文化内容+电商"的端倪。作为一个平台类企业,数据对于阿里巴巴已经从最初辅助决策的工具,进化为企业发展的重要基石和灯塔,大数据俨然已经成为集团发展的最重要生产资料。阿里的数据

---

① [英]维克托·迈尔-舍恩伯格、肯尼思·库克耶:《大数据时代——生活、工作与思维的大变革》,浙江人民出版社 2013 年版,第 132 页。

分析目标,经历了一系列变化,从早期为公司内部提供决策,到为商户提供优质服务,再到大数据战略布局的过程,实用性一直是阿里数据开发的重要指标。从数据的应用维度看,阿里在大数据领域的开发应用主要包括以下几个方面。

(一)决策的依据

大数据分析的广泛应用和开发,对于阿里公司内部、平台客户、投资者、学术研究、政府管理等均提供了有效的决策依据。

1. 阿里管理者的仪表盘

阿里的数据分析,起步于为公司内部提供决策。为公司内部提供数据分析的产品也在不断进化,从最初的数据分析报表过渡到淘数据,再到可以在几秒内展示全局运营状况的"观星台"和查看客户意见的"地动仪"。这些数据分析产品均能够全面而迅速地帮助阿里内部高层、企业管理者了解这个庞大集团的最新动态,了解市场行情、重大决策的影响,以及公司决策的推进情况,从而为公司重大决策提供科学的数据参考,避免了拍脑袋式的盲目决策。

2. 服务平台客户的有效工具

随着市场的不断成熟,阿里开发了众多细化的数据产品和大数据应用,为电商平台上的商户提供了有效的支撑工具,帮助商户做出经营及投资决策。通过对市场需求和行业变化数据的了解,商家对消费端的信息和行业发展趋势的把握也更加完整,这便于商家从供应链的设计环境、产品种类等产业链上游为顾客提供更多的个性化需要。在天猫平台上,商家利用数据工具对点击率、浏览量、订单转换率、用户使用习惯等进行分析,这已经成为店主经营店铺和工作团队的有效手段。通过可视化数据分析,商家可以进行生产和库存决策,不仅能够及时发现在线店铺存在的问题,还能够分析出问题存在的原因。店铺管理团队通过对数据的分析能够更好地了解潜在客户和用户使用习惯,通过及时调整店铺经营策略,提高产品销量,提高利润。如数据魔方可以为用户提供行业宏观情况、自己品牌的市场状况、消费者行为情况等数据,依据数据魔方中有关热词的各项数据变化,商家可以及时调整优化商品标题,提高商品的排名,获取更多流量。商户还可以对店铺商品每张图片的点击率进行对比,使每一张图片都能够出现在最合适的位置,避免出现工作人员凭个人喜恶做出的决定影响店铺进入流量的现象。

3.第三方数据获取的公开平台

除了给买卖双方提供重要价值,阿里还提供了服务第三方的公共平台,其数据分析被广泛应用于第三方研究,如辅助政府决策、帮助投资者做投资决策、为学术机构开展研究提供数据等。阿里的免费大数据产品"淘宝指数",在某种程度上就相当于行业和宏观经济的各项指标,消费者可以通过这一数据了解地区的消费热点,把握最新潮流。除了交易数据,阿里还掌控了大量物流信息,通过这些商品物流的信息,阿里成功绘制了一幅资源流转及节点图。这些图不仅是分析用户消费习惯和偏好的资料,毫不夸张地说,阿里庞大的物流流转信息,反映出中国地方经济发展活力和发展趋势。

随着互联网的发展,电商成为中国经济发展的重要力量,但相关统计数据难以精确,掣肘着政府的相关政策制定。2015年3月,阿里宣布推出国内首个面向政府开放的大数据产品——阿里经济云图。通过经济云图,政府部门可以查看阿里数据平台上的电商交易额、行业分布、商品类别、买家卖家区域分布等信息,从而更加精准地把握当地电商的结构特征和发展趋势。阿里研究院资深专家张婷介绍,各省的电商、贸易关系其实在云图中也可以呈现。获得地方政府授权的工作人员可通过经济云图,挖掘出区域内的优势产业、热门商品、潜力企业、消费主力,并和相邻地区进行对比,找到自身的优劣势。[①]

(二)数据变现

1.数据产品

数据堆积本身并不能产生价值,产生价值的是数据分析的结果,随着科技的进步,技术已经不再是大数据普及的障碍,通过易于操作的数据产品,大数据正逐渐走下精英神坛,成为提高商业运作效率、方便大众生活的重要工具。借助数据产品,大数据进入全民应用阶段,阿里巴巴集团所开发的数据

---

① 王帅:《阿里巴巴推出大数据产品经济云图:面向政府开放》,《上海企业》2015年第3期。

产品,以便于操作的商品化趋势引领着电商发展的新风尚。

早在 2011 年,阿里巴巴就已经开发出了众多优秀的数据产品,如"卖家云图""页面点击""观星台""地动仪""黄金策""无量神针""类目 360""淘宝时光机"等。其中的数据魔方、量词统计、推荐系统、排行榜以及时光倒流等数据产品,相对来说是比较简单的商业智能(BI),还不能被当作大数据产品的范例。云平台和大数据是连体婴,离开云计算谈大数据不切实际。2012 年 7 月,阿里巴巴集团旗下的天猫、阿里云、万网宣布正式推出以云计算为基础的"聚石塔"云平台,这一汇集了整个阿里系各方资源优势的数据产品,是云计算与电商充分结合的产物。聚石塔是现阶段最能体现阿里巴巴大数据、云计算的产品之一,也是天猫主打的大数据商用产品,其服务对象主要是平台上的电商和电商服务商。作为国内首个电商云平台,聚石塔主要是通过资源共享与数据互通来创造商业价值,以云计算为塔基,商家所有 ERP、CRM 等系统将集约化统一于云端,打破系统间的信息孤岛,为商家提供安全稳定的云端服务,以更好地为顾客服务。

2. 流量变现

游戏、广告和电商,是互联网流量变现的三种方式。作为国内最大的 C2C 平台,阿里旗下的淘宝网几乎囊括了互联网所有的广告流量变现方式,顾客的注意力和购买力通过各种形式实现了价值最大化,虽然没有物理空间的限制,但在淘宝网页上,毫不夸张地说也是寸土寸金。流量变现,本质上就是数据在互联网平台上的变现,现阶段,淘宝日活跃用户超过 2 亿,这些用户在阿里内部可以说是被抽象为巨大的数据资源。淘宝网的在线商品数量多达 10 亿,如何在激烈的竞争中生存下来?除了差异化的优质产品、高质量的服务水平、适中的价格段位,通过购买流量,吸引消费者进入店铺,增加商品点击量,也是商家生存的一大关键。对于阿里来说,买家资源,成为一块大蛋糕,淘宝按访问人次收费的 CPM(Cost Per Mille),按照展示次数、时长收费的 CPT(Cost Per Try),按广告投放实际效果付费的 CPA(Cost Per Action),按照点击次数付费的 CPC(Cost Per Click),按照用户反馈成本付费的 CPR(Cost Per Response)等广告收费模式逐渐成熟。阿里推出的众多流量变现数据产品,如直通车、钻展、聚划算佣金等,都已成为淘宝的吸金利器。

3.个性化推送

当今电商平台,群雄并起,市场竞争日趋白热化,如何最大化满足用户需求,增强平台黏性,是包括阿里在内的所有电商需要关注的重点。随着互联网和电商的普及,购物人群逐步成熟,购物习惯也有了很大的变化,搜索也越来越碎片化,大数据分析所造就的个性化推送,成为提高用户满意度的一种重要途径。2013年,淘宝推出"千人千面"计划,本质上就是依靠淘宝网庞大的数据库,构建出买家的兴趣模型,进行定向推广。它能从细分类目中抓取那些特征与买家兴趣点匹配的推广宝贝,展现在目标客户浏览的网页上,实现精准营销。个性化推送并不是阿里的独创,如百度广告会根据顾客的一次搜索推送相应类别的广告,相比较这些简单的同类推送,阿里大数据库可以根据顾客以往购买的物品、浏览习惯精准定位,推送更可能被顾客需要的产品。

信息碎片化时代,个性化信息推送、潜在用户挖掘、传统服务业的重构,都将以大数据作为主要技术支撑,音乐软件可以根据用户以往的点播推送用户喜爱的音乐,视频网站推送的影片恰巧是观众喜爱的电影,招聘网站推送的职位则是应聘者心仪已久的职位,以小冰、小黄鸡为代表的智能机器人对人工服务人员的取代……删繁就简,精准地服务用户,在大数据时代,都将成为可能。

(三)金融信用

除了直接利用数据制订决策、变现、开发产品,大数据还被应用在社会信用的构建领域,相比传统金融体系中信用层级构建的复杂性,利用大数据构建起来的个人信用体系更加具有多样性和灵活性,这是阿里涉足金融的重要基础。阿里通过支付宝、花呗等产品掌握了大量交易以及信用数据,大数据分析的结果不仅可以更好地促进商品交易,服务平台客户,还可以打造出一系列信用衍生产品。

阿里金融,就是阿里巴巴集团以大数据作为衍生产品开发的一个范例。不同于传统金融机构复杂的贷款流程,被称为"阿里小贷"的阿里金融本质上是对云计算和大数据充分调用后的产物,通过对阿里巴巴B2B平台、淘宝、支付宝等电商平台上客户积累的信用数据及行为数据的分析,利用云技术调用庞大的用户信用数据,来判断小微企业和个人创业者是否具备贷款的信誉资格。阿里金融推出的淘宝(天猫)信用贷款、淘宝(天猫)订单贷款、阿里信用贷款等微贷产品,均为纯信用贷款,通过对海量碎片化数据的分析,将看似无关的企业用电量等数据还原成对企业的信用认知,而不需要小微企业提交任何担保或抵押。阿里金融利用多个平台上用户数据的沉积,通过对用户在众多平台上的交易数据、非结构数据的分析进行风险管控,来控制坏账率。

互联网金融的本质就是要建立一个良好的信用体系,利用互联网可以跨越今天金融做不到的事情,先利用云计算、大数据等所有资源把每个人的信用体系建好,建好以后让金融自然而然融入,就可以有更大的发展空间。通过大数据管控形成良性的信用体系,将数据最终指向信用的累积,是阿里大数据运用的一个良好愿景,也许在现阶段的实现上仍有困难,但必然是未来一个良好的发展方向。

(四)大数据打假

阿里集团利用自身的互联网平台优势和所积累的大数据,还形成了一套逐渐完善的打假模式。这种基于互联网大数据的打假模式,主要包括智能识别和追踪系统、庞大的商品样本库和数据库、精确复杂的算法、强劲的云计算能力等大数据技术手段,也包括账号认证溯源、神秘抽检等完善的管理保障体系,以及与消费者、商家、权利人和政府部门等生态体系参与者的联动机制。[①] 这一可以实时监控计算的打假系统,是传统线下打假所不能想象的。阿里巴巴安全部通过监控价格、成交记录、投诉等情况,对制假售假嫌疑店铺的账户交易数据、物流发货信息等进行交叉对比分析,追踪到每一个数据的源头,一方面整理并向各地公安机关提供发现的假货信息,另一方面还主动联动线下的公安部门、版权保护部门等找到线下真正的售假团伙和售假地点。阿里巴巴大数据已经成为打假的重要力量。2015年初,淘宝公布了《淘宝联动知识产权局打假报告》和《淘宝联动警方打假报告》,成为一个平台企业管控入驻商家的范例。

---

① 黄远:《阿里:重拳出击打假》,《中国品牌》2015年第3期。

随着淘宝、天猫店铺的成熟,通过虚假购物提高产品交易量,增加商品好评的"刷单"行为也衍生成为一个庞大的地下产业链,这种灰色的行业使得买家在购物时真假难辨,从而在某种程度上失去了对电商平台的信任。为了整治"刷单"乱象,阿里巴巴不仅对店铺真实流量和物流单号进行追踪,而且通过收集买家所使用的客户端的硬件信息和浏览器 UA(User Agent,用户代理)等软件信息,对刷单账号进行精准定位,通过严查对在评价上造假的店铺进行降权、扣分和清查。

(五)生态融合

从阿里大数据融合运营情况来看,阿里巴巴建设和推广的阿里云,让数据变成工程,围绕数据提供一整套精细化服务和扩展联动服务。当前,阿里巴巴已在整个数据应用上确定了从 IT(Internet Technology,互联网技术)到 DT(Data Technology,数据处理技术)的两个重心[①]:其一,从管理、控制到点燃和激发,DT 就是点燃整个数据和激发整个数据的力量,为销售所用,为制造业所用,为消费者信用所用,为社会所用。其二,让阿里巴巴的数据逐渐成为国内商业的基础设施。淘宝和天猫每天会产生丰富的数据,阿里巴巴已经沉淀了包括交易、金融、社交、地图、生活服务等多种类型的数据。这些数据相互关联或产生巨大的能量。当阿里的大数据开放之后,线上线下的数据能够串联起来,所有人都是数据提供方,也是数据的使用者。

更重要的是,文化娱乐生态将与电商生态、云生态、金融生态、物流生态相互交融,让整个阿里生态体系更加丰满,为消费者和客户提供更加丰富的体验和更加多样化的数据服务。作为一个新的重要业务板块,阿里巴巴文化娱乐集团直接管理 8 个具体业务部门,包括阿里影业、优酷土豆合一集团、阿里音乐、阿里体育、UC、阿里游戏、阿里文学、阿里数字娱乐事业部等。阿里巴巴文化娱乐集团不仅承载了阿里巴巴作为电商平台自身转型发展的使命,也担当了推动整个社会的电影、视频、文学、音乐、体育等相关文化产业与电商融合的先锋。

---

① 阿里研究院:《互联网+:从 IT 到 DT》,机械工业出版社 2015 年版,第 31 页。

第二章　互联网文创电商基本原理

互联网文创电商是文化内容与电商融合的新业态,它通过优质内容吸引并沉淀目标受众,继而借助互联网技术和电商交易方式向受众提供与内容息息相关的产品和服务的交易活动。互联网文创电商是电商与内容产业融合发展的产物,一方面,互联网文创电商是传统电商借助"文化内容+"的升级版,另一方面,它也是内容产业建立自身合理商业模式的重要支撑。互联网文创电商的内容包括影视、综艺、游戏、动漫、艺术品等不同的类型,以及文字、图片、音乐、故事、创意等不同的形式。这些内容借助新媒体平台传播给受众,逐渐积累粉丝甚至构建社群,然后围绕内容开发相应的衍生产品,并借助电商手段将文化衍生品展示并销售给目标群体,以实现内容变现。

一、互联网文创电商的必要性与必然性

近几年来,随着新技术的发展和人们生活方式的变化,我国的电商市场正在不断被细分,互联网文创电商由此应运而生。2014年5月,在深圳召开的"文化贸易国际论坛——数字化条件下文化'走出去'的新趋势研讨会"首次提出了"文化+电商"的理念,指出要在原有的贸易方式基础上,借助新型电商交易方式,实现对文创产品销售的颠覆式创新,将原本"隐秘"的销售方式转移到大众喜闻乐见的销售平台上去,从而创造更多的市场机会,让文创产品真正走入大众生活。陈少峰教授在第八届"峰火文创论坛"上表示,未来10年,电商产值将由3.5万亿元飞增至20万亿元左右,预计互联网文创电商产业将占其中的20%至25%。总的来说,互联网文创电商的出现具有一定的

必要性与必然性。文创电商模式一方面能够增加电商产业的附加值,以使电商企业有效应对当前电商市场流量红利消退、用户转化率降低、商品和服务同质化严重的问题,另一方面还能增加文化产业的附加值,以使文化企业更好地对接用户需求、延长产业链,并拓展盈利方式。

(一)必要性

从企业发展的角度来讲,为了迎合生产、交换、消费等各个环节的需要,文创电商的产生有其必要性。

1. 差异化战略的需要

发展文创电商能够助力企业差异化战略的实施,即帮助企业向消费者提供其他竞争者无法提供的差异化价值,从而使企业获得能够补偿因差异化战略而增加的成本的较高溢价,形成竞争优势并占据有利的市场地位。这种差异化主要表现在以下 4 个方面:

其一是产品差异化。这是针对传统交易型电商产品同质化问题严重的现实提出的,指的是产品能够在设计、功能、款式、安全性等方面区别于竞争对手。[①] 对文创电商而言,则是指开发和销售非标准化和规模化的,具有不同外形、功能和体验性的文化衍生产品。如果企业能够在产品上做到与众不同,满足大众日益增长的个性化和差异化诉求,也就较易在一片红海的电商市场中脱颖而出。文化的独特性势必会铸就产品的差异性,传统电商与文化产业在产品上的融合,其实就是在文化资源的基础上开发相应的衍生产品,或将文化元素注入与之对应的产品中去,促使企业找到自己的细分市场和垂直领域。

其二是渠道差异化。所谓渠道差异化,即企业立足于自身定位和产品特点,通过大数据分析把握客户特征,然后整合各种资源,选出相对合适的、不同于其他竞争者的渠道模式。文化产业与电商的融合,在渠道方面主要表现为电商对社交媒体的灵活运用。尤其在粉丝经济的大潮下,电商更要借助各类社交媒体构建自己的社群,加强企业与用户、用户与用户的连接,从而增强

---

① 甘丽桦:《浅议差异化营销策略在企业经营中的应用》,《消费导刊》2008 年第 15 期,第 58 页。

用户黏性,促成用户向消费者的身份转化。颇具影响力的"罗辑思维""papi酱""黎贝卡"等红人电商、草根电商和导购博主,从根本上说就是利用社交媒体发展内容电商的案例。

其三是服务差异化。所谓服务差异化,即企业通过提供差异化的服务内容、服务途径和服务形象,提高产品的附加价值。[①] 内容与电商的融合,有利于实现企业服务的差异化。首先,内容能够在产品或品牌外延进行文化扩展,营造独特的标志或象征物,赋予普通产品与众不同的故事、概念、情怀、价值观,以此标注独一无二的产品和品牌形象。其次,文创电商较易提供个性化的定制服务。由于电商比实体经营更易对接用户需求,而文创产品本身就是非标产品,因此文创电商企业完全可以基于大数据分析来设计和生产产品。

其四是品牌差异化。品牌是一种能为企业带来增值效果的无形资产。差异化品牌不仅容易识别和记忆,还能有效激发消费者对产品的期许并促成其转化。一方面,传统交易型电商往往千篇一律,难以吸引和沉淀流量,而文化内容能充当其打造品牌的利器。电商企业可以借助内容赋予品牌独特的故事和价值观,尤其可以通过社交文化的融入打造人格化品牌,让消费者摆脱冷冰冰的交易过程,真正为"人"买单。这有利于提高消费者对品牌的忠诚度,且迎合了当前粉丝经济的潮流,因而能为电商企业创造不小的增益。另一方面,若文化企业与电商企业建立合作关系,则能实现对多个品牌的整合,形成品牌整合的协同效应,即发挥多方的品牌优势,实现"1+1>2"的价值增值效益。

2. 投入产出的需要

从文化企业的角度来看,无论是图书、影视,还是博物馆、艺术品,普遍面临盈利方式较为单一的问题,这使许多成本较高的文化产品难以实现资本回收,投入产出极不对等。从电商企业的角度来看,传统交易型电商与受众之间是单向度的关系:先有产品,然后借助广告等推广手段进行宣传,将产品信息传达给受众并吸引他们产生消费行为,如此达到开拓和获取市场的目的。这个过程难免会产生高额的推广费用,商家之间也容易出现产品同质化严重、恶性低价竞争等问题。伴随社会消费升级和流量红利的不断消退,传统

---

① 甘丽桦:《浅议差异化营销策略在企业经营中的应用》,《消费导刊》2008 年第 15 期,第 58 页。

电商企业往往难以为继、入不敷出。

克里斯·安德森提出的"长尾理论"颠覆了有关销售的"二八法则"(即2成的明星产品带来了80%的销售额,其余8成长尾产品带来剩余20%的销售额)。"长尾理论"认为,在产品存货空间无限大的前提下,长尾产品的销售额绝对是一个不可小觑的数量,甚至能与少数明星产品创造的销售额相抗衡,这就是"长尾效应"。

从文化产业的维度来看,面对投入产出的不对等,文化企业可以借助电商模式开发和销售内容衍生产品以打造自己的长尾。究其原因,可以发现:一方面,在电商中,长尾效应体现得尤为显著,当受众面临无限多的选择时,那些在传统销售中十分冷门的商品也会被人选中,从而变得不再那么冷门;另一方面,我国文化衍生品产业的发展较美国、日本等发达国家还不够系统和完整,但从迪士尼等文化品牌的成功经验中不难看出,文化衍生品一定是文化产业发展的重要推动力,其效益在文化市场总份额中占不小的比例,能够帮助文化产业开拓完美的"长尾市场"。以艺术品行业为例,目前艺术品市场中的藏品价格普遍较高,大众往往不会考虑"斥巨资"购买一件艺术藏品。若要使其较好地对接市场和消费,可以考虑开发艺术复制品和衍生品,并打造与之相应的线上产权交易平台,挖掘艺术品在家居装饰、影视制作等方面的各种可能,从而让艺术品真正进入大众的日常生活,这也是艺术品行业未来的发展方向。因此,文化产业完全具有持续开发衍生产品并同电商结合的现实必要。这种文创电商模式能够拓宽文化产业的盈利渠道,实现文化内容的价值变现,使生产者完成由"匠人"到"商人"的身份转变,有利于实现文化产品商业利益的最大化。

从电商的维度来看,面对投入产出的不对等,传统的电商企业可以借助文化元素的植入打造IP,并围绕IP延伸出自己的"长尾市场"。三只松鼠是入驻淘宝的一个食品品牌,它就是基于长尾模式的二八法则,融入文化元素发展起来的。如今,三只松鼠已经成为一个知名IP,其广告被植入《微微一笑很倾城》《欢乐颂》《小别离》等多款影视剧中。同时,三只松鼠借助O2O(Online to Offline)模式由线上延伸至线下,开设实体体验店,并在店内设置了互动游戏、动漫、衍生玩偶等多种文化功能,借助"长尾市场"获得了十分可观的经济收益。另外,文创电商模式不仅能够增加产出,还可以节省投入,因为文创电商企业与受众之间的关系是双向的：先生产内容，然后借助优质内容聚集受众，继而根据受众的需求和反馈，生产和销售内容衍生产品，从而使受众转变为产品的实际购买者。在这个过程中，电商企业节省了很大一部分推广费用。而这不但没有带来电商"粉丝"的流失，反而使其依靠内容吸引了更多受众。由于内容能够输出企业的文化、情感、价值观，受众会对企业品牌产生一定黏性和忠诚度，他们愿意自觉且持续地为内容衍生品"买单"。换言之，相较于传统交易型电商，文创电商能够以更低的成本吸引和沉淀更多的受众，这符合电商企业对投入产出的需求。

（二）必然性

从流量情况、消费需求、产业环境的角度来看，文化内容与电商的融合有其必然性。

1. 流量增值

据 CNNIC(中国互联网络信息中心)第 41 次《中国互联网络发展状况统计报告》统计，截至 2017 年 12 月，我国网民规模达 7.72 亿人，增长率为 5.6%，与 2016 年基本持平。网民的成长速度较我国 GDP 的增长速度渐趋放缓，这意味着互联网的人口红利正在消退。同时，BAT(百度、阿里巴巴、腾讯)凭借各自的业务版图，合力垄断了线上流量并将其导入自有电商。人口红利的消退和 BAT 对流量的垄断导致电商获取流量的成本持续增高，据统计，在 2003年，像天猫这样的电商企业获取一个新用户的成本约为 6—10 元人民币，到2008 年左右，这个成本涨到了 25—30 元人民币，而在 2015 年，获取每个新用户的平均成本已经到了 100—200 元人民币，而且这些获取的新用户也很难产生真正的购买行为。[①] 因此，许多中小型电商入不敷出、难以盈利，最终销声匿迹。

我国的电商经过十几年的探索，逐渐走向流量红利不再的下半场。头部流量主要集中于以 BAT 为首的互联网巨头，而用户的各种偏好使流量不断

---

① 屈冠银、张哲：《内容电商发展及运营逻辑思考》，《北京劳动保障职业学院学报》2016 年第 10
卷第 3 期，第 33—35,39 页。

细化,长尾效应日益显著。因此,这时期的电商流量不在于多,而在于精准。传统交易型电商总是做着烧钱的引流游戏,依靠竞价搜索等手段吸引流量,但这些成本高昂的流量往往不能形成有效沉淀,其运营手法在今天难以维系。电商与文化产业的融合,在产品上体现为更加垂直化的文化产品供应,在营销上体现为更加精准的内容营销,这都有利于电商企业获取并沉淀市场上的精准流量。

具体来说,当电商的增长速度远远超出流量的增长速度时,商家便难以再通过传统手段吸引受众目光。流量会呈现细分化的发展特点,被分配得越来越精准。因此,从产品维度来看,文创电商作为一种垂直类电商,能够有效吸引并聚集文创产品爱好者,符合电商下半场的游戏规则。从营销维度来看,电商营销内容化使消费者的购买过程变为:消费内容→产生兴趣或生成信任→消费产品。也就是说,电商流量可以靠内容输送而来。营销内容化能够产生许多效益:其一,内容可以构建消费场景,而场景在一定程度上向消费者展现了产品的利益属性,即拥有该产品能给人带来什么样的收益。这能够有效降低消费者的决策成本,并刺激其产生消费冲动。其二,将内容应用于电商的过程往往伴随着对产品及品牌故事、价值观、情感的传递,这无疑增加了产品和品牌的附加值,能够有效增强用户黏性,形成流量沉淀。其三,一个能够引起受众认可和共鸣的内容会引发大量的分享和转发,而这种无意识的大众传播会帮助电商获取到更多的免费流量。

粉丝经济时代的消费原理是把目标受众转变为粉丝,再把粉丝转变成实际的购买力。这个过程利用了互联网的规模集聚效应,这种规模集聚效应为平台带来了大量流量。我们可以在这些流量的基础上寻找价值转化的路径,即实现所谓的流量变现。粉丝经济催生了一批典型的电商发展模式(如社群电商模式),而这些模式又为文创电商的发展孕育了肥沃的土壤。

2. 消费趋势

随着人们生活水平的提高,我国迎来消费升级的全新时代。物质上的极大满足使消费者逐渐意识到精神上的匮乏,内容在被不断地创造和消费。在这样的环境下,电商与内容的结合变得十分自然。

(1)从消费理念来看。当前人们正经历着从生活刚需到精神投资的理念转变。在生产驱动需求的大工业时代,人们通常只看重生活必需品的消费,但如今文化消费成为主流,并日渐普及化。人们越来越注重对文化产品的消费和精神层面的休闲娱乐,以及对生活和个体自身的投资。他们开始考虑如何让生活变得更有品位和乐趣,如何让自己获得更多的娱乐和享受,如何利用认知盈余实现自我增益。这是一种从功能性消费到享乐性和发展性消费的理念转变,强调的是受众主观精神的体验。

(2)从消费需求来看。首先,由于商品供给繁多,信息过剩,消费者的购物决策日益复杂。以往人们由购物需求直接驱动购买行为,但现在人们更希望将商品"需求化",即先通过场景感知商品能够给自身带来的收益,再生成实际的购物需求和购买行为。只有这样才能在供给过剩的市场环境中,快速高效地寻找到购买决策困难的解决方案。具体来说,正如美国零售业研究专家罗伯特·斯佩克特在《品类杀手》中提到的:"过度丰富的商品对于消费者来说,或许是一种恩赐,或许是一种诅咒。"在面对品类繁多的商品和海量的信息时,大众的注意力相对稀缺,往往难以获取全部的有效内容,消费的决策成本在不断增加。因此,消费者最急迫的需求不再是对大量商品的选择,而是能为他们的消费决策起到辅助作用的精准建议,文创电商模式恰能有效应对这一问题。不论是影视剧、直播、微视频等内容产品对接电商,还是电商平台进行内容化转型,都能直观形象地将商品的实际价值进行内容化呈现,从而为消费者提供充足的购前提示。这不仅能够节省消费者的决策时间,还能更好地挖掘消费者的潜在需求,迎合了消费升级的整体趋势。

其次,消费者对娱乐化的诉求日渐提升。一方面,大众对影视、综艺、动漫、体育比赛等文化娱乐产品的消费日趋普遍,随之而来的是对文化衍生品接受度和需求的不断提高。将文化衍生品与电商对接,既符合消费者已经养成的网购习惯,又能高效便捷地为消费者提供更完整的零售服务,有利于提升用户体验。另一方面,消费者接收信息、比较产品、完成交易的过程也日益呈现娱乐化的特点,这就要求电商向内容化营销的方向转型。举例来说,现在很多美妆产品的购买者都是伴随内容消费完成商品交易的。他们借助直播平台观看美妆博主的化妆教程,以此消遣时间,学习技能,并接收了化妆品的推广信息。在这场娱乐活动中,受众的潜在需求和购物冲动被激发,往往在消费文化内容的同时,借助电商渠道完成了化妆品的实物交易。这其实就是消费升级带来的电商与内容相互融合的必然趋势。

（3）从消费场景来看。在传统消费中,消费者一般具有直接的购物意向,在明确自己需要购买何种产品后,会拿出专门的时间和精力逛街、挑选和购买。然而,互联网时代的消费活动发生了很大变化,购物场景也变得更加碎片化,比如:在等地铁的时候,人们顺便购买了电影票;在上厕所的时候,人们顺便在淘宝下单了一件衣服。换言之,我们是在碎片化的场景中,为了打发多余的时间和精力,顺便购买了一件东西。因此,电商企业需要迎合消费场景的变化趋势,通过内容化转型为消费者构建消费场景,提供充足的购前提示。

3.产业趋势

一方面,互联网具有包罗万象、连接一切的传播特点。在此影响下,跨界融合的思维模式应运而生,并日益大众化和普及化,被广泛运用于各行各业和各个领域之中。所谓跨界融合,就是要充分挖掘不同事物的特点和价值,深刻把握它们之间的联系和区别,然后在此基础上进行重组和融合,打破行业、功能、消费领域之间的桎梏,打破商品、受众、生产关系之间的界限,以创造新的价值。以产业之间的横向扩展为例,两个跨界融合的产业,往往会在产品形式、产品种类、运行模式、管理方法等方面出现颠覆式改变,从而形成与原产业既存在关联又相对独特的新型产业[①],而这种新型产业不仅具备原产业各自的优势,还增强了与其他产业之间的关联,因而能够更好地应对日新月异的市场变化。

另一方面,以往的企业总是以产品为中心,消费者往往处于相对被动的位置。但随着互联网特别是移动互联网的发展,企业出现了业务模式的变革,市场(或消费者)日益成为商业活动的中心。互联网和传统行业的诸多企业开始考虑如何借助数字技术收集市场信息、与消费者进行互动交流,以及有效对接消费者需求。

跨界融合是产业转型升级的有力武器,以市场为中心是企业创新变革的必然方向,二者是技术革命下市场经济发展的大势所趋。因此,文创电商的出现是现实环境造就的必然结果。它能让产品供应商、电商平台、文化企业以及其他合作方共享信息和资源,并发挥各自的优势和长处,实现产品、服务、渠道的最优化,满足消费者对专业化、个性化、娱乐化的诉求,从而为消费

---

① 范周《重构·颠覆:文化产业变革中的互联网精神》,知识产权出版社2016年版,第104页。

者创造更好的价值体验。总之,文创电商模式迎合了文化产业和电商产业各自的发展要求和现实需要,是二者各取所需、互利共赢的必然选择。

二、互联网文创电商模式的构成要素

互联网文创电商模式涉及 4 个基本要素:IP 资源(即内容)、衍生产品和服务、电商平台、消费者。其中,IP 资源和电商平台是整合资源的核心要素,消费者作为电商交易的参与主体以自身需求主导整个消费活动。同时,文创电商的运作过程还会伴有数据、技术和社交的应用。总体上看,互联网文创电商模式的具体构成要素及其相互关系如图 2-1 所示:

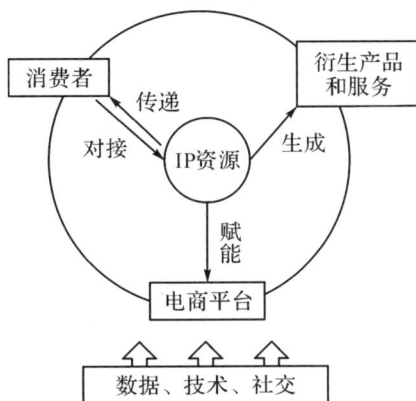

图 2-1 互联网文创电商模式的构成要素及相互关系

具体来说,IP 资源是其中最为核心的构成要素,互联网文创电商模式始终围绕 IP 资源运转,而商品、供给、需求等宏观文化市场的一般构成要素都需要依托有价值的 IP 资源才能发挥作用。比如在一个优质电影 IP 的基础上,我们可以延伸出广告传媒、玩具销售、地产开发、休闲旅游等多样化业务,而没有文化内容支撑的电商产品很难跳脱出自己的产业领域,也很难在众多同质化竞争品中脱颖而出。因此,我们可以说,在互联网时代,文化内容已经成为企业凝聚"粉丝"的手段和传播品牌信息的载体。此外,企业在 IP 资源的基础上授权开发各式各样的衍生产品和服务,以此形成文创电商的产品基石。而电商平台在互联网文创电商模式中充当了重要的渠道要素,衍生产品和服务需要通过电商平台这一中间渠道传递给消费者。可以说,电商平台云集了海量的卖家、买家和交易产品,使交易活动中烦琐的中间环节变得更精准便捷,同时还有利于最大化地积累和挖掘文化内容消费者的经济价值。一方面引入文化内容可以为电商平台赋能,从而增加电商平台的附加价值,另一方面垂直化的文创电商平台能够更精准地吸引更有价值的流量,使文化内容的消费者有效转移至文化衍生品的销售平台,将其转变为文化衍生品的消费者。

除此之外,数据、技术、社交等辅助要素或将贯穿文创电商的整个运作过程。首先,文创电商作为业态融合发展的产物,其本身就是产业创新的结果,而技术是其中的核心驱动力,也是文创电商竞争力的重要体现。其次,大数据会始终伴随文创电商运作的整个流程,它能够呈现用户的个人偏好、社交关系、交易数据、上网痕迹、位置状况等信息,一方面能为电商的精准营销提供依据和支撑,另一方面能反作用于文化企业,使之生产符合受众需求的内容与产品。最后,在"粉丝经济"大行其道的今天,互联网社交平台是聚集和转化"粉丝"的有效渠道,我国各个头部电商平台都开始尝试引入社交元素构建自己的社群经济,而文创电商作为以社交娱乐为核心的文化产业的一种发展形态,在产品营销和"粉丝"经营方面更离不开社交元素的应用。

三、互联网文创电商的运作逻辑

有别于传统交易型电商,文创电商有其独特的运作逻辑,基本路线如图 2-2 所示。

文创电商会借助文化内涵的渗透吸引和沉淀受众,继而提供与文化内容具有高度关联性的产品。受众往往会出于对文化内容的喜爱和认同而产生对产品的消费需求,这就是文创电商的运作逻辑。在这个过程中,众多拥有共同喜好的受众会聚集在一起相互交流并形成社群,而社群可以带来大量的活跃流量,这对于电商来说至关重要。受众在交流互动的过程中,逐渐形成彼此间的信任,并在信任基础上完成对内容衍生品的购买活动,因此从本质上来看,文创电商就是对用户体验进行增值,从而为内容产品拓宽盈利渠道的过程。

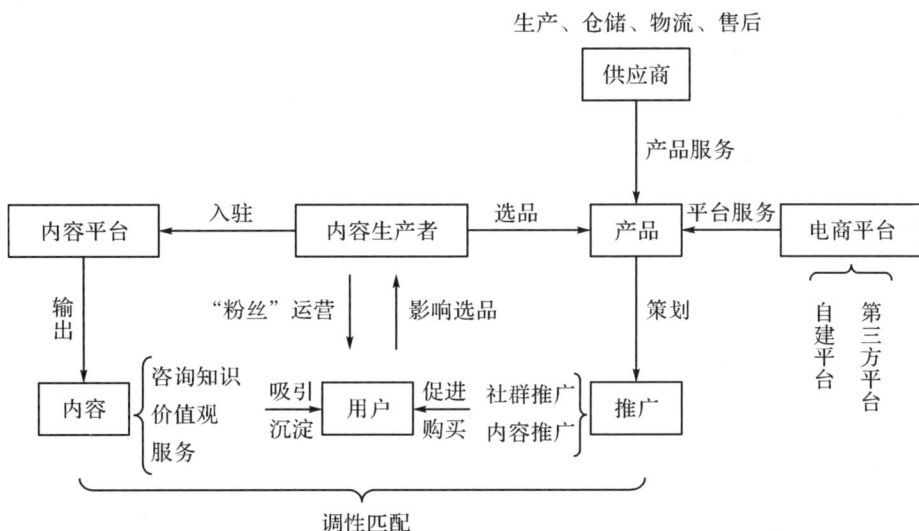

图 2-2　互联网文创电商的运作逻辑①

在互联网发展的语境下,2005 年,日本电通公司根据受众消费模式的变化设计了著名的 AISAS 模型,将受众的消费活动定义为 5 个环节,分别是:引起注意力(Attention)→产生兴趣(Interest)→主动搜索(Search)→促成行动(Action)→信息分享(Share)。AISAS 是文创电商得以运行的内在依据,正因为这种消费模式的变化,内容产业与电商才真正具备相互融合的必要和可能。比如,《穿越吧厨房》是优酷联合电商平台天猫和妈妈壹选推出的一款美食类网络综艺节目,优酷首先通过节目的打造进行内容铺垫,然后对接电商平台实现用户的转化,以此打通媒体平台和电商的通道,很好地契合了互联网时代 AISAS 的消费模式。具体来说,明星嘉宾在做菜时挑选的新鲜美味的食材会引起观众的注意力和兴趣,而阿里通过 Uni-ID 账号的打通识别使观众可以随时打开手机淘宝或天猫 App,搜索"穿越吧厨房"进入节目专属页面进行食材信息的检索,并将这些信息作为是否执行购买决策的依据,当观众购买食材之后,很有可能借助各种社会化媒体分享自己的消费经历、购物体验或产品信息,而伴随对这些信息的分享,品牌也完成了二次传播,这使整个消费活动变成了循环往复的过程。

---

① 许定洁:《基于"内容电商"的传统电商平台创新生态体系构建研究》,《商业经济研究》2017 年第 11 期,第 73—74 页。

四、互联网文创电商的基本原则

要让互联网文创电商实现良性运营,需要坚持如下基本原则。

(一)内容为王原则

在信息爆炸的时代,人们的注意力相对稀缺,且难以对某个事物保持较长记忆和持续关注。但好的内容产品往往会凭借互联网的口碑营销和病毒式传播引起人们的广泛关注,且更容易被人记住。而当该内容成为具有开发价值的 IP 资源并被持续开发时,则易于构建并形成品牌效应,使人们趋向于建立持续性的信任和关注。

不同于传统交易型电商,文化产业与电商的融合并非依靠众多的商家、众多类型的产品吸引流量,而是将内容作为商业变现的跳板,依靠内容传达出的情感、价值观、故事等吸引、沉淀和转化受众,然后借助电商出售相关的衍生产品。因此,内容永远是文创电商最大的竞争优势,是打造品牌和公信力强有力的竞争资本,内容为王是文创电商毋庸置疑的发展原则。迪士尼凭借动画制作成功塑造了许多家喻户晓的动漫形象,在此基础上拓展出了包括电商业务在内的互动媒体板块,以实现动画 IP 资源的最大化利用。纵观迪士尼的整个发展历程,我们不难发现,内容始终是其发展核心与原动力,是延伸产业链、拓展电商业务的根源。因此,文创电商作为文化产业的一种延伸,内容的质量、新奇度、人文气息等都是应该重点关注的因素。

其一,物以稀为贵,原创性对好内容的塑造至关重要。据新榜统计,在其精选的 371 个涉足电商的微信头部大号中,原创号的销售额高达 98%,非原创号的销售额少到可以忽略不计,这在一定程度上证明了原创内容的变现能力。因此,发展文创电商应当在总体上秉承原创性的标准。

其二,应充分利用互联网的创意众包模式,借助数字化手段和社会化媒体凝聚集体的智慧和创造力。美国《纽约客》杂志作家詹姆斯·索罗维基在《群体的智慧》中说:"一大群人总比少数的精英要聪明,不管是解决现实难题还是创造未来。"这一观点在 UGC(用户生产内容)当道且强调以用户为中心的今天尤为重要,特别是对于大众文化产品的开发,"群众"往往能比"精英"创造更大的价值。

其三,内容创作者要以高标准要求自己,创造出高品质的内容产品,包括对优秀价值观的呈现和传递,对文化元素和文化内涵的融入,对受众求知欲和个性化诉求的满足,等等。优质的内容具有更大的变现可能,也更容易进行电商化转型,比如:观众之所以愿意购买漫威的衍生产品,是因为漫威提供了高水准的电影并塑造了深入人心的英雄角色;受众之所以愿意购买主播推荐的产品,是因为主播提供了切合受众偏好的优质表演。内容创作者只有不厌其烦地对内容进行审视和打磨,才能创作出高品质的内容产品,也才能维护自己的良好口碑和品牌形象,这对于电商业务的拓展来说十分重要。

其四,持续性也是保持内容为王的基本要求,特别是对于以自媒体电商为代表的新媒体电商来说,持续的内容输出能力必不可少。"粉丝"的积聚和品牌的构建是需要时间积累的,而内容在这期间充当了重要的媒介。换言之,内容提供者只有持续输出有价值的内容,才能积累起知名度和影响力,继而才能思考如何完善盈利模式以及如何拓展电商业务的问题。

(二)多样化原则

文创电商需要多样化的内容主题、表现形式、传播渠道和产品类型,而不能局限于盲目追随热点的内容,文字和图片的表现形式,微信和微博的传播渠道,以及种类匮乏的文化衍生产品。这种单一化会使受众感到审美疲劳,很难刺激其产生真正的消费兴趣,而没有兴趣,购买行动便无从谈起。多样化能够拓展更多的中长尾内容,使文创电商企业更加规模化,并延长其生命周期。

文创电商需要坚持多样化的发展原则。在内容层面体现为对差异化内容的打造,包括创新性选题,对不同文化内涵和文化资源进行提取,对同一热点问题从不同角度进行挖掘,等等;在表现层面体现为对图文、音频、直播、微视频、H5、互动游戏等多种表达工具的利用,以更好地迎合互联网用户的审美偏好和使用习惯;在传播层面体现为对互联网整合营销策略的应用,即整合新媒体时代下的多种传播工具和渠道,打通门户网站、电商平台、社会化媒体的传播路径,实现由 PC 平台向其他数字终端平台的扩展,最终创造出一个立体化的传播网络;在产品层面体现为开发不同形式、功能、材料的多样化的衍生产品,提供包括在线购票、商品购买、版权交易在内的多样化的电商服务等。

(三)人格化原则

文创电商与消费者之间的交易关系不同于传统交易型电商,它更注重人际交往和情感的维系,强调培育"粉丝"、构建社群。因此,文创电商应摆脱传统电商冷冰冰的商品销售,重点打造人格化品牌,使受众逐渐感受到品牌的温度和情感,对品牌产生认同感和信任。经过一段时间的沉淀,受众就会经历由观望者到"粉丝"的身份转变,然后自愿为内容衍生品以及其他与此相关的产品买单。同时,文创电商不应营造出太浓的商业氛围,而需更加强调人文关怀,并在一定程度上削减大众的消费心态,让消费者意识到自己并非为了购物而消费,而是在一段轻松、休闲、愉快的时间里,顺便满足自己的购物需求。

(四)关联性原则

无论影视、综艺、动漫,还是体育、博物馆、艺术品,其衍生品都应与内容保持高度的关联性。因为文创电商的目标受众在很大程度上由内容产品的受众转化而来,他们对内容有较浓的兴趣和较高的接受度,因此提供与内容息息相关的产品,不容易引起这部分受众的反感,甚至还能直接对接他们的现实需求。以自媒体电商为例,母婴、美食、美体等垂直细分类公众号在对接电商时,会选择与之对应的母婴类、食品类、服装类产品,用户的转化率相对较高,而某些新闻资讯类公众号,未能找准自己的电商化定位,兜售食品、特产等与内容关联性不高的产品,销售转化的效率十分有限。

五、互联网文创电商的主要特点

（一）流量来源：依靠内容获取流量

传统的交易型电商主要依靠搜索、排名、竞价等引流手段聚集流量，而文创电商则是依靠内容吸引和沉淀流量。比如，"斗鱼"等游戏平台中风趣幽默、玩法精彩的主播往往会引起大量游戏爱好者的关注，这些游戏爱好者被主播的视频内容所吸引并逐渐转化为"粉丝"。当主播开始将商品（服装、零食、游戏外设等）嵌入直播内容中并诱导观众进行消费时，这些"粉丝"便会"应声而上"，从内容消费者转化为电商消费者。依靠内容获取流量的成本相对较低，但流量质量普遍较高。因为这些流量对内容已经产生了初步的认同和共鸣，对内容品牌产生了一定的情感和信任，因此不易流失，具有较高的黏性和转化率。

（二）初始目的：消费内容，通过内容产生购买需求

传统交易型电商的消费者往往出于实际的购买需要进行购物。换言之，消费者在购物之初就抱有购买的目的，因此，他们会主动选择店铺、了解商品、比较服务。但在文创电商时代，消费者在购物之初往往不具有实际的购买目的，他们通过浏览网页信息、观看视频和直播、阅读公众号文章等活动，逐渐发现了自己的潜在需求或生成了新的需要，进而产生消费冲动，并在对内容的持续消费中完成最终的购买行为。

（三）行为驱动力：依靠价值观认同或对意见领袖的信任完成交易

传统商家和电商平台往往会使用排名、竞价、补贴等营销手段吸引受众并刺激其消费，但文创电商与此不同。文创电商的消费者产生消费行为的驱

动力往往源自对某个价值观的认同或对意见领袖的信任和崇拜。[①] 比如,视频平台播放的影视节目会将主人公的审美品位、消费观念、生活方式等直接传达给观众,若观众对其产生了认同,就会生成相应的消费需求。换言之,影视节目在潜移默化地影响观众对潮流服饰、健康食品、生活用品等产品的选择。此时,如果影视节目能够借助数字技术通过购买链接直接对接电商平台,提供给观众边观看节目边下单购买同款产品的机会,则会促成受众由观众身份向购买者身份的有效转化。关键意见领袖(Key Opinion Leader,KOL)也在文创电商中发挥着至关重要的作用。人们通过浏览在某个领域具有话语权的意见领袖的言论和推荐,对某种观点或某件商品产生了一定的共鸣或认同,而这种共鸣或认同又会进一步刺激受众产生消费需求和购买冲动,进而完成商品的线上交易。这些正是文创电商消费者的行为动机。

(四)选择方式:非量化比较的单独评估

传统交易型电商的消费者通常对产品采取量化比较和联合评估的选择方式,即横向对比不同的产品品牌和商家,考察产品的材质、价格、品质、参数、销量、评价等要素,区分彼此之间的优劣,并以此为参照,尽可能规避购买风险。在此过程中,消费者需要在琳琅满目的产品中选择最优的一项,决策成本很高,而且产品的缺陷往往是消费者更为关注的方面。

而内容型电商的消费者不具备购买这一初始目的,他们往往是在消费新闻、视频、软文、游记等内容的过程中,被其中的某个亮点所吸引,继而产生消费需求。因此整个消费活动会更加随机,具有更低的决策成本,也更适用于享受型、增益型、个性化、新奇高端的文创产品的销售。在对产品的选择上,文创电商的消费者会更多地采取单独评估的选择方式,即更加关注自己是否具有这样的消费能力,这种商品是否具有与众不同的亮点,拥有这种商品是否能使自己变得更好,等等。在这种情况下,消费者会更加感性,对虽有瑕疵但具有独特性和亮点的商品也有较高的接受度。

[①] 屈冠银、张哲:《内容电商发展及运营逻辑思考》,《北京劳动保障职业学院学报》2016 年第 10 卷第 3 期,第 33—35,39 页。

六、互联网文创电商的基本模式

(一)内容企业做电商

优酷土豆集团董事长兼 CEO 古永锵曾表示:"内容本身是有视觉冲击力的,商务又是由基于感性的冲动消费驱动的。"从这个意义上说,打动人心的内容能够催生出交易的欲望。就当下的互联网环境来看,大部分内容创作者都面临长尾内容分发不力、内容变现效率低下、"粉丝"管理困难三大难题[①],而对接电商或许是解决上述问题的有效方式。

可以说,电商在文化事业和文化产业发展中起到的作用不可小觑。它既能够作为文化产业的一种盈利方式,为其提供用于持续发展的流动资金,并通过资源整合提升文化企业的核心竞争力;又能够有效激发消费者对文化产品的消费意愿,满足消费者日益多元化的消费需求,并为其提供便捷的文化产品购买渠道,助推文化产业发展动力从投资逐步转向消费。

目前,电商已经全面渗透到了博物馆、艺术品等公共文化事业以及影视、新媒体、体育等文化产业之中。具体来说,音乐、表演等文化艺术服务通过与电商的对接拓展了在线购票、付费下载、版权合作等业务;艺术、出版等文化项目通过众筹融资平台完成了资金的筹集;博物馆借助电商技术搭建了版权交易中心和文创产品网上商城;艺术品行业借助电商搭建起在线交易市场,实现对艺术藏品的在线拍卖以及对艺术复制品和衍生产品的在线销售。

电商还给影视产业带来了巨大的市场模式变化。淘宝电影、猫眼电影等通过与影视企业的合作使人们得以利用在线票务模式来购买电影票;票务电商还迈入电影产业上游领域的发行环节,与影视公司合拍电影,并依托自身掌握的大数据资源,从事影片的精准营销工作;爱奇艺、优酷、乐视等在线视频平台开始尝试在线视频收费业务;影视平台与电商平台通过技术合作与数

---

① 毛刘意:《基于电商的内容创业模式初探及发展研究》,《价值工程》2017 年第 36 卷第 17 期,第 11—13 页。

据共享,使受众能够一边看剧一边同步购买剧中出现的商品及其他影视衍生产品。

除此之外,随着移动互联网和"粉丝经济"的发展,许多以原创内容为主要竞争力的"草根网红"开始向电商领域拓展。他们将自身作为一个符号或品牌,通过对优质内容的商业化运作实现"粉丝变现"。尤其伴随 2015 年自媒体的快速发展,"papi 酱""罗辑思维""吴晓波频道"等一批初步完成"粉丝积累"的内容创作平台都开始就某一领域进行内容深耕,打造长尾产品,并对接电商。而小红书、蘑菇街、美丽说等社区媒体也开始借助优质内容、关键意见领袖和草根网红的力量,构建自己的社群并出售内容衍生产品。同时,抖音、快手、斗鱼、映客、花椒等各类微视频和直播平台也开始接入电商购物业务,以拓展电商的盈利渠道。

(二)电商企业做内容

近些年来,以阿里巴巴为首的各大电商企业都开始布局文化产业,希望通过内容的注入与整合推动电商生态的构建,以发挥文创电商的最大效力。比如,阿里巴巴与新浪微博合作,基于数亿微博用户探索社会化电商,使消费者能够在微博中完成消费活动。电商企业做内容,其实就是在电商业务的基础上,接入一定的内容元素,从而为内容电商加码,这个过程更多地体现在对产品供应和产品营销两个方面的整合上。

从产品维度来看,阿里巴巴和京东等电商平台,已经出现了对文化衍生产品的零售。比如:在《爸爸去哪儿》热播后,淘宝网就出现了 8700 多件以"爸爸去哪儿同款"为标签的商品[①];各个电商平台上也出现了艺术品与工艺美术品等文化产品的零售。通过提供非标准化的文创产品,电商平台在一定程度上缓解了供需不对等、库存紧张等问题。除此之外,传统电商也开始对接文化产业的在线票务。

从产品营销维度来看,随着消费水平的提高和消费场景的变化,人们在没有明确购物需求的情况下也会做出浏览商品的决定,而内容则成为引领这

---

① 梁爽:《媒体影响下的消费模式转变——以〈爸爸去哪儿〉引发的消费热为例》,《采写编》2014年第 3 期,第 63—64 页。

部分受众接受并购买商品的主要途径。电商企业做内容,其一可以吸纳或签约自媒体内容生产者,使之为自己的产品或平台代言。内容生产者会以软文、图片、直播、微视频等形式向受众传递电商企业的产品信息、购买链接、品牌文化、企业价值观等,帮助其实现由电商平台向内容平台的转型。比如淘宝网的许多商家都会与微博网红签约,让网红发挥其内容创造能力和自身的"粉丝效应",以多种形式的内容为商家的商品或品牌做推广。其二可以尝试构建自己的社区。目前,天猫、淘宝、京东等各大电商都把内容板块提至一级导航栏中,向消费者提供美文、视频、直播等不同形式的内容,并设置评论、点赞、分享等功能,以增强企业与用户、用户与用户之间的互动和联系,进而增强用户黏性,提高用户转化率。

电商企业的文化转型,一方面有利于增强品牌的人格化和情感属性,从而使商品更易被大众接受。人情味是传统电商难以具备的东西,而内容可以弥补这样的不足,换言之,有趣、温情、充满个性化的内容正逐渐取代冷冰冰的商品直接交易。比如,淘宝上的网红直播、达人小视频、淘宝头条,苏宁上的青春社区频道,等等,都是在吸引消费者目光的基础上,尝试引起消费者共情,从而构建具有人情味的电商品牌。唯品会、京东等电商巨头也都开始大量引入内容,以实现口碑零售。另一方面,这种转型有利于拓宽企业产品和品牌的曝光渠道,从而使企业获得注意力经济下的竞争优势。伴随移动互联网时代的信息过剩,人们的注意力变成了一种十分稀缺的资源,而产品或品牌持续曝光则易于聚集受众的注意力,并使受众对产品及品牌产生持久印象。

第三章 新媒体电商模式

　　互联网是一个无边无际的大平台,而新媒体则是互联网的一种功能。从根本上说,互联网文创电商必须借助新媒体的功能才能实现。新媒体的发展要求专业化服务成为企业竞争力的来源。专业化服务包括互联网技术方面的要求,也包括文化内容提供的能力以及整合技术和文化内容的专门能力。例如,在制作动画电影方面,不仅要满足向消费者提供好的故事的要求,还要利用最先进的技术设计手段和多媒体展示等。专业化服务也要求企业不断创新,并开发具有自主知识产权的核心技术,同时重视营销渠道建设,善于谋划和拓展产品及服务送达消费者的"通路"。企业应把发展新媒体作为战略重点,推动传统产业的战略转型,发展壮大新媒体、新业态,更好地满足顾客对精神文化的个性化和多样化需求。

一、互联网推动新媒体试水电商

　　新媒体是一个相对的概念,即依托数字技术运作和发展的媒体形态,包括网络媒体、手机媒体、数字电视、数字期刊等。它不同于传统媒体由内向外辐射和传播信息,而是采用一种网状的信息传递模式,呈现明显的去中心化的特点。个人在信息传播过程中扮演着生产者、传播者、接收者等多个角色。商业模式是关系新媒体生死存亡的重要问题,与传统媒体相比,新媒体不仅需要依靠内容获取竞争优势,还需要凭借商业化运作创造新的增长空间。

　　随着互联网移动支付和电商的发展,网购成为人们新的生活习惯,而购物与休闲、娱乐等活动的界限变得越来越模糊。不可否认,无论是新媒体行业,还是传统电商行业,在今天都面临跨界融合的新变化。借助自身的内容优势和平台优势对接电商,似乎成为新媒体商业模式的转变方向。有赞网CEO白鸦在"2017 新零售春季沙龙"上总结了 2016 年有赞的整体业绩,称有赞在这一年内有将近 300 万商家,成交额达 100 多亿元,其中新媒体商家在数量上仅占 2%,但其成交额却占了总额的 30%,这正展现了新媒体电商的强大经济力量。

所谓新媒体电商模式,就是利用新媒体传播的内容吸引用户,并促成用户转化的一种商业模式,换言之,就是新媒体将自己积累的"粉丝效应"和品牌影响力转变为经济效益的一种方式。要运用这一模式,首先要对新媒体内容进行定位,明确什么样的内容是有价值的,是能够被大众接受和喜欢的;然后,基于用户的数据信息完成选题和取材,并结合专家生成内容(PGC)、用户生成内容(UGC)、职业生产内容(OGC)的方式,源源不断地进行内容生产;最后才能考虑如何以电商的模式实现内容变现。

二、新媒体电商模式的合理性与可行性

新媒体电商模式得以真正运作,关键在于它迎合了互联网时代消费者的需求变化,并具备运行文创电商的基本要素:拥有内容这一核心竞争力,拥有新媒体社交平台这一传播渠道,拥有实际的产品及电商的销售平台。同时,相较于其他电商模式,新媒体电商具备以下 3 个核心竞争优势。

(一)互联网时代的认知盈余:人人都可以生产内容

如今,内容的影响力和价值在不断凸显。一方面,内容能够创造需求。新媒体用户在观看图文信息、美妆推介、微视频和直播的时候,容易产生对某一商品的购买欲望。因此,一个有价值的内容不仅能够吸引用户,提高用户的留存率,还能促成用户从访客到消费者的身份转化。从这个角度来看,内容完全可以作为兜售商品的一种手段,实现与电商的对接。近些年来,"一条""咪蒙""papi酱""罗辑思维"等一批内容创造媒体,就是以内容为跳板,延伸出了图书、服装、食品等电商业务。

另一方面,内容自身就能成为商品。在新媒体环境下,人与人之间会出于创造、分享、增益的目的而进行自愿性的信息交互,而这种信息交互的主题就是内容。越来越多的人意识到了这一点,并开始将内容视为可交易的商品,以此实现内容变现。2016年,"喜马拉雅"举办的"123知识狂欢节"获得了5088万元的成交额,这个数字可以匹敌2009年第一届"双十一"创造的成交额。未来,伴随内容交易向流程化、规范化和系统化方向发展,知识付费很有可能成为一种新的知识电商模式。

内容的影响力和价值如此巨大,而我们所处的新媒体环境,催生出了大量认知盈余,它能为内容的创造带来增益效果。在这里,克莱·舍基将认知盈余定义为"全世界受教育公民的自由时间的集合体"[1],通俗来说,认知盈余就是伴随互联网的出现和媒体形态的变化而产生的注意力增量,人的自由时间可以通过互联网聚集起来,形成规模空前的资源,使人们得以用更慷慨、更公开、更加社会化的方式来表现自己,而不再局限于自己原有的身份。比如,人们会在维基百科、百度知道、知乎等平台上就自己的所知和专长解答别人的提问,会在微博、豆瓣、简书等平台上分享自己的动态和心情,会在抖音、快手、美拍等平台上通过视频展示创意、彰显个性,会在极果、美丽说、小红书等平台上进行好物推荐。这就是人们利用业余时间所进行的零散而又集体性的知识分享与内容贡献,借此获取自己的社会参与感,满足自己的创造性体验。尽管每个人可以提供和分享的内容很少,但将无数个个体分享的内容累积起来,结果就会变得十分可观,这是信息时代必然出现的"智能过剩",也是认知盈余创造的价值。

简而言之,新媒体环境下的认知盈余使人人都能够生产和创造内容,这些内容可以通过微信、微博、知乎、简书等新媒体平台传播出去,而用户在进行社交分享和内容消费的同时,常常伴有网上购物的行为,这是新媒体电商面对的空前发展机遇。也就是说,现在人人都可以充当新媒体电商的导流层,或者人人都有机会直接运营新媒体电商。

---

[1] 克莱·舍基:《认知盈余:自由时间的力量》,中国人民大学出版社2012年版,第56页。

（二）新媒体电商模式能够实现多方受益

总的来说，新媒体电商模式能够使新媒体平台、新媒体用户、新媒体内容发布者、商家、消费者（由新媒体用户转化）共同受益。

在传统电商时代，媒体与电商是相互分离的两个概念。媒体负责生产和发布内容，并将其传播给受众，盈利方式比较单一；而受众在浏览内容的过程中所产生的消费需求也难以得到满足。电商负责向消费者提供产品，其信息流通常为树状形态，比如淘宝上的商家若想提高店铺知名度，获取更多流量，只能依靠淘宝对它的推荐和曝光，这个过程是非常中心化的；同时，消费者往往处于产业链的最末端，其需求难以得到及时准确的捕捉和满足。

然而，新媒体与电商的融合使上述情况发生巨大变化。由于新媒体与电商的对接，新媒体用户能够在消费内容的同时轻松进入相关商品的购买渠道，这种点击或转化也可以在一定程度上为内容发布者或新媒体平台带来收益。不仅如此，新媒体平台做电商，服务的对象是新媒体用户，这种服务能够让新媒体平台得到大量用户数据，从而帮助其更好地把握用户，更精准地进行内容和商品推送，以此增强用户黏性；而广告等一般的变现方式则是服务于客户，难以实现新媒体平台与用户的有效对接，因此，广告等并非长期有效的商业模式。

与此同时，电商方面的信息流也发生了变化。商家能够借助新媒体的多元化渠道分发信息，其效率也得到了很大提升，比如商家可以使信息通过关键意见领袖、网红、朋友的图文和视频推荐抵达受众，从而帮助受众定位符合其实际需求的商品，信任背书也在很大程度上促进了交易的达成；消费者在整个产业链中的地位日渐提升，其行为也能够反作用于商家。

（三）新媒体电商企业更易构建品牌

尹鸿教授在《数字时代的影视传媒产业》中提到，未来的竞争一定不是产品的竞争，而是产品影响力的竞争。随着技术的不断发展，产品的价格红利和品质差异会逐渐减小，产品品牌及影响力对消费者行为的影响程度会越来越大。新媒体电商企业更易构建品牌,因此理应占据未来的交易市场空间。

首先,许多新媒体在未接触电商的阶段,就已经依靠内容获取了一部分受众的认可与喜爱,具有一定的辨识度和品牌效应。当其拓展电商业务时,受众会本能地选择接受和信任,并乐于尝试与体验。这是新媒体带来的连锁品牌效应,相当于经济学中的"背书"。[①] 因此,较之传统电商,新媒体电商省去了很大一部分宣传推广费用,更易构建自己的电商品牌。

其次,不同于传统媒体的单向信息传递,新媒体具有双向互动的媒体形态。也就是说,如今我们每个人都是潜在的信息源,我们不仅在消费媒体,更是在利用媒体完成我们的分享和创造。而各种有价值的信息,伴随着这个过程被无限次传递。因此,新媒体是电商导流和品牌推广的良好渠道。从这个角度来看,新媒体电商尤其是社交属性强的新媒体电商,具有非常强大的广告效果,大众可以借助新媒体非常直观地看到其他人对商品的评价和反馈。如果这种评价和反馈是正向的,且被多次复制和传播,就能形成良好的口碑效应,从而有效提升品牌的知名度和美誉度,这对新媒体电商品牌的构建意义重大。

除此之外,双向互动还意味着个性的表达和情感的投入。因此,新媒体能够赋予电商营销人性化的特点,而人性化是增强用户黏性、构建电商品牌的利器。

三、新媒体电商的基本模式

概括地说,新媒体电商包括如下 6 种基本模式。

(一)商品自营模式

商品自营模式,就是由新媒体电商平台自主采购、推销、配送商品。这种模式能够较好地把握商品的来源、供应和物流配送,在很大程度上保证了商

---

① 黄剑婧:《"互联网+"时代下"媒体电商"的发展》,《视听》2017 年第 7 期,第 185—186 页。

品和服务的质量,从而消除受众对品质的顾虑。同时,能够帮助新媒体企业获得更全面、更完整的数据信息,还避免了各个环节对收入的分流。但相对应地,这种模式使新媒体企业面临更高的运营风险,需要投入更多的资本和人力,并要求新媒体企业具备电商的经营和战略思维。在国内,小红书作为一个集内容社区和跨境电商于一体的分享平台,就采取了自营的电商模式,这使它在假货泛滥的市场环境中赢得了品质上的竞争优势,并发展成为颇具影响力的女性生活分享品牌。

(二)平台模式

平台模式,即由新媒体企业自主搭建线上商品交易平台,为零售商和消费者提供交易渠道。这种模式要求新媒体企业运用电商思维进行平台定位、平台架构、数据分析,而与之配套的规范体系的构建和相关法律问题的处理,也给新媒体企业带来了挑战。国际上,社交平台推特于2015年6月推出移动端的"藏品"功能,为商品零售商与推特用户搭建了交易平台。两个月后,脸书也于澳大利亚测试了自己的网络交易平台。在国内,百度构建的"有啊"就是以生活消费为核心,为用户提供商品信息的获取,以及商品筛选、交流、决策与交易的电商平台。

(三)导流模式

导流模式,即利用新媒体内容在传播和推广方面的作用,将新媒体平台作为电商的引流入口。通常分为两种类型:第一种类型是将新媒体内容的发布者视为电商的导流层,通过商品推介将受众引入淘宝、天猫、京东等电商平台,完成商品交易。国外的图片分享社交网站Pinterest很早就开始了对这种模式的探索,它以图片分享的形式发布数码、图书、家电等商品的图片信息,并链接至合作的电商平台,为电商平台导入流量,促使交易的达成。这种模式在我国也十分普遍。蘑菇街、美丽说等移动社交平台在发展初期就使用了导流的模式,平台用户分享的美妆或穿搭图片可链接至淘宝等购物网站。据统计,蘑菇街中被导向淘宝的每100人中就有8人完成下单,电商转化率可达

8%,每月能为淘宝带来1.6亿元左右的成交额。①除此之外,微视频平台美拍也采用了这样的模式。平台向"粉丝"数量超过10万的达人提供"边看边买"功能的权限,其他用户在观看达人视频的同时,就可以根据达人的推荐立即完成下单。第二种类型为新媒体平台与电商平台合作,在新媒体平台中直接加入电商专栏或电商推广营销的功能,让新媒体平台与电商平台共同分享用户信息,实现互利共赢。比如,2013年8月,阿里巴巴与新浪合作,推出微博淘宝版。在该微博版本中完成账号绑定的淘宝卖家可拥有淘宝专属标识,能够使用微博专有的营销工具推广自己的宝贝。一方面,对于淘宝及淘宝商家而言,这种模式能够帮助其获得更多流量,还能实现与用户的有效互动和交流,完成良好的用户维护和管理;另一方面,对于新浪微博而言,这种模式能够帮助其进行商业化运作,并借助对相关数据的统计和分析,更好地定位受众需求,实现精准营销,提升用户体验。今日头条亦采用这样的模式,与阿里妈妈旗下淘宝联盟合作,提供"特卖"频道,用户可在今日头条的商品页面内完成浏览、下单、购买和支付行为,而今日头条可在淘宝联盟处获取淘宝客的佣金。

(四)咨询中介模式

知识经济时代,产品的边际成本几乎为零,知识作为这个时代的一种资源和产品更是如此。它的产生在最初需要耗费一定的成本,但一旦形成,便能够借助互联网渠道无穷复制,具有无限扩散和传播的动力。人类对知识的需求是个无穷尽的增量市场,"中国健康咨询"就是国内专门做咨询服务的电商平台,而知乎live、分答、简书、微博付费问答等新媒体平台,则是通过知识付费模式实现了价值变现。这其实就是围绕信息和知识,让新媒体企业充当咨询中介的角色,以此拓展新媒体的电商业务。

---

① 贾孝魁:《"互联网+"浪潮下社交电商发展模式及市场前景》,《商业经济研究》2017年第22期,第75—77页。

（五）信息订阅模式

信息订阅模式是一种基于信任和承诺的电商模式，"订阅"这一行为意味着用户做出了长期、重复购买某一产品或服务的决定，而不再是简单的一次性消费。信息订阅模式实现了新媒体企业对用户的锁定，使企业与用户建立起了较为长期的交易关系，也便于新媒体平台更好地统计和分析用户行为，从而深入了解每一位用户，以更精准的推送以及更符合用户需求的产品和服务，拉近与用户的关系，提升用户的忠诚度。比如，亚马逊推行的"订阅销售"就是信息订阅模式的典型案例。

（六）收费服务模式

收费服务模式，即新媒体企业向付费用户提供超出常规范围的其他服务，其实就是通过自身的品牌影响力向用户提供额外的增值服务的一种模式，这些增值服务包括信息资讯、付费检索、数据分析，以及许多自媒体的分级别图文阅读、音视频开放权限、课程培训等。自媒体"罗辑思维"的付费会员业务就是典型的案例，加入会员的用户可以享受罗振宇提供的专属特权，包括参与圈子活动、获得商家优惠福利、与罗振宇亲密交流等。可以说，"罗辑思维"成功利用了"粉丝"经济时代的收费服务模式，实现了价值变现。

四、新媒体电商模式的实践与发展

随着互联网和移动终端的发展以及人口红利的逐渐消失，传统电商纷纷进驻新媒体的内容领域。阿里巴巴于 2013 年 4 月以 5.86 亿美元入股微博，并于 2014 年 6 月收购手机浏览器品牌 UC，推出 UC 头条，进行内容分发；京东与腾讯展开合作，获得微信和 QQ 两大流量入口，还于 2016 年 9 月与今日头条合作，推出"京条计划"，在今日头条开设一级购物入口"京东特卖"，并通过导购、分佣等模式使更多的头条号实现电商变现。与此同时，各种互联网和移动媒体也积极试水电商,微博、微信、QQ 等社交网络逐渐转变为垂直化的电商平台。

(一)新媒体电商的发展特点

如果将新媒体电商和传统交易型电商进行对比,不难发现,二者在下述几个方面有着显著区别,如表 3-1 所示。

表 3-1　新媒体电商与传统交易型电商的对比①

类别	类型	
	新媒体电商	传统交易型电商
流量来源	内容	竞价、搜索
用户关系	社交关系	交易关系
用户特征	社群化	个体化
基本导向	以用户为导向	以产品为导向
思维模式	用户思维	卖货思维
沟通特征	点对点沟通为主	人机对话为主
运营核心	信任经济、用户体验	包装＋渠道出货

总的来说,新媒体电商以受众为中心,强调人与人的连接,依靠内容的传播和扩散以及社交关系的建立,吸引更多"粉丝"并引发交易过程。从这个意义上说,新媒体内容时时刻刻充当着"广告",而新媒体环境下商品、内容、工具的聚合使受众形成社群,他们之间的交流和碰撞也时时刻刻传播着"广告"。但传统交易型电商通常依靠竞价、搜索、平台活动等方式吸引流量,在卖货思维主导下以产品及产品评价为中心,而电商与用户、用户与用户之间互动较少,难以建立社交关系,因此流量往往是一次性的,难以沉淀,也难以被重复利用。

值得一提的是,新媒体电商在很大程度上是基于信任经济运转的。新媒体使人与人之间形成了更广泛的联系和更频繁的互动,而这种联系和互动难免会影响到彼此对商品和生活的态度和行为,人们的购买活动会在很大程度

---

① 汤亮:《移动社交电商的营销问题与对策》,《统计与管理》2017 年第 6 期,第 132—134 页。

上受到他人意见的左右,这也是新媒体电商运转的现实基础。"罗辑思维"就是将自媒体人格化,从而形成信任该品牌的用户社群,而这种信任使用户愿意为"罗辑思维"的产品买单;小红书上意见领袖推荐的商品往往容易引起关注和购买,就是因为受众对意见领袖的信任;而微商更是如此,商家和客户通过彼此之间的信任完成商品交易,而客户又会基于这种信任关系向家人和好友进行商家推荐。

另外,新媒体电商的运行成本较低。不同于传统交易型电商以持续烧钱的方式夺取流量,新媒体电商依靠内容吸引流量并借助观点、利益、情感等要素使受众得以连接,进而培育"粉丝",让他们为品牌做宣传推广。因此无论引流成本,还是营销管理成本,新媒体电商都比传统交易型电商低得多。

(二)典型新媒体电商的发展

在新媒体经济中,能够与电商实现对接的内容要素以及具体的对接手段十分多元,并不固化于上文提到的任何一种基本模式,因此最终体现为丰富多样的新媒体电商形态。以下分别选取自媒体电商、移动社区电商和微信微商这3种较为典型的新媒体电商类型,对其发展概况及相关规律进行了梳理和分析。

1. 自媒体电商

近些年来,自媒体逐渐开始探索除广告以外新的盈利模式。自 2015 年至今,我国通过社交媒体平台进行网购的消费者占比高达 70%[①],而自媒体在其中占有举足轻重的地位。以自媒体微信公众号为例,据新榜统计,2016 年 5月至 7 月,新榜指数在 800 分以上的 5269 个公众号中,有 718 个在做电商,占比 13.6%。其中,71.3%选择在微电商平台开店(大部分用有赞开店),23.8%选择自建商城,1.5%在传统电商网站开店,3.3%通过其他途径延伸电商业务。在这些内容电商里,育儿类与文化类店铺总数最多,且占比最大,是内容电商的典型。由于微信不支持外链,因此不能很好地对接传统电商平台,而

---

① 工信部中国电子商会微商专业委员会:《2016—2020 年全球微商行业全景调研和发展战略研究报告》,(2016-05-20)[2016-10-10],http://www.iqiyi.com/w_19rt28u9yd.html。

自建商城成本较高,因此,使用微信微店是一种很好的电商化途径。

"罗辑思维"可谓自媒体电商的典型。2014年,颇具影响力的"罗辑思维"公众号开始对接电商,推出8000套单价499元的图书礼包,在一个半小时内便被秒杀[①],同时,"罗辑思维"还借助"有赞"店铺卖月饼。2016年1月,"罗辑思维"推出自己的App"得到",售卖图书、音频等产品。同期,"罗辑思维"入驻天猫进行图书销售,仅14天便获得240万元的销售额。同年8月,"罗辑思维"入驻京东自营图书平台,并于接下来的一个月上线独立电商平台"生活作风",成为跨界电商运行十分成功的案例。

随着时间的推移,将有越来越多的自媒体将目光定位于电商。自媒体拓展电商业务,往往会根据自身的定位选择合适的产品和服务,这体现了文创电商产品与内容高度关联的特性。举例来说,2016年5月,视频类微信公众号"一条"已拥有千万粉丝,CEO徐沪生决定试水电商业务。由于"一条"提供的视频吸引的大部分是向往欧美中产阶级物质生活的受众,因此,"一条"针对中产阶级与1000多家供应商展开合作,推出电商平台"一条生活馆",主要负责家居、服饰、美妆、图书、美食等产品的售卖,"一条生活馆"仅用一年半的时间就获得了单月营收近亿元的成就。[②]

2. 移动社区电商

移动社区电商是由流量庞大的虚拟社区发展而来的电商形态,比较典型的有小红书。2013年,海外购物的移动垂直类社区小红书成立,通过UGC内容分享和跨境电商"福利社"这两个板块,将内容与电商很好地融合在了一起。小红书的商品自营模式有效保障了货源的正品品质,同时,小红书秉承C2B(Consumer to Business)的运营理念,根据用户笔记的价值和反馈(点赞数、收藏数、评论内容)的情况,确定采购何种商品及采购的具体数量。截至2017年5月,小红书销售额接近百亿元[③],成为最具影响力的移动社区电商之一。

总的来说,蘑菇街、美丽说等发展较好的移动社区电商平台,最初只是采

① 艺林小宇:《从罗辑思维到得到App,罗振宇一直都在打破常规》,(2017-03-31)[2017-05-31],http://www.woshipm.com/it/675391.html。

② 《新商业NEO100 | 一条做"电商",抓住新中产,不设评论区》,(2017-10-16)[2021-12-14],"36氪"百家号,https://baijiahao.baidu.com/s? id=1581369175091765468&wfr=spider&for=pc。

③ 徐慧丽:《移动社区电商经营模式与策略分析》,《市场周刊》2017年第9期,第67—68页。

取导购模式,把通过社区分享产生的购物需求引到淘宝等专业电商平台上去。而近几年来,由于用户基数的增大和大量资本的支撑,它们开始自建支付和金融体系,逐步向独立仓储和物流领域拓展,以此提升用户体验。

要运营移动社区电商,首先要基于市场找准自己的定位。就目前的趋势来看,新注入的社区电商日益向着垂直化的方向发展,以此形成差异化的竞争优势,而发展到一定规模的社区电商,又逐渐拓展为全品类电商平台。其次,也是最为关键的,就是做好社区动态,使社区维持较高的活跃度和内容质量,以此培育自己的种子用户,并进行社区造星,培育第一批意见领袖和网红达人,然后借助优质内容的传播提升平台影响力,从而吸引更多的受众。最后需要考虑与电商的对接,以解决用户转化和社区变现的问题。用户及社区动态的获取与构建,在一定程度上解决了用户"买什么"的问题,此时若能构建商品供应链,接入电商为用户提供直接购买渠道,便能有效推动用户转化,为社区寻找到新的盈利点。

3. 微信微商

2014 年,微商作为一种基于社会化媒体和移动社交平台的电商形态得到迅猛发展,吸引了多达 1000 万[①]的从业者,许多企业在传统经营方式之外纷纷寻找微信代理商,朋友圈的微商广告火爆一时。这些现象标志着微商进入野蛮生长阶段。

在迅速发展的过程中,微商面临的问题日益凸显。其一,引流方式较为单一。微商获取流量的方式基本为用户之间的口碑推荐以及朋友圈的转发分享,在初期往往对熟人资源过度依赖,当这些资源被开发完毕后,就会迎来流量难以增长的瓶颈。其二,产品同质化问题严重。几乎所有微商都在彩妆、母婴、服饰、日用品等常见产品领域徘徊,不同微商的产品也没有明显的品质差异。同时,微商往往会在同一时期一窝蜂地跟进市面上流行的爆款产品,难免出现扎堆销售的情况。这些缺乏独特性、易于复制的产品难以让商家持续盈利,传统的价格战也势必会造成经营乏力的问题。其三,近乎为零的从业门槛带来了迅速膨胀的经销商队伍,这使得微商的产品质量和服务水

---

① 俞华:《我国微商新业态发展现状、趋势与对策》,《中国流通经济》2016 年第 30 卷第 12 期,第 47—56 页。

平难以提升,甚至出现"类传销"的问题。随着初期爆发式增长红利逐渐消退,如何获得受众信赖和长远发展是微商面临的严峻问题。

2015 年 5 月至 10 月,伴随央视等媒体对微商传销事件的曝光,人们渐渐丧失了对微商的新鲜感和好感,许多企业和代理商也开始将目光转到微信微店、有赞等第三方平台上。这些平台通过对商品、营销、支付、管理等环节的整合,开始真正走入人们的生活,而微商也进入了工具化整合的阶段。

虽然微商从本质上看是一种电商,但其享有社会化媒体的社交功能,在发展中应基于自身优势寻找到新的立足点。其一,在引流和营销方面,应注重社交、内容、情感等要素的注入,为产品雕琢故事,并赋予其情怀。同时应注重对多种营销方法(如视频营销、软文营销)和渠道(如各类社交和微视频平台)的整合和利用,为产品争取源源不断的用户流量。其二,应挑选或打造与众不同的个性化产品,树立差异化的竞争优势。除此之外,从宏观环境来看,为了微商的长远发展,政府亟须明确微商行业的主管部门,建立相应的准入、监督、规范机制,打击和惩处不法行为,稳固市场秩序。同时,要加快构建包括软件市场、网店联盟、消费者三方评价①在内的信用体系,以此推动微商的良性发展。

(三)新媒体电商的发展趋势

在互联网大背景下,IP 和社交元素盛行、"粉丝"经济当道的发展环境向我们预示了新媒体电商产业广阔的发展前景,而伴随着消费者体验需求的日益提升,新媒体电商在定位和渠道方面也呈现出了较为鲜明的变化,即实现内容的垂直化深耕以及销售的线上线下一体化布局。

1. 定位:从综合到垂直

市场细分理论认为,顾客的消费需求存在差异,而市场是各种不同的消费需求的集合体,这意味着任何一家企业都无法满足其中的所有需求。而若根据不同需求将大市场进行分解,形成一个个细分市场,企业就更容易满足顾客的需求并形成品牌。这对于新媒体电商同样适用。

---

① 俞华:《我国微商新业态发展现状、趋势与对策》,《中国流通经济》2016 年第 30 卷第 12 期,第 47—56 页。

如今,消费者对个性化和差异化的需求日益凸显,同时,在移动互联网时代,极其丰富的内容使人们的注意力变得相对稀缺,人们不可能在碎片化时间里获取到全部的信息。因此,内容更加垂直并向细分领域深耕成为新媒体的一大发展趋势。相应地,新媒体电商应该基于与自身内容高度相连的理念,提供垂直化的产品和服务。

所谓垂直化,并非让企业缩小自己的市场空间,而是让企业更好地整合供应商、零售商和消费者,树立差异化的竞争优势。这一方面有利于企业降低成本,另一方面有利于企业更精准地定位自己的用户,为其提供更精准的营销和更有价值的产品与服务,以此提升用户体验。

对新媒体电商而言,"小而美"要比"大而全"更容易经营,垂直细分要比泛娱乐更容易电商化。通过分析目前运营得较为成功的新媒体电商,不难发现,它们大都是根据自身的媒体定位完成选品,坚持在一个垂直领域进行深度经营。比如:"一条"在内容上定位于生活美学,因此可以销售与生活方式有关的产品;"罗辑思维""十点读书"等文化类新媒体会选择出售图书和在线课程;小红书、蘑菇街、美丽说等时尚类新媒体会售卖美妆、护肤、服装等产品;"玩车教授"等汽车类新媒体会提供买车服务。

总而言之,新媒体电商的垂直化发展,能使其进行产品细分、服务细分、用户细分、营销细分,从而集中力量经营某种品类的产品或服务,获取高度忠诚的用户,并完成更加精准的营销,有利于自身的持续健康发展。

2. 渠道:从线上到线下

由于某些产品和服务的特性,线上交易难以获得完整的消费体验,消费者往往还是倾向于采取传统的线下体验的方式。新媒体电商经过一段时间的摸索,渐渐改变了仅依赖线上宣传、展示、交易、体验的模式,逐步将一些可以对接现实场景或适合于实地体验的项目延伸至线下,在实地开办展览、讲座、沙龙等活动,或享受相应的服务和体验。比如,2013 年 11 月 11 日,资讯类网络媒体"汽车之家"搭上了"双十一"购物节的顺风车,运用 O2O 模式对接电商,销售汽车 17776 辆,订单总额高达 26.43 亿元,①成功运用了线上线下

---

① 魏薇、钟奕、尹杨:《电商化,新媒体的下一个出口?》,《中国传媒科技》2014 年第 5 期,第 38—39 页。

一体化的电商模式。

其实,线上与线下的对接,从根本上说就是为了追求更优的用户体验,以此为新媒体电商赢取最大的收益。这种收益不只是短暂的资本回收,更是由良好体验带来的口碑积累和品牌塑造。一方面,无论是对于新媒体平台还是线下商家,O2O模式都有利于维持消费者与它们的联系,即增强新媒体品牌的用户黏性,并为商家赢得消费者重复光顾的机会;另一方面,线上平台为商家和消费者构建了沟通渠道,商家能够及时有效地获取消费者反馈,从而不断改进自己的产品和服务。

五、新媒体与电商融合双赢的基本策略

新媒体电商模式前景广阔,但同样面临一些挑战,比如:怎样使自身的影响力转化为实际的购买力? 怎样在试水电商的同时减少对品牌和公信力的损耗? 怎样发掘自身特性,以获取普通电商所不具备的竞争优势? 如何提高自己作为电商的专业化水平? 这些都是新媒体电商在未来的发展中需要不断探索和解决的问题。为实现新媒体电商化的成功转型,我们需要关注以下几个问题:

(一)打造内容爆款

新媒体产业向电商模式的转型,最大的优势莫过于对优质内容的打造。就本质来看,新媒体电商就是依靠内容吸纳和沉淀受众,然后以商业推广的形式促使这部分受众转化为实际的购买者,其中包含着"内容即广告,互动即传播"的基本逻辑。因此,内容对于商品营销至关重要。只有依靠好内容吸引和沉淀用户,才能谈及转化率的问题,营收也才会更加可靠和稳妥。如果新媒体提供的核心内容对受众没有任何吸引力,就无法实现受众由"访客"到"订阅者",再由"订阅者"到"消费者"的转变,内容变现也就遥遥无期。

如今,内容无处不在,但好内容却十分稀缺。好的内容要有故事性,也要有情怀。从内容到交易,其实就是利用了内容能够引起共鸣、打动人心的效应。新媒体(无论官方媒体还是个人用户)要打造好的内容产品,必须有自己独特的观点和风格,要有持续的内容输出能力,要有自己擅长和有所建树的领域,同时还要对热点话题保持高度的敏感和极强的把控力,掌握将内容与产品相互衔接的基本方法,深谙互联网传播之道,如此,才能打造出真正的内容爆款,互联网的规模集聚效应才会显现,新媒体的电商化转型才能真正产生可观的经济效益。

(二)培育关键意见领袖

关键意见领袖是一个网生词,指的是在某个行业具有一定影响力和话语权的人。互联网催生出了注意力经济,在这种经济背景下,"情报"变得尤为重要,而关键意见领袖就是传递"情报"(而且是重要、可靠的"情报")的人。换言之,新媒体时代的诸多信息都需要借助关键意见领袖这个桥梁传递给普通受众。具体来说,由于互联网信息传播速度快且检索简单,人们养成了轻松获取信息快餐的习惯,而不再愿意通过自己的记忆存储和理解能力进行深度学习和思考,因此,关键意见领袖的观点变得十分有价值,且往往伴有很强的社会影响力。

关键意见领袖之所以能在新媒体电商中发挥作用,是因为他在一定程度上利用了"粉丝"经济带来的效应,粉丝在"信任"的基础上自愿为意见领袖推广的商品买单。新媒体要注重对关键意见领袖的信息加工能力、信息传播能力、引导能力、协调能力的培养,从而让其助力新媒体电商盈利,并带领其他用户营造良好的社交环境。

(三)构筑用户社群

互联网实现了万物互联,它使每个个体的行为相互交织、连接,并通过社交的植入重组为一个个不同的社群(包括自媒体和社区两大类),其中蕴含着巨大的消费能量。兴趣是最直接的消费动力,建立社群的初衷是将兴趣相投的一群人聚集在一起,以便更好地沟通、分享和交流,新媒体在凝聚用户、构建社群方面有得天独厚的优势。当社群成员积累到一定数量,围绕他们的利益共同点,便可开展电商等商业活动,实现用户转化和流量变现。由于社群成员有着共同的兴趣和利益诉求,因此开展相关产品或服务的电商不易招致其反感。

简而言之,社群化电商的运行逻辑就是以内容作为流量入口,以社群关系沉淀流量,以电商交易实现流量价值。运用社群效益成功发展电商的新媒体案例颇多,比如:自媒体电商"罗辑思维",就是构建了去中心化的社群,借助社群的消费能量,实现了红利收割和品牌延伸;而社区电商小红书,就是构建了垂直类的信息分享社群,以用户之间的交流分享,促成了一个个商品交易。目前,我国社群商业的规模将近 2000 亿元,预计 2020 年将达到 2.4 万亿元①,这是社群化带来的巨大商机,是新媒体电商应当牢牢把握的一种发展模式。

若要成功构建和利用用户社群,新媒体电商需要关注以下几个因素:就成员而言,需要有意见领袖、主要人物和活跃分子;就规则而言,由于社群成员及观点具有多样性和复杂性,要实现良性运作,就需要制订明确的准入门槛和规则体系,以规范社群内的一切行为;就平台而言,需要根据实际需求融合线上与线下两个交流平台,从而提高社群用户之间的接触频率,营造更密切的交流与联系。

(四)构建消费场景

做新媒体电商十分重要的一环就是要把流量和消费场景对接。过去,消费者会根据自己的实际需要挑选和购买产品。而今天,消费者往往是在浏览信息的过程中无意间发现自己的需求,然后产生购买行为。因此,商家不再被动地等待消费者,而是学会了开发受众的潜在需求,甚至创造新的需求。未来,新媒体电商将更了解受众的需求,同时还能迅速为他们匹配和推送符合实际需求的产品和服务。这要求新媒体电商学会运用内容构建消费场景,以此给予受众更加情景化的购前提示,刺激受众产生购物需求和消费冲动,与此同时,新媒体电商需马上提供给受众商品的详细信息与购买方式,形成

---

① 朱友军:《消费生态重构》,机械工业出版社 2017 年版,第 86 页。

从需求产生到需求满足的闭环。这也是新媒体电商运行的内在逻辑。其实，无论是微信、微博，还是今日头条、大众点评，都是基于将消费者置于某个场景的商业体验。

（五）实现人格化运营

在 2015 年，网红和 IP 曾经是火遍大江南北的热词。据统计，2015 年 6 月 6 日，淘宝大促女装区前十大品牌中，网红店铺占据了一半以上[①]，其中某些店铺的成交额甚至赶超部分明星品牌。但不同于明星品牌的是，这些网红店铺无须投入高昂的广告费以吸引流量，它们的大多数"粉丝"都是通过网红在微博、微信公众号或其他视频平台的影响力"尾随"而来，这向我们展现了"人"作为一个超级 IP 在互联网营销中的力量，而新媒体所需打造的就是这种人格化的电商。

人格化为新媒体电商带来的影响力十分显著：其一，能为新媒体电商做信任背书，即为自己的产品和服务做担保，这能使品牌更易取得消费者的信赖。其二，人格化赋予新媒体电商温度和情怀，这会使消费者感觉到自己的购买行为并非只为换取冰冷的商品，而是在反馈于实实在在的人。事实上，传统交易型电商也需塑造人格化的产品和品牌，但若不借助新媒体平台，传统电商就难以实现这样的转型，这也在一定程度上推动了新媒体电商模式的探索和发展。

（六）兼具媒体和电商思维

要想实现新媒体电商的良好运作，不仅要遵循新媒体发展的一般规律，具备持续内容生产能力、信息融合传播能力、互联网营销能力、用户运营能力，还需要遵循电商经营管理的一般规律，注重对商品供应、定价、营销、物流等各个环节的整合，具备流程化思维和数据化思维，及时搜集行业信息，掌握行业动态，明确消费者的需求发生了哪些变化，哪些商品才是在该领域内适

---

① 刘侠威：《人格化电商》，电子工业出版社 2016 年版，第 128 页。

销对路的商品,应该如何获得这些商品。

　　与此同时,需要用一定的对接方法才能使新媒体与电商形成融合,这要求相关人员具备基本的议程设置能力,即如何引入商品,如何让用户"种草"商品,以及如何激励用户做出购买商品的决策。如果引入电商的方式不够合理、过于僵硬,不但不会促成用户转化,反而可能引起用户的抵触情绪,给新媒体品牌造成一定程度的舆论危机。"年糕妈妈"公众号作为一家内容型媒体,就具备很好的电商思维。它注重选品、定价、标题、主图、详情页、服务、互动等各个环节。在营销策略上,它会提前一天对将要开售的商品进行预告,一方面能够提高商品的曝光度,另一方面能够收到用户的反馈信息,从而对销售量情况进行预判,同时,它还会利用市场营销学中的饥饿营销理论,采取限时抢购模式,刺激用户做出购买决策。

第四章　影视电商模式

随着影视产业的迅速发展,整个中国的影视产业进入井喷火爆阶段,而火爆的影视产业市场催生了巨大的影视产业链延伸空间。而影视电商模式,就是通过将影视内容价值嫁接互联网电商变现模式,为影视观众提供边看边买的新观影体验和互动,形成一种"影视IP＋明星＋网红＋电商"的影视电商生态闭环结构。

一、互联网时代影视产业迎来电商化变革

我国影视产业的发展近几年来备受瞩目,电商也已成为影视商业生态中不可或缺的重要环节,但在互联网背景下,二者独立发展的问题日益凸显,其发展面临的许多困境亟待解决。

(一)现实背景:影视产业与传统电商的发展困境

从文化产业发展的角度来看,当前我国影视企业普遍面临盈利困局。首先,就电影产业而言,我国大部分电影都将票房作为主要的收入来源,资本回收渠道相对单一。许多中小电影难以收回成本,而那些在短时间内获得较大影响力的影片,也总逃脱不开轰动一时的"大片效应",缺乏持续盈利的能力。放眼国际,美国的许多电影公司,往往能获得长期持续的现金流,原因就在于它们会依靠各种授权许可和衍生品销售盈利。比如迪士尼推出的《冰雪奇

缘》主题服装,在北美 3 个月内便售出 300 万套,盈利 4.5 亿美元。[①] 而在我国,电影产业的票房收入占据了全部收益的近 80%,收入结构不甚合理,这导致电影产业的投入产出状况很不乐观。其次,就电视产业而言,由于体制机制等诸多方面的限制,我国电视节目产业化运作十分乏力,市场化程度低且价值链拓展很不健全,收视率主导下的广告收入和赞助是其收益的主要来源,投入产出比例严重失衡。再次,就互联网影视而言,影视网站的营收速度赶不上高涨的支出。视频网站需要支付昂贵的版权交易费用和日渐增加的宽带及服务器成本,而自制内容也需要持续的资金投入。但与此同时,视频网站的盈利渠道较为单一,广告始终是其主要的变现方式,而传统品牌广告所带来的增益效果在近几年来日渐疲软。在互联网时代,影视产业或许能插上电商的翅膀,生成新的商业模式,以解决投入产出困局,迎来持续健康的发展。

从另一个角度来看,我国的传统电商面临着流量积累、沉淀和转化的困局。电商是互联网技术的一个重要领域,也是 21 世纪社会经济的主要发展方向,它创造出的新的商业机会和模式,给各行各业带来了巨大的冲击和影响。在 20 年的发展过程中,我国的电商经历过失败和转型,但始终面临高成本、低回报的严峻形势,没有摆脱亏损的发展难题。之所以出现亏损,一方面是由于价格战引发的低毛利,另一方面则是由于供应链运营成本过高,而许多电商企业尚未能实现规模效应。同时,电商企业想要把持更多流量变得分外困难。伴随着电商的爆炸式发展,市场内竞争对手大量涌入,产品数量持续攀升,同质化竞争日趋激烈,电商获取流量的成本随之抬升,且这些流量往往不具黏性,很难停留和沉淀。因此,创新转型成为传统电商发展的必然趋势和巨大挑战,而文化在其中发挥着至关重要的作用。

(二)跨界融合:影视与电商结合的必要性

首先,电商对影视产业的介入,有利于影视产业构建全景价值链系统,即使影视产业价值链环节(包括内容创意、内容制作、营销推广、传播分销、消费

---

① 陈少峰、李源:《文化产业的十种商业模式创新》,《中国国情国力》2016 年第 12 期,第 14—16 页。

交换等),通过"价值创造→价值开发→价值捕捉→价值挖掘→价值实现→价值最大化"的价值实现体系的介入,形成一次投入、多次产出的价值转换机制。[①] 具体来讲,电商一方面能切入影视产业的制作、发行、营销等核心环节,实现影视产业的自我调节和完善;另一方面可以作为影视产业与其他关联产业联结的桥梁,推动影视衍生产业价值链的构建。

其次,影视与电商的结合有利于借用明星效应拉动消费。"粉丝经济"催生出了以偶像为核心的明星经济模式[②],即"粉丝"会心甘情愿地为自己的偶像买单,换言之,"粉丝"对偶像的喜爱会推动"粉丝"产生主动、持续的消费活动。影视作品需要明星的参与,而电商能够对接更多的消费人群,因此影视产业可以通过与电商的结合,更好地利用明星效应等无形资本,以带动影视及衍生品市场的发展,而传统电商则可以通过与影视企业的合作,凭借差异化的产品优势从无数竞争者中脱颖而出。

最后,影视与电商的结合能够创造包括节目制作方、电视台、品牌方、电商企业、消费者在内的多方共赢的局面。从宏观管理的角度来看,我国的影视产业和电商产业都经历了快速发展的时期,也面临着制约可持续性发展的困局。唯有在保障影视企业、电商企业和消费者三方权益的基础上,探索跨界融合、创新转型的新商业模式,才能推动影视和电商向更健康、更合理的方向发展。影视与电商的结合能够推动内容创作者、产品供应方、消费者实现更频繁、更密切的交流,有利于产品的创意开发和精准营销;能够推动节目制作方、电视台、品牌方、电商企业实现良好联动和无缝对接,拓展影视的盈利方式,提高品牌的推广效率,增加电商的文化附加值;同时,影视电商还能通过提供个性化、定制化的产品,以及便捷、安全的服务,优化和提升消费者的消费体验。

(三)创新颠覆:影视电商的业务范围与服务内容

所谓影视电商,即通过影视内容创新、衍生产品开发,以及交互技术、在线支付的运用,将电商元素嵌入影视产业之中,实现影视内容消费与电商产

---

① 厉无畏:《创意改变中国》,新华出版社 2009 年版。
② 蔡骐:《社会化网络时代的粉丝经济模式》,《中国青年研究》2015 年第 11 期,第 5—11 页。

品消费的结合,从而让有价值的影视内容带动影视受众转化为电商产品的消费者。电商给影视产业的生存形态带来了革命性变化。从影视产业价值链角度出发,围绕内容制作、内容发行、内容放映、衍生品销售等环节分析影视电商的业务范围与服务内容,主要涉及以下几种模式:

其一是 O2O 模式,即"院线+电商"模式。如万达影业在其院线大堂开设了衍生品体验店铺"衍生 π",并于 2016 年全资收购了电影社区网站时光网,尝试进行影视衍生品的开发,先后与迪士尼、漫威、DC 等影视品牌合作完成影视衍生品授权,并将其放至线上商城进行销售。

其二是"内容+衍生品"模式。如优酷推出的"边看边买"业务,使受众可以在观看影视内容的同时,直接对接商家,浏览和比较商品并完成下单。

其三是"电子票务+衍生品"模式。如猫眼电影、微票儿等以在线购票为主营业务的票务平台,也开设了专门的衍生品售卖频道。

其四是众筹预售模式。[①] 这种模式能够使厂家先获得预期收入,降低投资风险,同时还便于进行市场预测,并在时间上"领先"于盗版商家。如 2016 年《功夫熊猫 3》授权的"红叶功夫熊猫 3 限量版陶瓷餐具"在淘宝众筹登陆,筹集金额达 8 万元,远远超出 3 万元的预定目标。类似的案例还有《小王子》《大圣归来》等。

二、在线票务:电商在影视发行中的应用

(一)基本类型与总体概述

影视(电影)产业的在线票务是受众借助电商的方式购买电影票的业务模式。它的实现途径主要包括两种:一是利用团购网站购买团购券,然后到影院前台完成纸质票的兑换;二是借助各类电影服务平台购买电影票,然后在院线的自助取票机上完成纸质票的兑换。

具体来说,电影服务平台包括以下 3 种基本类型:其一是垂直类在线电影

---

① 范周:《2017 中国文化产业年度报告》,知识产权出版社 2017 年版,第 218—219 页。

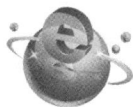

票务平台,比较典型的如猫眼电影。由于较早开始了对在线票务的探索,猫眼电影现已获得丰富的发展经验,近几年来始终保持约 60%^①的市场份额。其二是 BAT 旗下的在线电影票务平台,如百度旗下的百度糯米、阿里巴巴旗下的淘宝电影,以及腾讯旗下的微票儿等。其三是院线官方购票平台,比较典型的如万达电影网。它以会员制为主要模式,借助万达院线的品牌影响力及连锁优势,很早便开始争夺在线电影票务市场并取得了巨大成功。这种类型的票务平台能更好地统筹和运用院线资源,但较易受影院数量、影响力及覆盖区域的限制。

总的来说,我国影视产业在线票务市场发展机遇与挑战并存。一方面,国家政策积极鼓励并大力推动影视等文化娱乐产业的发展,居民的消费结构、消费理念、消费方式等也迎来全面升级,对娱乐化、体验化和便捷化的诉求日渐提升;另一方面,我国电影市场在近两年面临票房增速减缓的局面,在线电影票务产业也进入了增长的瓶颈期。同时,政府还在逐渐加强对电子票务市场的监管和规范,比如颁布影院票务系统实施细则,规定国家数据平台要统计整理每张电影票的原始信息,并对违规行为进行实时通报。

据速途研究院的统计,2014 年全国电影在线售票份额只有 45.4%,到 2017 年已经高达 80%。从交易规模来看,2013 年我国在线电影票务市场交易规模为 48.6 亿元;2014 年提升至 135.7 亿元,增长率为 179%;2015 年提升至 317.6 亿元,增长率为 134%,增速回落;2016 年增至 332.9 亿元,增长率为 5%,增速持续回落;2018 年,我国在线电影票务市场规模突破 500 亿元。从在线电影票务 App 下载量来看,截至 2017 年 5 月,猫眼电影以 9148 万的下载量领先于第二名淘票票,时光网排名第三,其后分别为格瓦拉生活、卖座电影、娱票儿、蜘蛛电影等(如图 4-1 所示)。

通过数据分析不难发现,虽然我国影视产业在线票务市场在整体上处于高速发展阶段,但目前已经步入增长的瓶颈期,增量空间日益缩小,增长速度持续减缓,合并成为产业发展的大势所趋。尤其在 2017 年猫眼电影和微影时代合并后,影视在线票务市场形成了猫眼电影和淘票票两军对抗的"双巨头"格局,其背后的腾讯与阿里巴巴几乎占了全部的市场份额。各大在线票务服

---

① 《2018 年春节期间我国电影行业网售比例与猫眼市场份额情况分析》,(2018-02-27)[2021-12-14],http://market.chinabaogao.com/chuanmei/022I21KH018.html。

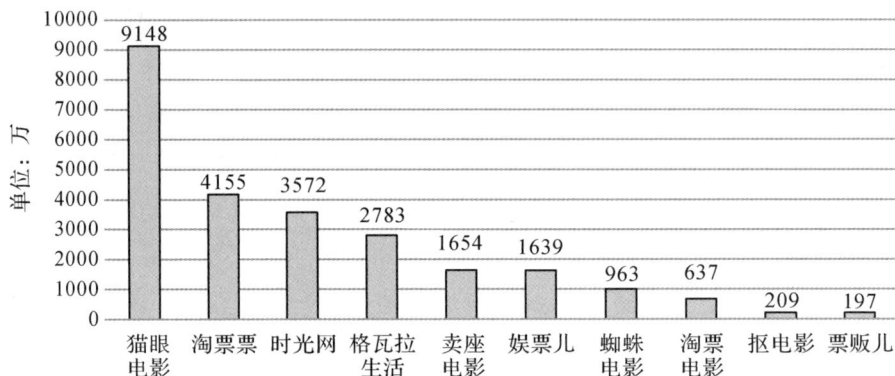

图 4-1　2017 年第一季度在线电影票务 App 下载量①

务平台通过不断地兼并与收购,避免了低价票补的恶性竞争,同时还成功实现了向电影制作和营销宣传环节的拓展。

(二)发展历程

我国影视产业在线票务大致经历了以下 3 个发展时期,在发展过程中出现的标志性事件如表 4-1 所示。

表 4-1　我国影视产业在线票务发展历程中的标志性事件概况

时间	事件概况
2008 年	格瓦拉成立,经营在线电影票业务
2011 年	蜘蛛电影上线影票业务;抠电影成立;中影票务通成立
2012 年	美团推出美团电影,结合移动支付实现线上选座和购票
2013 年	美团电影更名为猫眼电影
2014 年	微影时代成立并上线影票业务;淘宝电影成立
2015 年	猫眼电影独立
2016 年	微影时代成立"娱跃影业""娱跃发行";微票儿更名为娱票儿;淘宝电影更名为淘票票;光线收购猫眼电影,推动其向产业上游进军
2017 年	淘票票联合优酷作为《战狼 2》的出品方和独家互联网联合发行平台;猫眼电影与微影时代合并

---

① 李小洁:《2017 年第一季度在线电影票务市场分析报告》,(2017-05-27)[2021-12-14],http://www.sootoo.com/content/671242.shtml。

1. 粗放式发展时期（2010—2015 年）

这一时期,国内开始兴起在线团购电影票的大潮,各种团购网站如雨后春笋般相继涌现,并以较低的价格为我国电影市场培养了一批在院线观影的受众群体。2013 年,微信电影票出现,并借助腾讯微信的入口优势为自己导入千万级流量,此后将业务逐渐拓展至众筹、包场、团体采购、衍生品销售等领域。2014 年,阿里巴巴旗下的淘宝电影开始利用淘宝在电商资源方面的优势大力发展在线票务。2015 年,百度糯米影业成立,与 4500 多家院线合作提供电影票务服务,并开通影院联名会员业务,购买会员的用户在享受平台折扣的基础上,还能享有会员优惠。至此,BAT 完成了对影视电子票务的布局。而与此同时,其他在线购票平台纷纷跑马圈地,不断扩大与影院的合作范围。总的来说,这一时期我国影视产业在线票务市场呈现粗放式的发展特点。

2. 市场洗牌时期（2015—2017 年）

2015 年,在线票务的市场规模快速扩大,市场竞争十分激烈。全国范围内支持在线购票的影院占影院总数的 80%。① 各个在线票务平台纷纷推出"9.9 元观影""19.9 元观影"等低价售票的营销策略,以票务补贴的方式争夺用户,抢占市场。影视产业在线票务市场初步形成了以新美大、百度、阿里巴巴、腾讯为代表的第一梯队,而时光网、豆瓣电影、卖座网等分割了剩余的市场份额。同时,发展势头良好的在线票务平台开始凭借自己在渠道和流量等方面的优势,将业务向影视产业链上游拓展,参与电影的制作和宣发环节。

3. 差异化竞争时期（2017 年以后）

近几年,我国影视产业在线票务市场进入相对稳定的发展阶段,各个票务平台低价竞争的热潮逐渐退去,并开始创新盈利模式。淘票票联合优酷作为《战狼 2》的出品方和独家互联网联合发行平台,一跃成为我国在线票务市场的第一名。基于此,猫眼电影与微影时代合并,打破了在线电影票务市场中猫眼电影、微影时代、淘票票三足鼎立的局面,新猫眼电影和淘票票"双寡头竞争"的市场格局基本稳定。同时,在线购票的消费者也开始由一、二线城市向三、四线城市推进,小镇青年在电影市场中的力量逐渐凸显。

---

① 沈尧:《中国电影在线票务发展研究》,中国电影艺术研究中心 2016 年硕士学位论文。

（三）主要问题与应对策略

目前，影视产业在线票务市场形成了以猫眼电影和淘票票为代表的"双垄断"格局，其他平台的力量难以显现，尚未实现差异化和多元化的发展。与此同时，影视产业在线票务平台的盈利模式尚不清晰。事实上，在线票务的利润非常微薄，其收入除了要填补各项成本以外，还要按规定支付给满天星等国家售票系统。因此，以在线票务为主要经营业务的企业很难获得持续性的发展，亟须探索新的业务模式和盈利渠道，以填补自身在票务领域的投入。

利用影视与电商的跨界融合发展票务平台，需要注意以下问题。

第一，要充分挖掘信息和社交要素的价值。比如在平台上加入电影资讯、用户评论、社区互动等功能，不仅能为用户的观影决策提供帮助，还能提升用户对平台的好感度和依赖度，有效增强用户黏性。猫眼电影就是在提供票务的基础上，依托互联网数据及流量优势，开拓了"资讯"和"社区"的社会化功能，以营造互联网时代的社群环境。这一举动不仅提升了用户获取信息、做出决策的效率，还有利于在平台与用户之间建立相对稳固的互动联系。

第二，在线票务企业应充分利用自身积累的数据、用户、影院等资源，对价值链进行优化和延伸，以构建生态闭环。比如百度糯米在提供在线选座购票渠道的同时，还结合自身优势，整合多方资源，进行相关卖品、衍生品的销售，并尝试打通整个观影活动的各个环节，针对不同的环节营造不同的场景（餐饮、娱乐、购物、影院联名会员卡等），构建了O2O的场景生态。猫眼电影等在线购票平台也开始利用自身掌握的大数据优势，深入分析受众偏好，向电影产业上游拓展，参与指导电影的制作、发行、营销等环节，从而打通产业链，营造自己的生态圈。

第三，安全性、交互性、便捷性、美观性、购票体验等也是影视电商需要重点关注的因素。影视电商一旦在某个环节出现问题（比如商品质量问题、物流配送问题、售后服务问题等），就会影响影视品牌自身的影响力和公信力，削弱用户的信任度和好感度，甚至出现用户流失、舆论危机的现象。因此，在线票务平台要想逐渐拓宽业务模式，构建自己的生态圈，就必须关注影视内容、衍生产品、电商这3个领域可能出现的问题，完善影视电商服务的全程体验。

目前,在大品牌的垄断下,新的小厂商将难以进入影视产业的在线票务市场。未来,在线票务平台将打通电影制作、版权授权、营销宣发、在线售票等环节,实现全产业链构建,并通过简化中间流程,降低受众消费的时间成本。消费者或将持移动终端完成电影票识别或身份认证,而不再需要"兑换纸质票"这一环节。

三、衍生品电商:电商在影视
衍生品销售中的应用

影视衍生品指的是围绕影视内容核心价值开发出的一系列关联性产品,既包括游戏、动漫、音乐、主题公园等内容型或体验型产品,也包括服装、文具、玩具等实物类产品。就国外的发展经验来看,影视衍生品应该是影视产业收益的主要来源,也是影视产品持续发展的重要推动力。

目前,我国的影视衍生品市场尚未形成。究其原因,除了影视企业不够重视、受众消费观念较为陈旧以外,衍生产品正规销售渠道过于狭窄也是制约发展的重要因素。以电影行业为例,现今大部分国产电影的正版衍生品都将影院作为主要的销售渠道。但由于影视衍生品收益难以确定,影院往往会面临压货售卖、成本抬升的风险。因此,国内大部分影院都存在对电影衍生品重视不足的问题。与此同时,消费者面对电影衍生品高昂的价格,往往会失去购买兴趣,而购买渠道的匮乏使消费者几乎没有获得正版衍生品的其他途径。

电商在影视衍生品销售方面的应用,能在很大程度上缓解销售渠道狭窄的问题。一方面,电商会以网上商城的形式拓宽影视衍生品的销售渠道,比如时光网搭建的衍生品销售平台"时光商城",爱奇艺基于自身内容优势搭建的影视周边产品销售平台"爱奇艺商城";另一方面,电商用技术创新的方式让影视受众获得多样化的购物渠道和体验,比如爱奇艺借助视链技术实现了衍生产品与影视作品的无缝对接,让受众得以享受边看边买的消费体验。

影视衍生品与电商的联姻,不仅有利于解决衍生品销售渠道狭窄的问题,还契合了 Web 3.0 时代消费者消费模式的变化,即不只是由直接的购物需求引发购买行为,在进行文化娱乐消费的同时也可能产生新的需求并顺便完成购买活动。电商会以在影视作品中构建场景的形式培育观众的消费习惯,刺激观众产生购物需求和购买冲动。比如,影视作品中人物的价值观、审美偏好、生活方式等都会通过影视内容呈现并传达给观众,在这个过程中,观众可能会不自觉地对其产生认同和欣赏,想要配备剧中人物的同款服饰、配件、食物、生活用品、家居装饰等,而电商的接入能使观众在产生这种需求的同时,通过在线搜索或点击剧中出现的商品直接跳转至对应的商家,完成商品的选购。这就是影视衍生品电商为观众提供的购前提示和消费刺激。

(一)导流模式:节目电商化,实现边看边买

导流模式,即将影视作品视为导流层,通过内容的呈现与引导,让观众进入电商平台完成购物活动。简言之,导流模式就是一种将节目与电商紧密对接,以实现边看边买功能的电商模式。其实现路径涉及以下三种:

第一种是基于视链技术的影视与电商对接路径。2010 年 10 月,奇艺(现爱奇艺)推出视链技术。该技术需要视频网站在恰当的位置对视频某一关键帧区域加上"热区"。当受众观看到视频预置关键帧的时候,热区会以较淡的高光显示提示受众。受众利用鼠标追踪、点触"提示区域"时,视频便自动暂停并显示与"提示区域"相关的广告信息或落地页链接地址。[①] 视链技术在影视电商中的应用能让受众在观看视频的同时,通过点击视频中出现的物品直接进入与其对应的电商页面,方便快捷地完成购买流程,实现从"观看"到"购买"的行为转化。这一技术不仅创新了广告品牌的营销方式,还为视频网站创造了新的盈利模式,预示着影视与电商结合的无限可能。2012 年,优酷土豆合并后,其在与百事公司的"百事淘宝商城"合作中使用了视链技术,受众通过点击视频中的物品就可直接进入电商购买流程。2014 年,爱奇艺与京东商城合作,在《爱上超模》《非诚勿扰 2》和《男人帮》的播出中通过运用视链技术实现了边看边买的功能,将影视作品中的物件即时转化成了商品,将观众从视频平台直接导向电商网站。可以说,爱奇艺与京东借助视链技术消除了

---

① 陈涛:《视频电商运营机理及策略探究》,武汉大学 2017 年硕士学位论文。

不同性质平台之间的壁垒,实现了视频与电商的实时对接。2014 年底,爱奇艺推出"Video in"动态视频植入技术,即在视频拍摄完成后,借助增强现实的手段,将虚拟的 2D/3D 物体植入视频中。2015 年,爱奇艺又推出视链技术升级版"Video out"技术,借助深度学习算法让机器代替人类完成人工操作难以处理的海量视频标识工作,这标志着视频识别进入智能化时代。如图 4-2 所示。

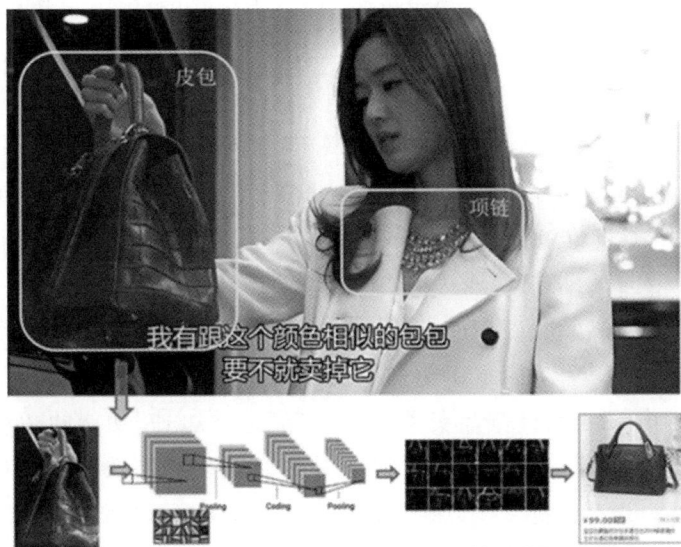

图 4-2　爱奇艺借助"Video out"技术即时识别剧中商品图示[①]

　　总而言之,视链技术是打通视频网站和电商两大互联网基础平台的关键,能够拓展视频网站以广告收入为主的盈利模式,使其可以直接参与电商分成,实现视频内物品"所见即所买"。但该模式最终能否成功,还是取决于用户的实际认同状况。

　　第二种是在影视内容策划环节对接电商的路径,即实现内容本身的电商化。比如,东方卫视联合天猫国际推出的国内首档影视电商类节目《女神的新衣》,就是在策划环节将电商接入影视内容中,以实现边看边买的功能。该节目也是对 T2O(TV to Online)模式(即"电视节目＋电商"模式)的一种探

　　① 陶文冬:《爱奇艺推出视链升级技术 Video out 视频识别进入智能时代》,(2015-02-05)［2021-12-14］,http://tech. huanqiu. com/internet/2015-02/5602828. html。

索。具体来说,节目中的女明星会利用自己的审美眼光和对时尚的敏锐感知,完成对新衣的设计、制作和展示,而天猫会推荐 4 个服装品牌担当节目买家,与女明星一起完成最后的竞拍环节。这些买家拍下服装版权后会进行批量生产,并将这些服装放到自己的天猫店铺里出售。观众如果对女明星设计的服装感兴趣,就会在节目的引导下前往相应的店铺进行选购,如此便实现了影视与电商的结合与互动。除了与天猫国际合作以外,《女神的新衣》还顺应了移动互联网的发展潮流,与垂直类 App"明星衣橱"建立合作关系。观众在观赏节目的同时可以打开"明星衣橱"选购商品。据艾瑞咨询统计,《女神的新衣》T2O 转化率高达 31.45%,远超淘宝网平时的转化率。同时有调研显示,在这些成功转化为商品消费者的人群中,有 69.23% 的消费者出现了伴随性消费活动,即在购买衍生品的同时顺便购买了电商平台的其他产品。[①]

湖南卫视针对女性受众推出的综艺节目《我是大美人》,也是在策划环节就将内容与电商进行对接,通过内容电商化创造效益的典型案例。节目嘉宾会为观众介绍有关美容美发的知识,并在过程中植入相关产品的推介广告,引导消费者前往淘宝星店或微信商城完成购买活动。类似的案例还有唯品会的自制视频导购节目《唯品美美搭》,具有"边看边拍"功能的微纪录片《了不起的匠人》,淘宝联合优酷推出的原创故事微视频《一千零一夜》,等等。

第三种是设置专题入口对接电商的路径,即仅在影视作品旁提供前往电商平台的专题入口,让受众通过扫描二维码等方式进入在线商城购买影视衍生品,而不对影视内容本身做太大的电商化改动,比如:观众在观看电视剧《何以笙箫默》时,只要用天猫客户端扫描东方卫视台标,就可以进入天猫商城的主题页面进行商品选购;观众在观看综艺节目《鲁豫的礼物》时,只要用手机扫描屏幕下方的二维码,就可以直接进入在线商城,完成对衍生品的购买活动。

边看边买的导流模式相较于其他影视电商模式具有部分典型特征,具体包括以下 3 点:

第一,即时性。导流模式会尽可能缩短受众从"内容消费"到"购买决策"之间的时间,将原本属于两个不同时间维度的行为放至一个时间维度中,使

---

① 言哲君:《电商品牌还能怎么玩?〈三生三世〉告诉你下一波流量红利》,(2017-02-28)[2021-12-14],https://www.digitaling.com/articles/35304.html。

受众在购买意向产生的即刻,就能将其转化为购买决策并完成购买行为。具体来说,受众在对影视内容进行消费的过程中,往往会产生诸多暂时性的消费需求和购买意向,而数字技术的运用使商品能够无缝植入影视内容,如此一来,受众在产生需求的第一时间便可通过点击视频中的相关商品,跳转至电商页面并下单。这在很大程度上提升了受众转化率,是对传统影视衍生品销售模式的一种优化和补充,有效提升了内容的价值。

第二,远程临场感。边看边买的导流模式为受众带来了远程临场感,即对远程环境产生了一种身临其境的感觉。[①] 尽管受众无法触摸到屏幕内的虚拟商品,但影视内容本身蕴含着无限的传播力。它能够以动态的画面、有趣的故事、深层的情感,全方位、立体化地呈现商品的使用场景,让受众提前感知商品的功能和用途,减轻受众对商品信息的认知负担。如此一来,受众便可以在休闲娱乐的体验中感受到商品的价值,进而产生消费冲动和购买行为。

第三,情感性。消费者并非始终处于理性决策的消费状态,有时会带有明确的情感指向,特别是在文化内容的感染下,消费者往往会根据当时的情境和心情,临场构造消费偏好。与此同时,影视明星还能对衍生品消费产生带动作用。边看边买的导流模式能够充分利用影视节目为受众建立情感链接,与受众达成价值共识。具体来说,它能在受众观看影视节目,接受并认可影视内容传达的价值追求、消费理念与生活方式的同时,激励其通过商品消费获得与影视剧中的人物相同的生活体验。从这一意义来看,导流模式具有很强的情感性特征,能够即时触发并利用人们的情感体验。

(二)平台模式:搭建影视衍生品垂直电商平台

平台模式,即一种通过搭建自己的网络销售平台,将影视作品中出现的或与其相关的商品放至平台进行售卖的模式。国内发展较典型的有时光网、牛掰网、漫骆驼等直营独立衍生品销售平台。

近几年,我国在线视频产业开始了对构建平台销售影视衍生品的探索。2014年,阿里公布视频电商"星战计划",成立合一营销创新实验室,建立起世

---

① Steuer J. *Defining Virtual Reality:Dimensions Determining Telepresence*, *Journal of Communication*,1992,42(4):73-93.

界首个视频电商平台;2015 年,视频网站爱奇艺基于自身掌握的优质内容资源,搭建"爱奇艺商城",售卖影视周边产品;同年,电影服务平台时光网也上线了正版衍生品销售和开发的平台——"时光网电影衍生品商城",全球知名电影角色人偶生产商 Hot Toys 和多家国际一线品牌相继入驻。

我国电视产业也对平台模式进行过初步的探索。早在 2006 年,权威购物媒体"湖南卫视快乐购"就搭建了自己的"快乐购"官方售卖平台,从销售电视百货起步,到今天已拓展至包括珠宝精品、美容服饰在内的全方位商品;2008年,媒体人李静与东方风行合作成立美妆购物平台乐蜂网,之后推出时尚类综艺节目《美丽俏佳人》,开始推行"影视+电商平台"的发展模式;2010 年,时尚类综艺节目《越淘越开心》与淘宝合作建立了线上购物网站"嗨淘网",销售美妆及护肤类产品。

平台电商在具有显著优势的同时,也面临着许多挑战:首先,由于供应商及其提供的商品数量繁多,商品的质量很难得到保证;其次,商品、用户、物流、服务等信息都需要平台进行一定程度的统一整合和更新,这对工作人员和相关技术提出了较高的要求。

除此之外,影视企业还可以借助第三方电商平台开设影视衍生品官方旗舰店,即与淘宝等电商平台达成战略合作协议,同步销售影视衍生品。这是影视企业对"把内容转换为产品"的一种探索,不仅能够增加自己的收益,还有利于提升电商平台的文化属性和附加价值。2014 年东方卫视开设的东方卫视天猫旗舰店就是很好的佐证。

四、影视电商模式的未来式

尽管当前影视电商产业在资本运作、内容提供、产品质量、服务体验等方面还存在一些问题,但总的来说,影视电商作为一种融合了内容、技术、电商等产业要素的新兴事物,其发展前景充满希望。我们认为,以下 5 个方面是影视电商模式未来的发展趋势,也是其需要集中力量予以推进的发展重点。

第一,强调内容价值,构建消费场景。影视内容质量不高会导致受众对内容的黏性减弱,用户转化率难以提升。影视产业要想真正实现电商变现,内容才是其核心竞争力。具体来说,影视与电商的耦合点在于内容,内容是受众对商品产生兴趣并强化购买欲望的关键。只有优质的内容才能为受众营造沉浸式的体验,而只有这样的体验才能使受众甘愿为内容呈现的商品、传递的情感、传达的价值观等买单。换言之,优质内容能够最大限度地促成受众的消费意愿。以淘宝联合优酷推出的美食类导购视频《一千零一夜》为例,通过讲述16个生动有趣、打动人心的故事,《一千零一夜》为受众营造了全情投入的沉浸式体验。而受众在消费故事的过程中,也被故事里"外表惊艳"的夜市美食所吸引。温馨的故事和美味的食物给予了受众"被治愈"的情感体验,让其在观看视频的过程中不自觉地产生购买冲动。比如在第一期《鲅鱼水饺》中,带有家乡味道的水饺引起了青岛女孩关于童年的温馨回忆以及浓浓的乡愁,使观众产生了无穷联想和情感共鸣。在优质内容的刺激下,主推商品鲅鱼水饺在视频播出后获得了很好的销量,这正是优质内容创造的价值。因此,影视电商必须遵循内容为王的发展原则,以优质的内容吸引和转化受众,而不能因过分强调电商诉求而将内容本身打造成"广告的精选集"。换言之,影视电商需要将对人物的刻画、情节的雕琢和故事的打磨作为核心,通过对内容的精心设计,讲述具有吸引力的故事并构建消费场景,引导和刺激受众产生消费需求与购物冲动。

第二,强调以人为本,优化用户体验。就当前情况来看,影视电商的用户体验性略显不足,边看边买模式中的遮挡物浮标有时会影响观看体验。未来的影视电商(尤其是互联网影视电商)应更注重以人为本和用户的体验性,凭借内容与技术的不断创新,优化并提升用户的互动体验。首先,影视电商需要打通影视内容消费与电商产品服务之间的数据,密切影视作品、电商广告、消费者之间的互动联系。通过对大数据的分析,判断并推测受众对影视内容和衍生产品的偏好,然后生成相应的影视内容,开发合适的影视衍生品,并以电商的方式向受众提供精准营销。其次,影视电商要坚持以用户需求为导向,不断完善搜索、浏览、比较、下单、支付、分享等功能,并探索O2O模式,实现线上与线下的良好联动。最后,技术升级会推动影视电商实现从"看"到"买"的流畅跳转和无痕对接,最大限度地降低边看边买对受众观影过程的干扰。

第三,强调版权保护,改善市场环境。版权保护对于文化产业(特别是影视等核心产业而言）至关重要。但由于我国知识产权法律法规不完善,以及大众对知识产权保护意识的欠缺,影视作品盗版侵权问题非常严重,影视衍生品市场的盗版现象也十分猖獗,盗版商品严重分流了正版商品的购买量。比如《何以笙箫默》推出边看边买功能后,引起了许多受众的关注,女装商家的页面流量比之前活跃了接近 10 倍,但商品的销售数据却并不尽如人意,大部分商品的月销量仅为 2 位数。但对比鲜明的是,在淘宝搜索“何以笙箫默同款”却出现了大量价格低廉、销量火爆、类型齐全的商品。换言之,影视收视率的攀升并未给官方电商的销量带来实质性的提升,大部分流量都被分流至盗版和山寨品上去了。要营造良好的影视市场环境,离不开对知识产权的保护,而这需要国家和社会各界的共同努力。国家要出台相对完善的版权保护措施,从宏观到微观规范我国影视产业的发展,保护影视创作者的权益,约束企业及个人行为,打击侵权现象;企业作为影视电商的经营主体要全面增强防范侵权的意识和能力,构建公平交易的平台;社会大众应进一步强化版权保护意识,树立使用正版、抵制盗版的正确观念,从而改变版权意识淡薄的局面。

第四,强调技术升级,推动多元化发展。影视电商本身就是技术革新的产物,无论对内容的识别、展示,还是对产品的支付、配送,都对技术有很强的依赖性。而如何解决当前影视电商用户体验不佳的问题,如何实现海量视频场景与电商产品之间的高精度融合匹配[1]问题,也依赖于技术上的突破。近些年来,以 VR/AR、人工智能为代表的数字技术发展迅猛,不断为影视产业和电商产业注入活力。影视电商的发展也需要融入新的技术手段,生成新的产业形态,以适应文化与科技的深度融合。同时,新技术在影视电商中的应用,能帮助其摆脱同质化的恶性竞争,打造差异化的竞争优势,从而实现影视电商市场的多元化发展。2015 年,优酷领投千万美元,与国内领先的计算机视觉搜索技术服务公司衣＋合作,让 AI 技术赋能智能购物;谷歌也邀请大量人工智能专家,利用深度学习为 YouTube 优化视频识别技术,并更好地对接电商。这些事件无不说明新技术在影视和电商领域具有广阔的应用前景,而技术革新也是影视电商需要牢牢把握的发展机遇。在对新技术进行探索和

---

[1] 陈涛:《视频电商运营机理及策略探究》,武汉大学 2017 年硕士学位论文,第 48 页。

应用的同时,还要避免内容与技术的本末倒置。内容是影视作品的内核和根本,而技术只是助推影视产业发展的手段,是提升影视作品附加值的一种途径。要想更好地拓展影视电商业务,就必须坚持内容为王的原则,确保影视作品始终具有强大的吸引力和竞争力,而不能让内容沦为技术的附庸。

第五,强调多屏融合,实现跨屏营销。随着技术的革新和媒体终端的不断更迭,跨屏传播日益普及。人们观看影视内容的行为已经被分散到了包括电视、电脑、手机、平板在内的各种不同的屏端。在这样的背景下,影视受众的收视行为呈现出许多新的特征:其一,行为碎片化、自主化。移动互联网打破了受众集中时间观看影视作品的状态,赋予其随意切换不同屏端的可能,受众的收视行为相应变得更加零散化和碎片化。同时,受众对于影视作品的观看方式和途径也有了更大的自主性与选择权。其二,多任务整合化。[1] 随着技术的进步,人们可以在观看影视作品的同时,轻松切换到其他屏端,以完成其他任务。换言之,受众能够同时进行观看、评论、分享、购物等行为。比如人们在 PC 端观看影视节目的同时,可以拿起手机搜索影视信息,并在淘宝上购买相应的衍生产品。面对跨屏传播带来的新特点,影视电商必须打破单屏营销的局限,迎合多主体、多屏幕、多终端的现实状况,实现跨屏定向营销。具体来说,影视电商要针对目标受众进行精准的大数据分析,明确受众线上行为的特点和偏好及使用终端的兴趣和习惯,以电视屏、电脑屏、手机屏等多屏之间的联动,迎合受众边看边买的新诉求。同时,要结合传统电视、社交媒体、网站、App 等多种营销渠道,为受众提供影视、社交和购物三位一体的立体体验。

---

[1] 刘燕南、张雪静:《跨屏受众收视行为测量:现状、问题及探讨》,《现代传播》2016 年第 38 卷第 8 期,第 1—7 页。

第五章 "电视＋社交＋电商"模式

传统电视产业商业模式创新应注重利用社交平台以及第三方网络交易平台拥有的各种互动数据(含结构性、半结构性和非结构性数据)。这些数据对文化产业项目减少市场中供需双方的信息不对称、提升运营效率、提高体验价值、增加企业利润等都具有关键性的作用,同时也为文化企业借助项目调整业务结构以及转型发展提供了某种市场机遇。"微信摇电视"是"电视＋社交＋电商"模式的初级版,它是一个涉及多方利益主体的复合型模式,以"红包"为切入点,利用微信的社交功能、第三方支付功能和电商功能打通了电视内容观看、互动、广告、销售等整个产业链,在此过程中将电视的受众转化为顾客并将顾客数据沉淀下来,通过大数据分析优化电视内容、提高广告回报率,实现电视相关商品、视频内容的O2O业务,颠覆了传统的"二次售卖"商业模式,逐步升级为更成熟的"电视＋社交＋电商"模式。

一、"微信摇电视"的成因

"微信摇电视"是"电视＋社交＋电商"模式的初级版,其形成背景是基于传统媒体与新媒体的融合以及此消彼长的替代关系。

首先,随着互联网的普及和电视开机率的下降,从将电视作为观看的终端转变为电视观看和网络观看的双峰并峙,网络和电视的互动日趋紧密。这体现在通过网络视频观看电视剧的人群日益扩大。年轻人在很多时候是通过视频网站观看电视剧的,而且这种趋势有增无减。这是人们娱乐方式的巨大转变。人们开始把固定在家里的电视机前的观看方式转化为不拘时间的网络观看,而这种观看的终端也常常是各种移动终端。这些新的终端可以让人们自由地选择观看电视剧的时间。而网络也对电视发挥着重要的影响,网络中的议论、评价和聚焦都会对电视剧和电视节目的口碑有重大的影响;网络的语言和文化潮流随着年轻人的影响而对电视施加影响。现在网络观看已经成为电视剧的重要的观看方式。由于网络视频的发展和对网络版权保护的强化,网站也有意愿加大对电视剧的投入。电视剧也就从传统的卖片模式向更复杂的收益方式转化,网站的支撑也逐渐开始引人注目。网站未来介入电视剧的制作过程也只是时间问题。这其实也在迅速地改变电视剧的一般观看习惯,同时为非电视剧观众的加入提供了条件。电视剧开始具有更为广阔的空间,而将来的电视剧的形态和运作模式也将由于这样的变化而有其新的路径。

其次,青少年观众群对电视产业的影响越来越大。电视节目现在已经不再是固定在电视面前按固定时间段观看,因此一批新的观众开始基于网络条件介入电视节目的观看,他们对电视节目的需求影响巨大。一是"80后""90后"甚至"00后"的观众开始对电视剧有了影响力和发言权。过去,电视观众一直是年龄偏大的人。他们对电视的忠诚度最高,对收视的影响力最大。现在"80后""90后""00后"年轻人的影响一直在扩大,这种扩大近几年来一直在持续,湖南、东方、浙江、江苏等卫视的影响力实际上都来自青少年观众的介入。可以说,这些卫视虽然也有传统的观众,但年轻观众的增量才是它们实现增长的关键因素。原来,电视的传统的"黄金时间"段,如晚8点档,在某种程度上是主流观众的天下,而现在,像晚间10点以后,原来不受重视的时间受到了越来越多的关注。青少年的购买力和消费意愿远远高于中年以上的人群,他们是广告主关注的对象。在中国这样的电视环境之下,这一点实际上有着关键性的作用。电视广告在很大程度上应该是着眼于青少年的,因此从节目形态到编排都受到年轻人的影响。这一转变会长远地在电视领域中发挥作用。年轻人的趣味和要求必然会投射在电视节目之中。二是电视节目这些年来"中产化"的走向,由于中国的"全国化"而越来越明显,三、四线城市的中产化的快速发展对电视节目发展产生新的影响。这形成了对中等收入者生活的持续关注,而许多类型也是适应他们的想象和期望的。

二、"微信摇电视"的发展

"微信摇电视"是微信与电视台合作的整体互动解决方案,支持电视台节目的实时互动、在线购物、内容运营、效果统计等。"微信摇电视"打出"改变观看电视的方式"这一宣传语,其发展大致经历了湖北卫视开启首摇、羊年春晚激发狼性、平台开放步入常态 3 个阶段,如今已渐渐成为各大电视台的新标配。

(一)湖北卫视:开启首摇

"微信摇一摇"全新电视互动模式于 2014 年 6 月 29 日在全国范围内由湖北卫视启动首摇。自 2014 年 6 月 29 日 19 点 40 分起,观众在收看湖北卫视真人秀节目《如果·爱》的同时,只要用手机微信摇一摇,并进入歌曲就可以实时识别出正在收看的节目,可摇出与电视节目有关页面,参与节目互动。如答对手机互动页面上的问题,就可以进入抽奖转盘环节参与抽奖。湖北卫视为观众准备了钻石吊坠、柳岩同款黄金戒指等奖品。此外,还有明星速配测试——观众在互动页面上选择自己的性别、星座、属相,就可以测试出与自己喜欢明星的速配指数,更可将各种互动页面、节目信息等分享给好友或至朋友圈。

湖北广电与腾讯微信联手打造"中国电视第一摇",掀起了电视互动的新革命,真正弥补了电视媒体与观众沟通、交流、互动的短板,更好地拉近了电视与观众之间的距离,也是传统媒体与新媒体深度融合的开始。

(二)羊年春晚:激发狼性

央视春晚的广告招标会上推出了 2015 年羊年春晚"新媒体独家合作"的广告资源竞价,腾讯微信以人民币 5303 万元中标。双方的合作方式即为"摇一摇+电视":央视羊年春晚位于最上层,向腾讯收取合作费用;微信位于中层,提供互动平台并招商;赞助企业位于下层,提供现金红包和代金券红包。

其流程大致为：在 2015 年春晚现场，主持人口播或者屏幕提示邀请观众一起摇微信抢红包，顾客抢到的红包显示"×××企业给你发了一个红包"。其中，红包包括 5 亿现金红包和 30 亿代金券红包，来自微信招商的赞助商。顾客摇到红包后，需要分享到微信群或者朋友圈等多种社交传播渠道，邀请好友帮拆才能获得红包；抢到现金红包需要将银行卡绑定微信支付才能提现；抢到代金券红包则可通过指定渠道进行消费。据腾讯官方统计，除夕当日红包总收发量 10.1 亿次，摇一摇总数为 110 亿次，在春晚峰值达到 8.1 亿次/分钟，覆盖全球 185 个国家的微信顾客。

2015 年央视春晚结束后，"微信摇电视"测试功能于大年初一低调上线。大年初一开始，北京卫视、湖南卫视、江苏卫视等地方卫视春晚就已经成为"微信摇电视"的尝鲜者。据悉，参与过各地方卫视春晚摇一摇电视互动的顾客数有 1.6 亿人，其中北京卫视和湖南卫视的 PV（点击量）均达过亿人次。[①]

（三）平台开放：步入常态

2015 年 3 月 31 日，"微信摇电视"平台正式开放注册，电视台和节目方通过 yao.weixin.qq.com 提交资质、接入信号以及签订协议后，便可开通"摇电视"功能，与观众展开互动。至此，电视台与微信的合作模式也日渐成熟：电视台和节目方负责招商并设置互动内容，广告主支付广告费并提供现金红包和代金券红包，微信免费提供互动平台服务。"微信摇电视"平台有 2 种账号类型——频道和节目方：频道账号针对整体合作的电视台，可以配置频道全天的互动；节目方账号（包括电视台内部单位和节目版权公司）针对合作频道的单个或多个节目，互动时间仅限于该节目播出的时间段。其互动流程一般为：播放前针对节目设置相应的手机互动环节、开发页面、配置活动；播放中口播或者屏幕引导号召顾客参与；播放后后台自动汇总呈现顾客互动数据。其互动内容有 2 种：一种是内容互动，如央视春晚明星语音拜年、朋友祝福贺卡、春晚节目单、参与上传全家福等；另一种是广告互动，即品牌专属红包，如顾客抢到的红包显示"×××企业给你发了一个红包"。顾客摇到红包后，需

---

① 祖薇：《微信"摇电视"：电视的遥控器，微信的摇钱树》，《北京青年报》2015-03-12。

要分享到微信群或者朋友圈等多种社交传播渠道,邀请好友帮拆才能获得红包;抢到现金红包可以存入钱包消费或者提现,抢到代金券红包则可通过指定渠道如电商进行消费。

2015年6月16日中国传媒大学互联网信息研究院发布的《中国电视媒体跨屏互动融合创新趋势》显示:截至2015年5月底,摇电视上线的电视台超过60个,上线节目数超过110个,渗透到包括综艺、晚会、活动、体育等几乎所有节目形态中;累计覆盖顾客人数超过1亿(不含2015年央视春晚当天),参与过摇电视互动的顾客人数已达1.8亿。

三、"微信摇电视"的大数据应用

"微信摇电视"通过移动终端实现了互联网与电视的深度融合,以跨屏互动的形式把受众转化为顾客,从而为获取顾客数据做好了准备,进而通过数据分析和应用把移动第二屏作为挖掘顾客商业价值的核心终端,开展广告、付费、电商等互联网化的电视运营。

(一)微信助电视获取顾客数据

电视媒体有着丰富的内容资源,在节目首播时能在第一时间吸引观众的注意力。在吸引了观众的注意力以后,如何积累并经营顾客数据成了首先要解决的问题。电视一般采取"二次售卖"的商业模式,即电视台投资制作或购买节目吸引观众收看,并将观众收看广告的时间售卖给广告主,从广告主那里获取广告费。这种模式可以称为收视率经济,其特点为:首先,电视的受众具有一次性的特点,每次售卖之前需要重新聚集一次受众,因此其盈利能力主要依靠收视率。其次,电视和受众的关系是割裂的,一是节目缺乏互动性,二是电视台导给广告主的不是消费者,而是受众。受众不转变为顾客,便没有商业价值,也不利于电视盈利模式的开拓发展。而互联网商业经济的特点是得顾客者得天下,即通过核心产品来聚集永久性顾客,然后通过延伸业务从这些永久性顾客身上挖掘商业价值,包括直接价值(如增值服务)和间接价值(如广告)。这种经济称为流量经济。流量经济其实不可怕,电视媒体接触受众上亿,如果可以固化下来,就能将其转化为永久性的顾客。这时,电视媒体就可以通过延伸业务从这些永久性顾客身上挖掘商业价值。

电视摇一摇的出现为解决这一问题提供了途径。对于电视台来说,从网站的跟帖、调查、评论,到移动端的交互式体验,乃至大数据分析与挖掘,没有"鼠标和键盘"就不可能有顾客的主动行为与顾客间的交互,媒体就依然只能"我播你看"。事实上,"鼠标和键盘"就在观众手里,因为50%以上的观众在收视时手里拿的并不是遥控器(也不是电脑),而是手机。[①] 传统电视与微信摇一摇的合作,通过 LBS 等大数据精准分析,对移动顾客进行更精细化的识别,进而充分挖掘数据背后的商业价值。DT 时代数据的重要性毋庸讳言,而"摇电视"的开通,在增加顾客数量、提升顾客活跃度的同时,也让运营商获取了大量数据,这给进一步分析数据和使用数据提供了支持。也就是说,在"微信摇电视"中,微信相当于电视的鼠标和键盘,帮助电视实现了从电视观众到顾客的转化、交互式体验和大数据分析等功能。"微信摇电视"改变了电视的流量聚集和流量转移方法,实现了联系顾客和沉淀顾客数据的目标。

(二)大数据助电视内容新运营

"微信摇电视"把跨屏互动和微信服务号累积起来的顾客数据用于电视内容的推广、互动和优化调整,在一定程度上通过获取实时收视数据实现了"直播同步"。

一是在节目播出之前,利用微信渠道和微信红包进行品牌传播和内容推广。经过近几年的发展,微信无疑成了移动互联网的主入口,拥有数亿熟人的数据资产,加速了电视内容以病毒式的广度与深度传播;而顾客要参与"微信摇电视"互动抢红包,必须打开电视机,成为节目收视观众,参与顾客越多,节目收看观众数也会越多。"微信摇电视"的四大功能——红包功能、预约功能、通知功能和一键关注功能,可以实现电视节目的推广宣传。如东方卫视《女神的新衣》在 2015 年 8 月 8 日开播之前,节目方就在宣传造势中打出了首

---

① 王强:《"摇一摇+电视","+"出了一个全新的传播体系》,《广电独家》2015 年 5 月 2 日。

播当晚"广告主和微信派发出近 1 亿元的天价卡券和微信红包""所有女神新装都以 1 折预售"的噱头,提前勾起了观众的观看和购买欲望。

二是在节目播出的过程中,通过双屏互动增强电视黏性。"微信摇电视"将传统的电视媒体接入了移动互联网,可以实现观众与节目、观众与观众的双向实时互动。这种互动方式与以往的短信互动相比,更具便捷性,互动形式也更加丰富多样,容易引发群体效应。第一,"微信摇电视"最大的特点就是场景化和互动体验,提高了受众/顾客的参与感和体验感,这也是互联网企业最具优势的地方。第二,"微信摇电视"的另一创新是用红包勾起了人们"爱占便宜"的欲望:人们对"免费"的东西总是非常积极的,小小的红包里面虽然只有几块钱,却扭转了顾客对传统广告的不良感受,甚至由反感转为争抢,将他们粘在电视跟前。正如上文所说,2015 年央视春晚"微信摇电视"互动中,除夕当日红包总收发量 10.1 亿次,摇一摇总数为 110 亿次,在春晚峰值达到 8.1 亿次/分钟。第三,实现社交关系链传播。在节目中最吸引人的环节合理地设置互动内容,吸引更多的顾客在朋友圈等社交媒体进行主动分享,从而吸引年轻人回到电视屏幕前。在 2014 年 CCTV5(央视体育频道)的世界杯转播中,顾客可以轻松地将比赛视频分享到微信朋友圈,相关视频获得了上万次转发,直接为节目收视率做出了贡献。又如江苏卫视 2015 年开年综艺《超级战队》利用"微信摇电视"充分整合微信资源实现深度互动,首期收视率 1.2%,为同时段第一。

三是在内容生产方面,大数据变革了电视节目的生产模式和生产流程,在一定程度上实现了"制播同步"。一般情况下,电视节目的内容框架在播出前就已确定,在播出过程中进行调整和改变并不常见。而"微信摇电视"使得实时收视数据、对节目内容的实时反馈的获取和分析越来越容易实现,因此在播出过程中随时根据数据分析报告对节目内容做出"微调"甚至"转向"成为可能。北京台在省级电视台中开创性地做了微信矩阵,全台建设 150 个微信电视,全台整合操作,一键发布,所有顾客"粉丝"互动方式全部聚合在电视台的后台。在北京台春晚录制过程中,网友对节目的互动点评,不仅影响了录制过程,还影响了节目组织和编排方式。通过对数据的挖掘,北京台首次明确参与电视互动具体性别比例和节目类型:男性占到 64%,女性占到 36%;手机顾客、观众参与度最高的节目形式是娱乐类,其后是资讯类、生活服务类、体育类、影视剧。虽然此次并非完全"制播同步",但的确对电视内容生产起到了微调的作用,可以预见将内容生产、调整与播出、反馈融于一体的"制播同步"模式将成为 DT 时代电视内容生产的常态。[①]

此外,在节目播出后,电视进一步利用顾客数据优化调整电视节目内容。不仅"微信摇电视"可以在节目播出过程中随时获取顾客反馈,从而决定节目走向,而且每个参与互动的顾客行为都将以数据的形式沉淀下来,如性别比例、地理位置、年龄分布、感兴趣的节目类型等,甚至卡券、优惠券等的使用数据,为节目拍摄、后期制作以及宣传推广等环节提供了重要的参考依据。

(三)大数据助广告营销新探索

"我知道我的广告费被浪费了一半,却不知道浪费在哪儿。"这句在广告界颇为流行的话道出了广告主们的无奈:广告淹没在宽泛的投放对象中,高额成本不一定换来对等的回报。在海量家庭观众面前,如何精准抓住潜在顾客成为电视广告业的痛点。"微信摇电视"的广告形式主要是"品牌专属红包",包括现金红包和代金券红包。广告主发红包并非"钱多人傻",其背后有着巨大的营销价值:经营观众,挖掘"摇晃者"的信息资源,追踪他们的个人喜好,定位观众群的每一个人,直接把营销广告预算聚焦在红包投入上,实现电视广告的精准投放。具体体现在以下 3 个方面。

一是利用红包有效提升广告主的品牌曝光度。首先,电视的传统广告投放形式为广告主花钱买广告位,受众有没有看到其广告信息是不得而知的。而在微信红包的发放过程中,广告商以红包的形式直接将营销费用(红包)投递到顾客身上:顾客收了现金红包和代金券红包,也就证明顾客看到了"×××企业给你发了一个红包"的信息和企业的 LOGO,有效提升了广告主的品牌曝光度。以湖南卫视 2015 年春晚为例,提供百万现金红包的品牌赞助商容园美,其 LOGO 在整场晚会中展现次数高达 1.23 亿次,官方微店的入口也有千万次的点击。[②] 其次,顾客摇到红包后,需要分享到微信群或者朋友圈等多种社交传播渠道,邀请好友帮拆才能获得红包,更是加速了红包的"裂变式"

---

① 史安斌、刘滢:《颠覆与重构:大数据对电视业的影响》,《新闻记者》2014 年第 3 期。
② 祖薇:《微信"摇电视":电视的遥控器,微信的摇钱树》,《北京青年报》2015 年 3 月 12 日。

推广,使电视节目和广告商的推广方式化被动为主动。如 2015 年《女神的新衣》播出时,节目组和微信合作在最吸引人的拍卖环节设置了"一折购衣"的摇一摇优惠,吸引更多的观众在微信朋友圈主动分享关于"女神"的信息,由此引发的推广效果更加精准且有效。

二是代金券红包以"促销广告""广告电商"的广告形式,对单纯的电视内容消费者进行了过滤,使有意向的产品消费者得以一站式购买,大大提升了广告的回报率,使顾客价值得以变现。电视传统的植入广告大体有实物类植入和语言类植入两种形式,如 2010 年央视春晚小品《捐助》中的"国窖"礼盒和赵本山提及的"搜狗"。在这种广告模式下,电视台导给广告主的不是消费者,而是观众,转化率并不高,效果也有限。而"微信摇电视"的"促销广告""广告电商"等广告形式,使商业广告的意向群体直接触达商品。代金券红包相当于促销广告,可在线下进行消费或者在广告商的网上商店进行消费;通过摇一摇直接摇到广告对应的产品则相当于"广告电商",如微信与辽宁宜佳购物频道合作,若顾客对购物频道中的商品感兴趣,只要使用"微信摇电视",即可查看并且快速在线下单购买电视屏幕中展示的商品。这样,商家的广告已不仅是"广告与营销",还是"电商与销售",即 T2O(TV to Online/Offline),使"受众和消费者"重合。在对电视节目盈利模式的探索中,电视台借助 T2O模式,将注意力直接转化为经济效益,将顾客转化为消费者,实现顾客价值的变现。

三是挖掘顾客数据价值,实现定向广告和精准营销。电视节目播放后,"微信摇电视"后台会自动汇总呈现顾客互动数据。频道方或者节目方可以从顾客的摇电视行为中提取出地理位置、观看时长、节目喜爱度等数据,为电视节目的营销模式提供选择依据,使其有的放矢地推送优惠活动、优惠券等信息,为不同的人群准备不同的互动方式,准备不同金额的现金红包、代金券红包并进行精准化推送,提升营销效果。如湖北综合频道在"三八节"通过"微信摇电视"向女性观众发红包,女性观众可摇出红包,男性观众摇出的则是"对不起,今天不是你的节日,请通知她",充分利用了微信的性别归类,在观众摇电视的瞬间进行了数据处理和页面分类,有效提高了广告投放精度而减少了营销费用的浪费,满足了商家广告价值最大化的需求。

四、大数据助推"微信摇电视"模式创新

电视媒体应首先圈住顾客,再提供有针对性的个性化服务:首先通过与互联网、社交媒体、电商平台等的合作获取并沉淀顾客数据,然后运用大数据精准洞察顾客的个性化需求、挖掘顾客的行为习惯和爱好,对电视内容、广告投放进行针对性的调整和优化,并根据数据分析延伸电视产业链以满足其个性化需求。

(一)电视+互联网:获取顾客数据

大数据应用的前提是盘活数据资源、建立起完整的数据库,这样才能精准科学地把握顾客行为。"摇电视"功能为电视提供了不少高价值"大数据"。电视媒体可以从顾客的"摇电视"行为中提取出地理位置、观看时长、节目喜爱度等数据,数据可服务于商业营销模式的创新,也可为电视节目的营销模式提供选择依据,精准地为不同的人群准备不同的互动方式,提升营销效果;此外,在微信上搜集的数据还可用于电视节目本身的优化调整。

社交媒体、电商平台拥有庞大的顾客群,并可依据顾客行为建立强大的数据库:一方面可以依据顾客行为帮助节目制作方找出节目中的问题,从而提高节目质量并为顾客提供内容推荐;另一方面可以做到以受众为目标,利用数据跟踪和技术分析,直接捕捉目标消费者,按照其需求直接将产品推送到个人,这无疑会大大增加目标的精准性。因此,建议电视媒体加强与互联网如社交媒体、电商平台的充分合作,取得共赢。

(二)电视+社交:创造体验价值

大数据的生命在于进行时,是"动态"而非"静态",因此需要改变电视单向度传播的模式。"微信摇电视"实现了新的电视交互模式,提升了顾客的观看体验、互动体验和购买体验。传统电视节目与观众互动较弱,这一直是其

短板,而"摇电视"打破了电视和观众"分离"的困境,重新搭建了电视与顾客之间的桥梁,看似简单的互动,却带来了极高的顾客参与度和活跃度,有利于增强观众参与感。微信团队表示,他们将不断提高微信连接电视媒体和顾客的能力,让电视节目与观众互动的方式更便捷有趣,未来会衍生出更多传统电视与新媒体互动的新玩法。

随着微博、微信、自媒体等移动社交媒体的兴起,电视第二屏的伴随型互动收视越来越成为电视媒体发展的必然。2013 年跨屏互动的人数比率为34%,2014 年增加至 45%,近一半的观众每天都在使用社交媒体。电视通过与移动社交的融合,可强化参与感,实现社交关系链传播,延伸电视屏,真实连接观众,沉淀顾客关系,扩大顾客规模。正如小米 CEO 雷军所说,通过顾客参与能够做出好产品,而且一个好产品通过顾客的口碑是能够被传递的。[①]正是参与感和体验价值带来了人流量和顾客数据,从而为电视后期的商业化运营打好了基础。

(三)电视+电商:实现顾客变现

改变广告模式,其实就是改变电视的盈利模式。电视广告转化方式为:把广告信息告知观众;观众看到广告后,若感兴趣,则去实体店购买或者上网搜索产品和相关信息,再进行网购。2011 年看到电视广告而上网搜索相关产品或信息的人数比率为 24%,2014 年为 28%,可见电视广告的转化率很低。"微信摇电视"的出现,使人们能够通过 LBS 等对大数据进行精准分析,对移动顾客进行更精细化的识别,进而充分挖掘数据背后的商业价值。顾客在"摇一摇"电视的时候,也直接把自己同广告商连接在了一起,广告商可以直接将营销费用(红包)精准地投递到顾客身上,满足了商家作为广告主让广告价值最大化的需求,还精准地监控到每笔营销费用所带来的转化率。

当下,电商已经成为大众习惯的消费方式。电视与移动电商相结合,通过边看边买的模式,可以直接链接到电商平台购买广告中的商品。而通过数据分析,就能引导潜在消费者实现一站式购买,将注意力直接转化为经济效

---

① 黎万强:《参与感:小米口碑营销内部手册》,中信出版社 2014 年版,第 128 页。

益,提供电视屏的新商业化可能。电视通过与电商的合作,不仅可以打通电视、社交、电商(广告商)三位一体的商业模式通道,而且庞大的观众参与数据和大幅增强的顾客黏度意味着其将带来更大的商业价值:电视台通过节目冠名、赞助广告获益;腾讯微信通过从电视节目中获得流量入口获益;广告主和电商平台通过电视节目引流实现品牌曝光和产品销售;节目制作方则通过版权和广告获益。

随着互联网及移动互联网的崛起,电视媒体传统的"二次售卖"商业模式正面临着来自新媒体的内容与广告两个方面的强烈冲击,其主流媒体的地位正在被边缘化。"微信摇电视"不仅给顾客提供更便捷的观看体验和服务,将顾客的行为数据沉淀下来,通过大数据分析优化了电视内容,提高了广告回报率,实现了电视社交化和电商化的初步变革,更是电视媒体与互联网融合的一次深度试水,使电视内容的商业价值得到提升、电视产业的生态链条形成闭环,进而为电视行业的转型带来了新契机。

第六章　博物馆文创电商模式

我国博物馆领域正处在一个转型发展的关键期,既面临着互联网带来的各种挑战,又面临着互联网为文创产品的创新发展和传播带来的新机遇。许多博物馆的文创产品在互联网背景下,逐步开拓形成博物馆文创电商这一新型平台。

一、电商为博物馆文创工作带来新机遇

一直以来,博物馆担负着收藏、展示、教育等多种社会职能。但随着大众精神文化需求的提升和国家文化产业的快速发展,博物馆的社会职能和运营模式迎来了深刻变化,亟须面向市场,以满足自身长期稳定发展的需要和大众日益增长的文化消费需求。因此,开展文创工作成为博物馆经营者的普遍选择。

博物馆文创产品既体现着与博物馆相关的历史信息,又创造性地融入了与时代相符的新的文化内涵,能够拉近历史文物与公众之间的距离,使博物馆的历史文化得到有效传播和扩散,符合国家文物局关于"把文物带回家"的理念。因此,出于丰富大众精神文化生活、迎合社会消费升级、提升国家文化软实力的需要,基于历史文化资源开发的博物馆文创产品必将成为博物馆发展新的经济增长点,而文创工作也已成为博物馆产业化运作的重要环节。

当前,互联网正改变着人们的生活方式和消费习惯,网到之处无不发生翻天覆地的变化,博物馆也正在探索如何借助互联网技术变革经营模式。然而,许多博物馆还仅仅停留在借助互联网平台进行导流的阶段,希望借助携

程、途牛等旅游服务平台为自己带来更多客流和增量市场,却忽视了博物馆文创在传统营销和流通方式上日益显露的局限性,忽视了文创产品与互联网结合的种种可能。

博物馆文创的传统销售方式是在馆内开设工艺品或纪念品商店。这个商店通常会设在博物馆最后一个展厅,内部陈列着各种基本的文创衍生产品,参观结束后游客可以在此驻足购买。这种实体零售的方式相对比较"隐秘",深受时间、空间和博物馆游客数量的影响,在互联网冲击下,日益陷入发展困境。如果不搭上互联网的顺风车,博物馆文创很难真正走入人们的日常生活,成为大众喜闻乐见的消费产品。因此,依托互联网平台引领博物馆文创产业创新发展是大势所趋。

互联网时代的电商给了博物馆文创一个很好的发展思路,即用"文创产品+电商"的模式突破传统销售模式在营销和流通中的缺陷,让人们足不出户便可浏览到图文并茂的产品推介,将博物馆的文化资源融入老百姓的日常生活中,从而开辟更广阔的发展空间。这无疑是博物馆文创工作新的发展机遇。

二、博物馆文创电商模式的概念和特点

博物馆文创电商模式,是指博物馆借助互联网渠道(通常为博物馆网上商店,包括博物馆官方网站的文创商店、博物馆微信微店,以及其他电商平台等),向消费者提供文化复制品和衍生产品,并使消费者通过网上浏览、网上挑选、网上支付等行为完成交易的商业零售模式;又是指博物馆借助互联网渠道完成文博行业版权资源的梳理整合与开发授权的线上交易模式,以此实现"文化人"与"产业人"的优势互补和有效对接。

电商为博物馆文创提供了新的营销渠道和发展空间,也赋予文创工作新的发展特点和成效,具体来说:

第一,博物馆文创电商能够为文创产品营销提供更高效的平台和更广阔的客源市场。传统的文创实体店仅面向博物馆游客。这些游客在游览店面时,往往会因时间紧迫、空间有限、人员拥挤等问题走马观花,匆匆而过,难以对文创产品的整体和细节进行全面准确的把握。同时,文创实体店对博物馆的依附性较强,其效益在很大程度上取决于博物馆的游客数量,而不是自身的影响力和特色。电商在博物馆文创工作中的探索和应用,能够有效缓解文创实体店所受的地理限制以及对博物馆的过度依赖,无疑给我们提供了新的发展角度和更广阔的发展视野。在文创电商时代,人们可以持移动终端浏览博物馆网上商城和线上店铺,高效获取文创产品的价格、功能、材质、图片等信息,然后通过在线支付完成交易,无须受时间和地理区域的限制,足不出户便可享受便捷优质的购物体验。在这个消费活动中,目标消费者不仅仅是博物馆游客,还包括所有的网络用户,这为博物馆文创产品提供了更加广阔的客源市场。

第二,博物馆文创电商能够借助大数据分析,刻画文创消费者的数字画像。尽管互联网时代的消费者行为更加复杂多变,但大数据技术给我们提供了精准把握消费者需求的可能,任何在传统产业中难以获取的精准数据(消费者的性格标签、消费时段、人群细分、精准位置等),均可通过互联网实时监测。博物馆文创与电商的结合,其实就是传统文化产业互联网化的一种尝试,这种结合使文创产品消费者成为可供跟踪和深入研究的对象。博物馆经营者通过对大数据的分析,能够有效刻画消费者的数字画像,明确"浏览文创产品的人是谁? 他们有什么特征? 他们进入店铺的渠道是什么? 他们浏览或购买了什么样的产品? 他们偏好什么样的主题、风格、产品类型?"等信息。了解了这些信息,博物馆经营者就能及时准确地把握消费者需求,并在此基础上预判消费者的未来行为,这是线下实体销售难以完成的数据分析和行为预测工作。

第三,博物馆文创电商能够节省博物馆在文创工作上的运营成本,并拓展博物馆的盈利渠道。博物馆运营需要十分庞大的开支,以用于更新陈列、扩建展厅、维修藏品和建筑、配备现代化设备、举办学术研究等活动,因此许多民营博物馆都面临资金短缺的问题。在这种情况下,节省营销成本、拓展盈利渠道可谓至关重要。博物馆文创与电商的对接,使博物馆无须支付高昂的店面成本和基础设施费用,又能面向更广阔的消费者市场,吸引更广泛的消费人群。同时,IP 资源的线上授权和销售能够帮助博物馆有效对接市场,让专业的"产业人"完成对 IP 资源的设计开发、投资生产、营销推广等工作,推动博物馆文化资源向产业资源的方向转变。因此,博物馆文创电商能够实现节省运营成本、拓宽盈利渠道的目的。

第四,博物馆文创电商能够运用多样化的信息展示工具、表达方法和营销手段,使营销变得更有效率。博物馆的网络营销终端能够输出各种形式的信息和内容,包括文字、声音、图片、视频、动画等,可充分调动受众的多重感官体验。同时,文创电商作为一种互联网产物,能够更方便、更有效地运用各种网络营销手段,如视频营销、社区营销、Widget 营销、IM 营销、病毒式营销、H5 营销等,从而实现从传统营销到立体营销的转变。互联网的信息展示工具、表达方法和营销手段使传播效果变得更加显著,能够有效吸引受众群体的注意力,并刺激其产生消费冲动,这使文创产品的营销过程变得更有效。

三、博物馆文创电商的发展状况

(一)国际状况

国际上,许多西方国家的博物馆很早就开始将文创产品与电商结合,目前已取得十分显著的效果和较为良好的效益。比如美国大都会艺术博物馆(Metropolitan Museum of Art)早在 2000 年就开设了网上商店,现已成为美国规模最大的博物馆网上购物系统。据统计,通过网上商店购买大都会艺术博物馆文创产品的顾客数量平均每年以 2% 的速度递增。2009 年全球经济和金融危机使大都会艺术博物馆的营业额和会员数量受到严重冲击,但大都会网上商店的会员数却不减反增,首次达到 27646,占博物馆会员总数的 21.52%[①],呈现逆势上扬的趋势。英国维多利亚和阿尔伯特博物馆(Victoria and Albert Museum)的文创产品借助互联网实现了全球范围内的销售,并入驻我国的天猫平台,开拓了中国的消费市场。美国北卡罗来纳州历史博物馆

---

① 葛偲毅:《国外博物馆文化产品开发与营销对我国的启示》,复旦大学 2012 年硕士学位论文。

(North Carolina Museum of History)借助 Indiegogo 平台,实现了对电影展新展品所需资金的筹集。荷兰凡·高美术馆(Van Gogh Museum)与我国天猫合作推出了一款雨伞,在两天内便达到上百万元的销售额。

除此之外,许多大型博物馆还入驻了专卖博物馆商品的垂直电商平台,如 museumnetwor. com、museumshop. com 等,以此拓展自己的电商业务。

(二)国内状况

在国外博物馆积极对接电商的热潮下,我国的国家博物馆、故宫博物院、恭王府博物馆、上海博物馆、苏州博物馆、湖南博物院、湖北省博物院、河南博物馆、陕西历史博物馆等也开始了对电商的探索。

2010 年,故宫博物院试水电商,开设故宫淘宝,并推出一系列以故宫为题材的文创产品。

2015 年 1 月 1 日,故宫博物院官网的"故宫商城"正式开业。

2015 年 1 月 26 日,"恭王府旗舰店"上线,成为首个建立电商官方旗舰店的国家级重点文物保护单位。

2015 年,故宫博物院入驻京东并开设故宫微店。

2016 年 1 月 18 日,国家博物馆借助阿里的大流量平台,开设"中国国家博物馆旗舰店",由国家博物馆自主完成店面规划、运营管理和宣传推广活动,并推出"国博文房""服装配饰""书籍邮品""创意家居""珍惜收藏品"等多种类型的线上文创产品。

2016 年 2 月 22 至 25 日,中国航天博物馆与聚划算合作,借助"聚梦天空——航天零距离"这一专栏推出了以航天为主题的系列文创产品,包括航茄太空种子、长征系列火箭模型、仿真返回舱模型的茶叶罐等。除文创产品外,中国航天博物馆还提供了 20 个前往中国海南文昌卫星发射中心参观长征7 号发射现场的名额,亦通过聚划算平台进行线上秒杀和抢购。

2016 年 6 月,故宫博物院与阿里合作,在天猫开设门票、文创和出版 3 家故宫博物院官方旗舰店。7 月,故宫博物院与腾讯合作,开放众多经典 IP,并将其应用于"NEXT IDEA 腾讯创新大赛"的"表情设计"和"游戏创意"2 项活动中,借助互联网技术生成数字文创产品《皇帝的一天》App,实现了与网络用户的互动和交流。同时,故宫博物院还与腾讯在泛娱乐、社交平台及 VR/AR 等方面进行合作,持续深入地挖掘故宫的 IP 价值。

2017 年 6 月 27 至 29 日,苏州博物馆与聚划算合作,联合"生活在左""初语""茵曼"3 个服装品牌,策划了"型走的历史"主题活动,开售以博物馆文化资源为题材的文创服装。另外,苏州博物馆还联合淘宝推出以贝聿铭的建筑、唐伯虎的字帖等为主题的女装,打造"把博物馆穿上身,美翻了""当女装遇上博物馆""文艺女装博物馆篇"主题专栏,在 3 天内便吸引了 6 万多文艺青年抢购,而苏州博物馆淘宝店在 3 天内点击量超过 80 万次,并完成了 2000 多单的订单。[1]

据统计,当前国内大多数博物馆文创电商所销售的商品数量约为 100 种[2],在知名大型电商平台进行售卖的产品的销量远远超出自建电商平台的销量。其中,销量较高的文创产品造型设计较为精美,实用功能比较突出,且价格相对合理,符合我国中青年群体总体的审美偏好和消费需求。

总的来说,目前我国试水电商的博物馆数量持续增加。但在现有的 4000 多家国有博物馆中,网上商店建设较好的相对较少,许多博物馆仍然主要依靠实体店铺进行文创产品的推介与销售,而民营博物馆在电商方面的发展更为滞后。

四、博物馆文创电商的基本发展模式

博物馆文创试水电商,既不能完全模仿、套用互联网市场上已有的电商发展模式,也无须开辟一个全新的、不同于任何已有模式的发展路径,往往只需要对现有模式加以补充和改进。具体来说,要实现文创产品与电商的结合,可以采用以下 4 种模式:

---

① 郑晓芬:《博物馆 IP 运营时代开启,文化电商未来炙手可热》,(2016-08-05)[2020-04-25],http://www.ce.cn/culture/gd/201608/05/t20160805_14552267.shtml.

② 张奎:《我国博物馆网上商店建设现状、问题及提升路径》,《中国博物馆文化产业研究》2015 年第 00 期,第 428—434 页。

（一）C2C 模式

C2C(Customer to Customer)模式,即入驻已有的电商平台。通常是在淘宝、天猫、京东等开放平台上开设旗舰店,其中,以在淘宝网开设文创店居多,"观复博物馆""青海藏文化博物院""青岛啤酒博物馆"等都是利用淘宝店进行相关产品销售的案例,而恭王府博物馆选择在天猫商城开设"恭王府旗舰店",故宫博物院还在京东上开设"故宫商城旗舰店"。

C2C 模式的优势在于运营简便、成本低廉,博物馆只需负责产品的管理,而不必干预产业下游的复杂工作。但这种模式也有相应的缺陷,即收益较低,未来电商平台收取的费用还将逐渐上升,这会影响博物馆文创产品销售的规模效益。同时,博物馆文创的客源和流量对电商平台的依赖度很高,这往往会使它们感到自身入口和渠道受到了一定程度的钳制,有损其自身的重要性。

（二）B2C 模式

B2C(Business to Customer)模式,即采用自建电商平台的方式。博物馆搭建相对独立的网上商城,依托文创产品资源优势,通过自身的品牌影响力和各种营销手段吸引流量,并提供在线预订、在线购买、在线咨询、独立物流、售后服务等业务。具体来说,这种模式又可分为以下两种类型:

第一种类型是将网上商城作为博物馆官方网站的一个板块来运作。这种类型比较原始和传统,因此数量较多,国内较为典型的案例有"南京博物院"文创板块、"上海科技馆"科普商店等。

第二种类型是为网上商城搭建一个独立域名网站。这种类型比较少见,国内较为典型的案例有"故宫商店""陕西数字博物馆网上商城"等,它们都是以独立网站的形式出售自己的文创产品。

自建电商平台需要依赖自己的力量,在前期投入大量成本,往往难以在短时间内看到收益或成效。同时,这种模式风险较高,需要提供完善的交易设施,构建庞大的物流和售后服务体系,会大大增加博物馆的运营成本。因此,经营者不能奢望一蹴而就,以期在较短的时间内获得收益和成效,而应该着眼长远,充分考虑和平衡短期利益与长期发展的关系,注重文创产品自身的质量及售后服务的品质,为受众提供极致的浏览、选择、支付、购买体验,以此积累良好的用户评价和口碑,形成自己的品牌优势。

(三)融合模式

融合模式,即融合使用"自建电商平台"和"入驻已有电商平台"两种经营模式。究其本质,仍然是入驻已有电商平台的 C2C 模式。如苏州博物馆,其官方网站设有文创产品专栏,这个栏目以精致图文的形式详细介绍了各类独具特色的文创产品,受众可根据个人需求点击感兴趣的产品链接,随后网页便自动跳转至该产品在官方淘宝店的销售页面,供受众自行挑选和购买。

融合模式兼顾了以上两种模式各自的优势,为官方旗舰店销售的文创产品提供了新的入口和展示宣传的渠道。与此同时,它还有效规避了两种模式的部分缺陷,比如博物馆无须构建自己的物流和售后服务体系,节省了可观的时间、资本和精力。因此,这是一种较为科学、值得提倡和可供借鉴的发展模式。

(四)B2B 模式

B2B(Business to Business)模式,即搭建线上产品和服务交易平台,并将此平台视为博物馆与企业对接的桥梁。博物馆借助这一平台为动漫、影视等内容企业提供艺术授权,允许其使用馆内特色文化资源进行内容的二次创作与开发。比如中国国家博物馆与阿里巴巴于 2016 年 3 月 1 日合作打造的"文创中国"线上销售平台,就是对该模式的实际应用。这个平台包括"文创超市"和"云设计中心"2 个部分,面向全国博物馆征集馆藏文物的 IP 授权,目前已上线 400 多个文物 IP。同时,该项目还在上海成立线下运营中心,让线下为线上提供保障,实现了线上线下的联合运转。总的来说,国家博物馆负责"文创中国"平台的版权资源,阿里巴巴和上海运营中心负责对这些资源进行设计、研发和市场运作。

这种模式之所以能成功运作,一方面是因为互联网内容企业渴望拥有更多可供开发的文化 IP 资源,从而提升作品整体的文化标准与品位,另一方面,博物馆拥有众多带有中国文明标识的文化 IP,希望将它们弘扬下去、传播开来。在双方的实际条件和现实需求下,互联网电商让企业与博物馆的对接成为可能。这种对接可以使双方优势互补,实现对文化资源的有效整合与开发。正如陈少峰教授所表示的:"未来几年,博物馆馆藏文化资源必定成为热门 IP,互联网平台公司和内容生产对传统文化 IP 资源的争夺也会越来越激烈,争夺对象也会逐渐下沉,到时博物馆 IP 将成为香饽饽。"①

除此之外,若从运营主体的角度出发,博物馆文创电商可大致分为自主经营和授权代理两种模式。自主经营模式即由博物馆自行运营、管理网上商店,如"中国美术馆网上商城""恭王府旗舰店""中国国家博物馆旗舰店"。其优势是博物馆享有更大的经营管理自主权,能够确保产品和服务的品质,有效营造和传播自己的品牌,及时公关以应对各种突发状况和危机,等等,而劣势是加重了博物馆在人员、资金等方面的负担,同时也有可能面临相关经验不足、多次试错等风险。授权代理模式即由博物馆委托或授权其他专业机构和公司进行网上商店的运营和管理,博物馆不直接参与其中,如"河南博物院淘宝店",就是由郑州抱朴文化艺术交流策划有限公司实际运营。

五、博物馆文创电商的发展问题与应对策略

伴随文化体制改革的推进,我国博物馆纷纷开始对接互联网,开设网上商店,搭建网上交易平台,展开对多元化经营模式的探索。尽管目前已经出现故宫博物院、中国国家博物馆等在文创电商领域取得一定影响力并发挥了引领和带头作用的博物馆,但从总体上说,我国博物馆文创电商依旧处在发展的起步阶段,相较于实体店运营模式和国际上互联网转型较为成功的博物馆案例,在观念、资金、产品、推广等方面仍然存在诸多问题。

---

① 东方洪:《博物馆 IP 运营时代来临》,(2016-07-08)[2021-12-16],http://huadong.artron.net/20160708/n849853.html。

（一）与实体店相比，博物馆文创电商面临挑战

参观带给游客的情感体验会有效激发他们的消费欲望，当游客游览完毕后，会有一段滞留在刚刚游览的场景和感受中的记忆，这时候，他们渴望用一些纪念品留住这些记忆，或渴望与亲朋好友分享这样的文化体验，但当其离开博物馆回到日常生活中后，这种消费欲望便会迅速缩减，并很难产生二次游览或消费的冲动。在博物馆开设的实体文创店，能够有效抓住游客这"转瞬即逝"的消费欲望，在保证产品品质的情况下，就有可能使游客在游览到最后一站——博物馆纪念品店时为其买单。

博物馆网上商店要再次创造游客的这种消费冲动，需要格外关注以下几点：

第一，疲劳的浏览过程会扼杀受众的消费冲动，因此，清晰的界面、好看的设计、科学的分类、便捷的互动和交流、生动的图片和视频等，都是缓解受众浏览疲劳并有效刺激受众消费的手段。如故宫淘宝店将其主打的"故宫娃娃"作为店铺的一个独立分类，便于消费者在第一时间获取和浏览故宫文创的主打产品及其关键信息。

第二，尝试营造与游客置身博物馆相似的情感体验环境，以情感驱动受众消费。精美的图片和视频可能会给运营者增加一笔不菲的成本，但对于浏览店铺的网友而言却是不可或缺的要素，图片与视频能够展示十分可观的信息量，可以使受众充分了解文创产品背后的历史信息、人文故事和文化底蕴。在艺术、自然、历史文化的洗礼下，受众极易产生情感共鸣，而情感正是产生消费冲动的利器。

第三，充分发挥实体店不具备的线上优势。文创产品的部分信息是受众很难在线上获取的，比如材质、手感、使用体验等，而这些信息却可以轻松地在文创产品的实体商店获取，因此，博物馆要想成功发挥电商的优势，就必须展现实体商店不能或难以提供的产品信息，比如个人定制的图案、色彩、材质、摆放方式等。可以利用VR等先进的互联网技术，在商品页面上即时呈现文创产品（尤其是家居产品）的摆放效果图，这是在博物馆文创实体店难以获取的消费体验。

（二）放眼国际，我国博物馆文创电商问题凸显

我国博物馆文创产品试水电商，虽然有了初步的探索成果，但总的来说仍处于起步阶段，尤其与西方发达国家相比，许多问题正在暴露，一些方面还很不完善，在国际市场上不具备竞争能力。具体来说：

首先，我国博物馆文创电商数量少，结构不合理，大多数博物馆在互联网和文创工作方面的意识相对薄弱。一方面，较之西方国家，我国接触电商的博物馆占比不高，其中发展较好的，从性质上看多为国有大型综合类或历史类博物馆，从地域上看基本集中于北京、上海、浙江、成都等发达地区，而大多非国有中小型垂直类博物馆和其他地区的博物馆仍处于从实体店购买文创产品的发展阶段，一些省级博物馆甚至都没有开通官方网站，互联网意识极为薄弱。另一方面，较之西方国家，我国博物馆文创电商所售产品的结构不甚合理，在品质上呈现两极分化的现象，即高、低端尤其是低端产品数量较多，而属于中间档次的产品数量较少，且上架产品的创意设计较之西方还比较老套，融文化内涵、外形表征、实用功能于一体的文创产品十分少见。从本质上来说，这是博物馆文创开发环节的问题。为了改变博物馆文创电商数量少、结构不合理的现状，博物馆经营者应当改变传统的思想观念，利用好国家"互联网＋"战略的发展契机，积极研究博物馆文创与互联网技术融合的可能性与具体路径。同时，应当将文创产品视为博物馆藏品文化元素的高度凝练，使其满足不同层次消费群体的认知、学习或享受需要，既要重视文创产品的文化意味，又要在一定程度上迎合市场需求，坚信打造文创精品才是博物馆试水电商的成功之道。

其次，我国博物馆文创电商的整体体验感不能令人满意。互联网时代的信息供应和交流使消费者摆脱了以往单一的产品消费需求，逐渐向多感官、复合式的体验需求转变。他们不仅关注产品本身的品质和功能，还关注从"挑选产品"到"获取产品"的整个过程，以及之后的一系列服务体验。博物馆文创网上商店的页面布局、功能架构、下拉菜单、产品比较、交互设计等都是体验的一部分，尤其对自建的博物馆电商平台而言，这些要素的设计和流程的安排显得更为重要。现阶段，自建的文创电商平台上存在的注册登录流程

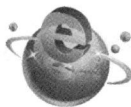

烦琐、反应和等待时间较长、页面布局凌乱、客服回复不及时、支付方式单一、物流选择余地小、配送费用需自理、售后服务不完善等问题，往往会在一定程度上影响消费者的购物体验，抑制访客继续浏览和购买产品的欲望，不利于文创电商的持续发展，这些都是博物馆试水电商需要格外关注和逐渐解决的问题。

再次，国内的博物馆在文创电商宣传推广方面缺乏主动性。宣传推广的缺乏往往导致受众的点击率低，产品销量不高，整体效益低下。CNNIC 第 41 次《中国互联网络发展状况统计报告》显示，截至 2017 年 12 月，我国网民总体规模达 7.72 亿，其中，手机网民规模达 7.53 亿，占比 97.5%。可以说，移动互联网日渐成为人们获取信息和交流互动的主力。在这样的背景下，博物馆应在自身影响力基础上，加大互联网宣传推广力度，主动占据新媒体宣传高地，掌握搜索引擎营销、H5 营销、病毒式营销、创意广告营销等基本的网络营销方法，以及包邮、满减、红包、会员积分、特价活动等基本的网络促销策略，以拓展文创产品的影响范围，提升文创品牌的知名度，扩大其影响力。

最后，我国博物馆文创电商缺乏特色，维护不善，流于形式。许多博物馆虽然在官方网站开设了文创专栏，或在电商平台注册了自己的文创商铺，但没有形成别具一格的产品特色、店铺特色、营销特色、品牌特色，也没有设置完善的电商流程，部分商品信息更新迟缓，甚至没有展示任何有效的商品内容。就设计而言，博物馆网上商店应当在符合互联网总体设计规范的基础上，融入博物馆自身的文化特色和内涵；就维护而言，博物馆网上商店需要以用户需求为中心，注重用户的评价和反馈，随时更新商品信息、商品分类、陈列方式、价格定位，及时做好维护工作，完善购物流程和体验。

除此之外，针对我国博物馆文创电商国际化程度不高的问题，博物馆应当逐渐树立全球意识和全球视野，在电商平台上设置多语言选择、国际支付、全球邮购等功能，真正使我国的博物馆文创"走出去"，提升我们的全球竞争力，扩大我们的国际影响力。

六、博物馆文创与电商融合的未来式

随着数字化技术和内容大数据的快速发展，博物馆文创产品在成为人们的一种文化消费的同时，也形成"博物馆文创＋电商"这一新型的交易平台，其良性发展需要完善相关支撑条件。

第一，要加强相关制度建设，健全各项体制机制。就目前来看，我国博物馆文创电商仍处于初期发展阶段，各项制度和体制机制十分匮乏，无法为文创电商的发展保驾护航。因此，我们需加强相关制度建设，逐渐健全各项体制机制，如制订并创新文创产品研发与生产制度、文创产品宣传推广制度、文创电商技术规范制度、财务制度、交易安全管理制度、人才引进和培养制度等，从而在制度层面为博物馆文创产品的互联网营销提供有力的支持和保障。

第二，博物馆文创电商应坚持走品牌创建道路。电商是时代发展的力证，也是市场经济发展的必然趋势，博物馆等传统产业如果不搭上电商的顺风车，将在未来的市场竞争中受到严重冲击。因此，许多博物馆开始将电商作为文创销售的新渠道，在经营实体店铺的同时，顺带发展电商模式。在这种理念下，商家焦头烂额开展的各种营销推广活动，不过是在争抢短期流量，难以让流量沉淀，让电商逐渐沦为倾倒库存及残次品的"下水道"，其道路不会长远。

事实上，这是初期电商发展的通病，博物馆文创要想在电商道路上走得更坚实、更长远，就必须将电商作为一种新的商业模式来考量，而不仅仅将其视为产品的一个销售渠道。在接触电商之初，博物馆就应树立品牌的意识，结合自身的文化定位和文创产品的设计理念，坚持不懈地为博物馆积累沉淀流量，让消费者渐渐意识到自己消费的不仅是产品，更是品牌。国内较为典型的如故宫博物院和台北"故宫博物院"，前者的"朕知道了"系列和后者的"翠玉白菜"等，都已成为大众耳熟能详的文创品牌。这种强有力的品牌效应使博物馆更易输出衍生产品，获取丰厚的经济回报，同时，也能助力博物馆事业永葆青春和活力。

第三，博物馆要整合文化资源，培育明星IP，实现IP化的产业运作。博物馆应加强对文化资源的数字化采集和整理，从而在有效保护历史文物的基础上，为每件藏品提取文化主线，为文创产品提供充足的文化资源IP。同时，在"互联网＋文创"的基本模式下，充分发挥创意要素的作用，培育出更多能被大众广泛接受和喜闻乐见的明星IP项目，逐步实现IP化的产业运作，这将成为博物馆文创工作的主要任务。

第四，应充分利用"双微"在博物馆文创营销中的作用。如今，微博、微信

是人们获取信息和社交互动的主要平台，也是重要的宣传推广渠道，自带极强的流量优势，而微博橱窗和微信微店等也展示了"双微"作为展示和交易平台的电商功能。伴随技术的不断革新，未来"双微"还将为企业提供更加多样的功能接口。博物馆文创应该根据实际的业务需求，充分利用"双微"平台在宣传推广和展示交易中的作用，从底层整合和打通各平台的功能，以实现优势互补。

第五，要培育多元思维的经营人才。博物馆经营者既要具备基本的历史文化素养，又要具备市场化运作的经营意识，还要树立互联网思维。在文创产品研发之初，需要充分进行市场调研，并融合博物馆及其展品的文化内涵，创造出真正具有艺术性和文化价值的文创产品，然后投入市场，进行市场化运作，逐渐建立完善的销售网络。就目前来看，博物馆文创产品并非人们生活的刚需，也不是大众普遍选择的消费产品，因此很多经营者认为博物馆文创市场狭小，跨界电商很有可能经营失败。但事实上，在互联网日益普及和全面渗透的今天，固守单一的线下销售渠道而拒绝线上的经营主体，会日益与人们的消费理念和消费习惯脱节，难以占据未来的市场空间，也难以形成新的市场竞争力。

要想有效应对互联网对博物馆等传统产业的全面侵蚀，作为博物馆运营管理主体的经营者需要转变观念，树立互联网思维，不断反思旧有的经营管理思想，即时学习和补充网络时代的新方法和新理念，必须认识到博物馆文创电商是拓宽博物馆传统业务和盈利模式的重要渠道，是未来发展的大势所趋，要勇于尝试互联网时代的新业务，对博物馆文创电商持理性、包容和开放的心态。

第六，要满足消费者的个性化需求。博物馆文创电商区别于实体商店的一个主要特性就在于信息的双向互动，不同于实体商店从生产到需求的模式，文创电商可以通过个性化定制实现从需求到生产的转变，运营者可以借助大数据分析以及用户的评价反馈，获取关于文创商品的有效信息，然后依据这些信息实现商品的重新设计、生产和供应。未来，人们所期待的博物馆文创，一定是根据消费者各自的需求和个性生成的与众不同的产品和体验。山西博物院就曾借助线上商店平台向社会征集文创产品设计创意，这种做法使山西博物院解决了源头创意的问题，获取了符合新时代人民需求变化的有效创意,同时还实现了与大众的良好互动,提升了自身的社会效益。

我国拥有丰富的历史文化资源,唯有将其与现代文化建立一定的联系,使之贴合时代、融入生活、拥抱市场,才能真正挖掘传统文化的生命力,使之源远流长、生生不息。应该相信,在不损害传统文化文明肌理和文化氛围的基础上,运用"脑洞大开"的创意思维,会让传统文化更加生动和有趣。

总之,利用互联网电商能够有效拓展博物馆文创产业的发展之路,实现线上与线下的结合,缩短博物馆与受众之间的距离,助推博物馆游客从"参观"到"融入"的身份转变,这是博物馆文创产业创新发展的重要举措和必然趋势,也是博物馆行业在互联网影响下顺势而为的必然选择。虽然就目前来看,博物馆文创电商尚处于探索和起步阶段,存在一定的局限性,面临诸多挑战,但我们相信,电商一定会在博物馆文创产业中起到非凡的作用,并给仓储、物流、旅游、服装、金融、时尚等行业带来新的商机,换言之,博物馆文创电商一定具有广阔的发展前景。所以,博物馆应当顺应当前电商的发展潮流,借助文创电商模式增强品牌影响力,逐渐实现文化价值和实用价值、社会效益和经济效益的统一。

第七章　体育文化电商模式

体育产业是文化产业族群中的一个重要产业门类。体育产业本身具有符号价值,特别是从体育活动到比赛规则都融入了大量文化创意及休闲娱乐的元素。也就是说,无论是运动宗旨、奥运精神,还是竞技规则和明星,体育几乎都是和文化内容连为一体的,并且,人们参与体育活动大多也是与休闲娱乐密不可分的。因此,作为一种以休闲娱乐为核心的文化产业形态,体育产业的发展需要按照大众文化或者娱乐产业发展的内在规律,培育和拓展适合自身特点的、合理的商业模式,形成体育产业与互联网融合发展的新路径,这也是当前体育领域改革应重视解决的根本问题。

一、体育文化电商的产业概况

体育产业与互联网的融合发展已经成为近几年的热潮,特别是电商平台的建设极大地促进了体育消费,互联网上的体育用品消费额在 2016 年达到了近 2000 亿元的规模。[①] 但是,体育文化电商与体育用品电商不同,体育用品电商只能算作体育文化电商的一个部分,属于最基础的电商行业,它通过互联网平台拓展了体育产品营销渠道,但并没有突破传统的商业模式。所谓的体育文化电商模式关键在于"文化"与"电商"这两个核心概念的融合,既要塑造以文化内容为核心的产业驱动力,又要搭建以电商为基础的全产业链平台,这需要我们从根本上审视传统体育产业的发展瓶颈,重新思考体育产业

---

① 《2017 年互联网体育消费报告》,(2017-09-08)[2021-12-16],http://sports.sohu.com/20170-908/n510496339.shtml。

的"文化＋互联网"的发展逻辑。

体育产业是现代文化产业的重要组成部分,体育消费在现代人日常消费中的重要性日益显著,体育消费市场正成为中国经济的重要内需增长点。2017年京东体育发布的《2017年互联网体育消费报告》显示:我国体育消费人口仅占总人口的34%,远低于美国,增长空间巨大,预计到2025年,将突破5亿人;对应的体育行业总产值也将突破5万亿元,体育行业GDP占比突破2%。① 根据国家统计局的最新数据,2016年,国家体育产业总规模(总产出)为1.9万亿元,增加值为6475亿元,占同期国内生产总值的比重为0.9%。从名义增长看,总产出比2015年增长了11.1%,增加值增长了17.8%。②

近几年来,国家出台了一系列鼓励引导发展体育产业的政策,主要包括:2014年10月发布的《关于加快发展体育产业促进体育消费的若干意见》(46号文件),2014年11月发布的《奥运项目竞技体育后备人才培养中长期规划》,2014年12月发布的《关于推进体育赛事审批制度改革的若干意见》,2015年2月发布的《中国足球改革发展总体方案》,2016年7月发布的《竞技体育"十三五"规划》,2016年7月发布的《体育产业发展"十三五"规划》,2016年6月发布的《全民健身计划》,2016年9月发布的《青少年体育"十三五"规划》,2016年10月发布的《"健康中国2030"规划纲要》,2016年10月发布的《关于加快发展健身休闲产业的指导意见》,2016年11月发布的《群众冬季运动推广普及计划》《冰雪运动发展规划》,2017年1月发布的《关于加强健康促进与教育的指导意见》。这些政策充分说明了国家对发展体育产业的大力支持,这为体育文化电商的发展创造了良好的政策背景。特别是《关于加快发展体育产业促进体育消费的若干意见》(以下简称《意见》)的发布,标志着我国体育产业进入了新的发展阶段,全面布局了未来一段时期体育产业发展的主要思路。《意见》特别指出,支持体育产业的融合发展:"积极拓展业态,丰富体育产业内容,推动体育与养老服务、文化创意和设计服务、教育培训等融合,促进体育旅游、体育传媒、体育会展、体育广告、体育影视等相关业态的发

---

① 《2017年互联网体育消费报告》,(2017-09-08)[2021-12-16],http://sports.sohu.com/20170-908/n510496339.shtml。

② 《2017年体育消费统计信息》,(2018-01-13)[2021-12-16],http://www.stats.gov.cn/tjsj/zxfb/201801/t20180113_1573014.html。

展。"可以说,在传统体育产业基础上的多种业态融合是体育文化电商模式的核心逻辑。

目前,我国的体育产业布局已比较全面,体育产业链也较为成熟。体育产业的市场业务主要由体育中介服务、赛事运营与周边服务、场馆服务、体育装备的生产销售等组成,体育企业主要向消费者提供了运动用品、运动场馆、体育培训、体育娱乐等多种体育产品或服务,并且与旅游、教育、广告、影视等其他产业发生交叉融合,形成了跨行业、多领域的体育产业布局。体育文化电商是当前体育产业的重要组成部分,是对依托电商生产、推广、销售体育文化产品的所有产业形态的总称,其中最基础的产业形态是体育用品的电商。借助近几年来我国电商的整体发展势头,互联网体育用品的消费市场巨大,据统计,2016 年互联网体育用品的消费额达到了 1949 亿元,比 2014 年增长了 1 倍,增长迅速。[①] 除了体育用品的电商,我们应更宽泛地理解体育文化电商这一新兴业态,体育文化电商不单是"在互联网上卖体育产品",还是一种利用互联网平台深度开发体育文化的经济价值的商业模式。概括来讲,在开发体育文化的经济价值的过程中,体育文化电商的独特性主要表现在以下 3 个方面。

第一,形成以体育 IP 为核心的资源整合开发平台。体育 IP 是体育文化电商的核心竞争力,消费者、产品、营销渠道等市场要素都需要优质 IP 的支持才能发挥作用,热门体育赛事就是一种典型的优质 IP,很多体育文化企业均瞄准了热门体育赛事的承办权或转播权,依托热门体育赛事可以搭建广告传媒、实体商品销售、衍生品开发、培训娱乐等多类型的体育业务。

第二,依托网络社交建立消费群体。在体育文化电商模式中,企业一般不会盲目进行产品营销,也不会选择广告轰炸的方式提升市场知名度,而会充分利用网络社交平台开辟、维护消费群体。例如健身行业的产品服务销售一般都依托于健身文化社区,健身爱好者可以在健身社区中分享健身经验、获取健身知识,企业在健身社区中推出针对性强的健身课程、健身用品的销售活动。

第三,以大众娱乐为体育产品服务的主要定位。体育产业从竞技性质的

---

① 《2017 年互联网体育消费报告》,(2017-09-08)[2021-12-16],http://sports.sohu.com/20170-908/n510496339.shtml。

角度可以分为两种：竞技体育与非竞技体育。非竞技体育也就是大众体育。对于体育文化电商的从业者而言，大众体育是主要的业务范围，体育娱乐化是他们对体育产品服务的主要定位。尽管体育企业也会承接与专业竞技体育相关的赛事承办、转播、经纪等业务，但最终目的是以竞技体育为入口开拓体育娱乐的广阔消费市场，因为只有满足大众娱乐需求的体育产品才能产生经济价值。

所以，针对体育文化电商模式，我们不能把互联网简单地看作一种技术手段，而应该从商业模式、产业思维的角度认识互联网的价值。互联网事实上深刻地改变了传统体育产业的思维方式，上述三个方面就是具体体现。体育文化电商模式本质上是对现代人体育消费需求的回应，以体育消费带动体育产业升级创新正是《意见》中提到的重要发展战略。在互联网时代，人们的体育消费需求日益高涨，其消费形式也发生了变化，人们要求体育消费品兼顾科技智能、生活娱乐、文化社交等要素，体育文化电商模式正是从科技、娱乐、社交等多个维度重构了体育产业形态，满足了人们的消费新要求，实现了体育产业模式的革新升级。下面，我们具体分析体育文化电商模式的组成要素与发展思维。

二、对比分析两种体育产品的电商模式

我们首先讨论体育文化电商模式最基础的一种形态——体育产品的电商销售。目前进入体育产品电商销售的企业主要有两类：传统体育企业与互联网企业。这两类企业进入体育产品电商销售的方式并不相同，它们对电商平台的差异性布局反映了互联网文化创意电商的根本性质。

首先看传统体育企业的电商转型，主要指体育用品企业开辟电商业务。在2010年之后，伴随着我国电商的迅猛发展，体育用品企业纷纷开设电商平台，它们开设电商平台的途径主要有三种：第一种是依托天猫、京东等综合商务平台开设品牌旗舰店，充分利用天猫、京东等电商平台的导流作用，这本质上是实体品牌专卖店的互联网转型；第二种是向亚马逊、苏宁易购、唯品会等电商平台供货销售，这本质上是互联网版本的产品批发经销现象；第三种是

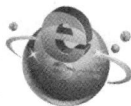

建立自己的网上商城,拥有独立的电商平台,开展独立的电商业务,但是相较于前两种途径,建立独立的网上商城需要更大的品牌、资金、物流支持。从这三种体育用品企业开辟电商业务的途径我们不难看出,体育用品的电商本质上是对传统线下销售渠道的补充或升级。前两种途径是目前最普遍的电商模式,因为电商平台对体育用品企业有三个方面的优势可供利用:第一,体育用品企业可以利用平台的客流量与市场覆盖率;第二,体育用品企业可以利用平台的用户偏好数据,瞄准目标客户设计营销策略;第三,体育用品企业可以节省在平台管理、物流库存等方面的支出。与前两种途径相比,第三种建立品牌网上商城的做法则要求体育品牌具有较高的市场知名度,能够依靠品牌效应将消费者导流入自己的网上商城,同时要求企业在运营管理、资金投入、物流配送等方面都拥有充足的投入与完善的保障,因此,一般只有像耐克、阿迪达斯等知名体育品牌才建设自己的网上商城,大多数体育用品企业采取开设旗舰店或向电商平台供货的方式经营电商。在体育用品企业与各大电商平台合作的初期,体育用品的电商销售经常与低价促销活动相结合,李宁、特步等国产品牌以及耐克、阿迪达斯等国际品牌均与电商平台合作开展了许多促销活动。这些促销活动符合电商平台与体育品牌的共同需要,电商平台在扩展期需要举办阶段性的促销活动来吸引客户群,提高市场占有率,对体育品牌而言,业内人士分析认为快速清理库存是体育用品企业与电商合作的重要出发点。① 总之,电商对体育用品企业的首要定位就是扩充销售渠道、增加销售量。从实际效果看,电商平台的确扩大了体育用品的销售额,例如在 2016 年天猫"双十一"活动中有耐克、阿迪达斯和新百伦三家体育品牌的旗舰店进入销售量前十的总品牌排行榜②,足见体育品牌在电商平台上所占的市场份额。

但仅就体育产品的电商销售而言,除了传统的体育用品企业,还包括另一类互联网企业,这些企业并不直接从事体育产品的设计生产,但它们利用互联网平台进入了体育产品电商销售领域,搭建了全新的体育专门电商平台,比较著名的电商平台有虎扑识货、懂球帝商城、体博网、优个网、奥体网、

---

① 《体育品牌借道电商难有未来》,《中国商报》2013 年 5 月 17 日第 1 版。
② 樵苏:《2017 体育电商服务平台 TOP15》,《互联网周刊》2017 年第 14 期,第 19 页。

大成仓网球商城、Keep 商城等。[①] 这些电商平台的基本定位都是专业的体育产品销售平台,但与传统体育企业的电商平台不同,互联网企业的体育电商平台具有以下两个突出特点。

第一,尽管营收来源主要是体育产品销售,但体育专门电商大多不直接依靠某几种产品或品牌来作为流量导入端口,而借助了其他流量渠道。例如:虎扑识货依托虎扑体育社区的"体育粉丝"基础,虎扑作为当前最主要的体育信息专业网站可以实现对消费群体的甄选导入;懂球帝商城则瞄准了足球运动专业市场,懂球帝足球直播、足球新闻、足球社区等板块是商城的流量保证;体博网则是定位于中国体育设施的综合交易平台,除了具有体育设施的交易功能,体育设施信息共享、体育会展信息发布也是体博网重要的业务板块,这些板块支撑了体博网的交易活动;Keep 商城是 Keep 健身应用的附属销售板块,Keep 健身应用依靠优质的训练课程、广泛的健身社交平台吸引了一大批健身爱好者,Keep 商城的客户群主要就是这些已经使用 Keep 健身应用的用户。

第二,体育专门电商平台对经营业务、客户群体进行了更细化的专业区分,更有针对性地设计、推广、销售产品,采取了 B2C 垂直电商模式。例如:大成仓网球商城以网球运动产品为主要经营对象;优个网在羽毛球、乒乓球、网球等运动上具有较大的产品优势;与健身领域有关的运动产品、运动课程销售是 Keep 商城的核心业务;奥体网的定位则是一家专业团购网站,它瞄准了团体性的运动装备需求,与国际知名品牌公司合作定制销售团体运动装备。

由此可见,与传统体育企业的电商平台不同,这些新兴的体育专门电商平台不把互联网平台作为一种简单的销售渠道,而是作为一种资源整合平台——客户资源与产品资源能够在互联网平台上获得最大程度的整合开发。如果传统体育企业需要借助电商平台的市场影响力,那么互联网企业则专注于自己的流量开发,自己创造品牌,自己开辟市场。互联网企业完成这些目标的主要资源有两种:其一是体育文化 IP,虎扑的体育专业信息、Keep 的健身课程、各种赛事直播频道都属于体育文化 IP;其二是互联网技术平台,B2C 垂直平台、移动端应用、共享社区等都属于互联网技术平台的延伸开发。凭借这两

---

① 樵苏:《2017 体育电商服务平台 TOP15》,《互联网周刊》2017 年第 14 期,第 19 页。

种资源,互联网企业创造了与传统体育企业不同的体育产品的电商模式。

在互联网企业进军体育产业的热潮中,除了建立体育产品的电商平台,一些大型企业还依靠强大的资本优势更深地进入体育产业中,例如:2015年阿里体育一成立就与国际足联达成合作,成为2015年至2022年国际足联俱乐部世界杯的独家冠名赞助商;2016年苏宁体育产业集团以约2.7亿欧元(约合20.12亿元人民币)的价格购买了国际米兰68.5%的股份,正式开辟足球俱乐部业务;腾讯体育在2015年以5亿美元拿下了NBA(美国职业篮球联赛,下同)的中国网络独播权。不同于企业对体育产品电商平台模式的投资,这些巨额资本更加深刻地影响了体育产业的商业模式,它们所代表的体育文化电商模式是一种更深入、更广泛的资源整合开发模式,不再局限于单一的产品销售,而是聚焦于对整个体育产业资源的再塑造、再整合、再开发,但万变不离其宗,IP与平台仍然是资源整合的两个核心要素。下面,我们将不再局限于体育产品的电商销售问题,而聚焦分析整个体育产业的资源整合配置。

三、体育文化电商模式的核心
要素之一:体育 IP 资源

在《意见》发布后,中国体育产业进入高速发展期,资本开始大量涌入体育产业。由于《意见》放宽了对赛事转播权的限制,除奥运会、亚运会、世界杯足球赛外的其他国内外各类体育赛事都可直接购买或转让,资本争夺战首先围绕体育赛事的转播权展开。体育赛事是体育商业活动的核心资源,影响力较大的体育赛事可以最快速、最有效地提高关注度,为下一步体育消费创造足够的消费群。

2015年、2016年这两年是赛事版权争夺最狂热的2年,涌现出了许多天价版权交易。2015年,腾讯以5亿美元拿下5年NBA在中国的网络独播权,PPTV体育(PPTV体育属于苏宁旗下业务板块)以2.5亿欧元拿下5年西甲在中国的版权,体奥动力以80亿元人民币的价格购买5年中超联赛全媒体版权。乐视体育最为疯狂,2年间购买了300多项赛事版权,不仅包括中超、亚冠、世界杯12强赛、欧冠、英超、德甲、意甲、法甲、ATP(职业网球联合会)巡回赛、CBA（中国男子职业篮球联赛）等热门赛事版权，还包括高尔夫、搏击、赛车等小众冷门赛事的版权。但2016年乐视在中超赛事上的营收失败给整个赛事版权交易打了一针清醒剂。乐视体育在2016年花费13.5亿元人民币购买了中超赛事版权，但最终只盈利5000万元人民币①，最终因为资金链问题，乐视体育在2017年丧失了中超与亚足联赛事的版权，苏宁接盘。目前，热门体育赛事版权主要由苏宁与腾讯掌握，苏宁主要布局了足球赛事，腾讯主要布局了篮球赛事。乐视体育的失败案例充分说明了仅掌握优质体育IP资源是不够的，大量资本投入必须有明确的投资回报模式，其关键是找到体育IP资源的开发收益模式，否则终归是"竹篮打水一场空"。

目前来看，热门体育赛事版权的主要拥有者苏宁对体育IP资源的利用方式是获取流量，例如苏宁易购开展了"加油吧！亚冠""超级比赛日"等活动，将体育流量导入电商平台。此外，苏宁体育规划了"ToB端"和"ToC端"的两种盈利模型，ToB端以广告收入为主，ToC端则是会员付费的基本模式。② 但这两种盈利模型还没有实际落地，流量导入仍然是体育赛事在苏宁商业版图中的主要功能。苏宁的发展路径可以概括为"向线上要规模增量，向线下要利润增量"③，线上体育赛事转播可以获得大量的客户流量，这些客户流量通过广告连接、用户注册等途径可以被导入苏宁的电商平台与线下实体零售店。苏宁在包括体育赛事在内的文化IP资源方面的投入成效显著，苏宁的线上电商平台流量增速明显，根据苏宁2017年年度报告，截至2017年12月，苏宁易购App月活跃用户数较年初增长105.73％，2017年12月苏宁易购App订单数量占线上整体比例提升至89％。④ 不可否认，体育赛事对苏宁的零售业导流作用明显，但是，单就体育赛事的经济价值而言，体育赛事仅仅被作为电商平台的流量导入通道，其中包含的IP资源的经济价值没有被充分挖掘开发。

---

① 孙宏斌：《在中国香港召开的2016业绩发布会上的发言》，（2017-01-18）[2021-12-16]，http://www.sohu.com/a/131202087_632319。

② 曾钢：《在2017年5月30日举办的中国电商大会论坛上的发言》，（2017-05-31）[2021-12-16]，http://sports.sohu.com/20170531/n495062451.shtml。

③ 《得流量者得天下看苏宁如何打出线上线下组合拳》，（2017-11-11）[2021-12-16]，http://finance.huanqiu.com/cjrd/2017-11/11414139.html。

④ 《苏宁易购集团股份有限公司2017年年度报告》，（2018-03-18）[2021-12-16]，http://quotes.money.163.com/f10/ggmx_002024_4185677.html。

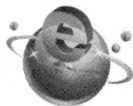

相比较而言,同样拥有热门体育赛事版权的腾讯体育则在体育 IP 资源开发方面已经形成了较成熟的模式。总的来看,腾讯体育围绕核心体育 IP 资源建立了一个与自身其他优势领域相融合的体育文化生态圈。下面我们具体分析腾讯体育文化生态圈的主要运作模式。

第一,实行以优质体育赛事产品为基础的会员付费模式。在赛事版权费用越来越高的情况下,会员付费收看模式成为企业的必然选择。但是,会员付费收看模式在中国体育产业中的推广并不顺利。2007 年,天盛体育曾实行英超全部比赛通过付费频道播放的模式,结果市场反应低迷,球迷放弃收看英超,最终天盛体育的付费模式以失败告终。不同于天盛体育的全付费模式,此后获得英超版权的新英体育采取了"免费+付费"的组合模式。这也是腾讯目前采取的模式,用户可以免费观看大部分直播比赛,但部分焦点赛事需要成为付费会员才能收看。相比较于天盛体育最初尝试付费播放模式时,近几年来,中国消费者付费收看视频资源的习惯已经逐渐形成,这为会员付费模式的实践奠定了市场基础,但这一模式成功的关键仍是要为会员提供优质体育赛事产品,腾讯在这方面的投入较大。以腾讯的 NBA 业务为例,腾讯提升了视频直播、演播室设计的水平,组织体育专家、记者、编辑对体育赛事进行全方位的解说,提供高质量、专业化的赛事直播服务;腾讯体育开设了《大有名堂》《NBA 神迹》《篮球星播客》等自制体育栏目,为球迷提供全面的NBA 赛事信息;特别为付费会员提供蓝光/超清画质、高速通道、无广告干扰、多视觉直播等特权。腾讯在赛事产品质量上的投入使会员付费模式逐渐被用户所接受,用户愿意为高质量的产品付费,这使企业投资与用户消费围绕赛事版权形成了良性市场循环。

第二,搭建针对体育 IP 资源的全方位媒体传播平台。腾讯网副总编辑、腾讯体育运营总经理赵国臣曾如此形容媒体的作用:"媒体在体育产业当中的价值和地位,我称之为要塞,体育 IP、版权,要触达更多的受众,就一定要经过这个要塞。"[①]的确,媒体是体育活动进入经济运作的关键,体育活动的经济价值开发必须依赖媒体的传播作用,在缺乏媒体的情况下体育基本只是一种休闲活动,因此,我们必须着力思考如何最大限度地挖掘体育 IP 资源的媒体

---

① 《以守为攻,后发制人:复盘腾讯体育的寨头之路》,(2017-10-27)[2021-12-16],http://tech.ifeng.com/a/20171027/44733007_0.shtml。

传播力,腾讯在此方面具有得天独厚的优势。腾讯拥有腾讯视频、腾讯新闻、微信、QQ 浏览器、QQ 等多个媒体平台,这使得腾讯的体育赛事能够通过 PC 客户端、移动客户端等多个媒体端口向公众传播,进而将流量汇总在体育产品上;依托腾讯的平台优势,腾讯体育计划打造 NBA 中国的数字媒体平台,包括运营 NBA 官网和 30 支球队官网,打造 NBA 官方唯一中文社区和 100 个球星专属社区,以及 NBA 各项活动和授权产品的网站。需要注意的是,多种媒体端口并不是全方位媒体传播平台的全部意涵,我们不仅要在多种传播途径上推广体育 IP,更要丰富体育 IP 的媒体表现形态。例如,腾讯体育将 NBA 的专业体育赛事与流行娱乐文化相结合,举办了超级企鹅篮球名人赛系列活动,邀请艺人、前 NBA 球星、非篮球类的体育名将共同参与,以体育娱乐跨界形式扩大了 NBA 赛事的公众影响力,成功将一部分非 NBA 球迷吸引到体育赛事平台上,也为体育赛事的娱乐产品开发奠定了一定的市场基础。

第三,建设体育 IP 资源与广告、电商、社交、游戏相融合的体育文化生态圈。从体育赛事版权变现的角度看,会员付费模式是最基础、操作最简单的方法,但仅凭这一种模式无法覆盖高额的版权费用,获得利润就更困难了。因此对体育 IP 资源进行更深入的开发就成为企业的必然选择。其主要开发思路是同时借助体育 IP 资源的流量导入作用与体育 IP 资源的文化衍生价值,融合多种业态,形成全产业链。腾讯已经尝试建设体育文化生态圈,并取得了一定的成果。具体讲,广告是目前开发 IP 延伸价值最成熟的方式,但我们要优化直接插播广告的形式,使广告产品与体育赛事能更深入地融合。例如腾讯与起亚汽车将"科比告别战"这个体育热点与汽车电商联系在一起,开展了"得分立减"等优惠活动,比赛期间起亚汽车交易金额超过了 1750 万元,优惠 3 万元的 15 台车在 20 秒之内就被一抢而空。① 游戏是腾讯的优势业务板块,腾讯也开始着手体育 IP 与游戏业务的融合,例如:腾讯基于 NBA 开发了"NBA2K""NBA 梦之队""NBA 大冒险"等系列游戏,为迎接 2018 年世界杯,腾讯引入了两款获得世界杯官方授权与中超授权的足球竞技手游"FIFA 足球世界"和"FIFA Online 4";腾讯也试图将体育 IP 与自己的优势社交业务整合在一起,打造体育社交平台,除了直播互动这种途径外,腾讯推出的

---

① 《腾讯与起亚汽车举办"科比告别战"》,(2018-01-11)[2021-12-16],http://www.sohu.com/a/112347359_355141。

"NBA 比赛时刻"移动端应用程序、"NBA 社区"等服务产品让球迷能参与到赛事活动之中,达到深入互动的效果,形成稳固的用户黏性。

综合分析腾讯的所有举措,从优质体育产品到媒体传播平台,再到体育文化生态圈,这是一个对体育 IP 资源循序渐进的开发过程,优质体育赛事产品是基石,高效专业的媒体传播平台是必要手段,最终目的是打造覆盖完整产业链的体育文化生态圈。当前,体育 IP 资源的确是体育文化电商模式的核心要素,热门体育赛事对用户的带动作用明显,例如调查显示,以腾讯体育App 为例,2017 年欧冠小组赛期间,10 月日均活跃用户数环比增长 124%,11 月环比增长 41%,2018 年 3 月欧冠淘汰赛期间活跃用户数环比增长 15%。[①]体育赛事的主要功能的确是苏宁目前主要利用的导流作用,热门体育赛事可以明显增加用户流量,增强用户黏性,如图 7-1 所示。[②]

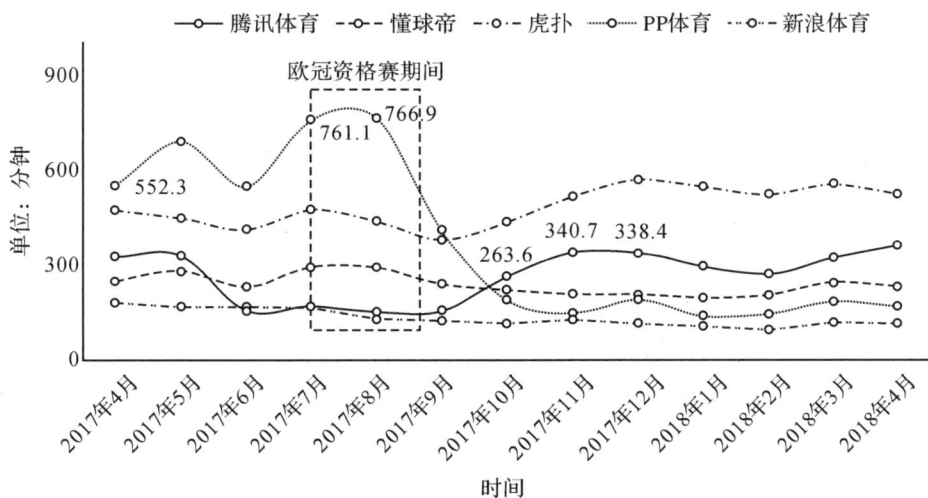

图 7-1　2017 年 4 月—2018 年 4 月典型体育资讯 App 月人均使用时长

但是,解决如何吸引流量、如何利用流量、如何增加流量附加值等问题需要我们突破单一的导流思维,从体育 IP 资源的文化价值中寻找业态融合点,把体育 IP 资源作为产业基础要素而非导流手段进行深度开发。

---

① 《QuestMobile. 2017 年欧冠小组赛季报》,(2018-02-18)[2021-12-16],http://www.sohu.com/a/233496314_355041。
② 《QuestMobile. 2017 年欧冠小组赛季报》,(2018-02-18)[2021-12-16],http://www.sohu.com/a/233496314_355041。

四、体育文化电商模式的核心
要素之二：体育平台优势

我们在分析体育 IP 资源开发时已经多次提到平台与 IP 相结合的问题，事实上，平台与 IP 是构成体育文化电商模式的两个缺一不可的要素，IP 资源开发需要平台的整合作用，平台也需要 IP 资源的内容竞争力。但是，二者在体育文化电商模式中仍存在何者为重的偏向差异，企业对体育赛事版权的争夺说明 IP 资源在体育产业开发中的核心地位，即使像腾讯这样的大平台也需要优质赛事版权的内容驱动力。那么，是否存在更加偏重平台的体育文化电商模式？或者说，在体育文化电商模式中，如何着重培育并发挥平台优势？我们认为，阿里体育的发展之路在一定程度上给出了与腾讯不同的对体育平台的思考。

阿里体育在 2015 年 9 月成立，相较于腾讯在 2003 年就开始涉足体育产业，阿里巴巴在体育产业上的布局开始较晚，在 2015 年开始的赛事版权争夺中，阿里体育也没有充分参与，目前阿里体育手中并没有热门体育赛事的版权，那么，与腾讯体育一样拥有雄厚资本的阿里体育如何在体育产业版图中占有一席之地？马云对阿里体育的定位是"做中国体育经济的基础平台"①，阿里体育 CEO 张大钟详细地说明："做中国体育经济的基础平台，是阿里体育长期战略，从 WESG、WORA 路跑联盟开始，我们找到了一个清晰的模式，就是将协会、赛事执行方、赞助商等相关的人和公司集中在一个平台上。"②这一观点说明搭建体育资源整合平台是阿里体育的主要商业模式，这种商业模式显然延续了阿里巴巴在经营淘宝、天猫、支付宝等平台上的先天优势。现在我们需要分析这种专注平台建设的模式是否具有可持续的成长空间。

首先，阿里体育在体育赛事版权争夺中另辟蹊径，着力自创体育 IP。阿

---

① 《阿里体育究竟在画怎样一张饼》，(2016-10-06)［2021-12-16］，http://www. jiemian. com/article/884606. html。

② 《抢食 5 万亿体育市场阿里体育怎么玩》，(2016-09-09)［2021-12-16］，http://money. 163. com/16/0909/12/C0H6JL60002580S6. html。

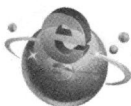

里体育没有斥巨资购买热门赛事版权不意味着阿里体育忽视体育 IP 在体育产业中的重要性,恰恰相反,阿里体育十分重视体育 IP 的价值,试图规避高价购买赛事版权以及版权易主带来的一系列产业变动、成本回收的风险,阿里体育希望通过自创体育 IP 获得对体育 IP 资源的持久掌控。但是,自创体育 IP 并不是指开发全新的体育活动,而是指针对有潜力的体育活动搭建包括赛事、传媒、训练等全部产业环节的大平台,在传统体育项目的开发已经比较完备的现状下,阿里体育瞄准了电子竞技运动这一个原本属于娱乐领域的 IP,着力推动电竞运动体育化。第一步需要做的就是让电竞运动进入主流体育规则框架内,成为体育行业的一分子。于是在 2017 年,阿里体育与亚洲奥林匹克理事会达成战略合作伙伴关系,双方计划共同推进电竞运动在传统体育领域的发展,杭州第 19 届亚运会把电子竞技纳为正式比赛项目。① 阿里体育自创体育 IP 面对的主要课题就是如何塑造一个体育 IP 的市场价值。阿里体育的实践表明,体育 IP 的市场价值是通过优质平台逐渐积累的结果,无法一蹴而就,也依赖前期大量资本的投入。为了扩大电竞运动的市场影响力,阿里体育在 2016 年搭建了总投资超过 1 亿元的第一项原创国际性赛事——WESG(世界电子竞技运动会)。WESG 的目标是电竞运动的奥运化,参照奥运会项目的标准制订一套电竞运动的规范条例,包括运动员认定、比赛规则、体育礼仪等标准。可见,阿里体育完全是在自己规划一个全新的体育 IP。为了使 WESG 落地,阿里体育还通过建立电子竞技馆来推广电竞运动,阿里电竞馆的功能包括:电竞赛事落地、设立电竞馆的行业标准、通过电竞馆对接阿里的电商平台等。② 这些电竞馆共同构成了支撑 WESG 的基础市场业务,为WESG 这个顶级体育 IP 资源的培育输入流量,当 WESG 的品牌获得一定的影响力后,这些电竞馆又可以从 WESG 的品牌效应中获得市场资源,如此形成良性循环。阿里体育的系列举措说明了一种培育体育 IP 资源的重要商业思路:体育 IP 的培育需要企业在所有基础产业环节进行资源布局,搭建服务于目标 IP 的全产业资源平台,推出一两个顶级体育品牌,使体育品牌与基础

① 《完整揭秘阿里体育战略和商业模式》,(2017-04-26)[2021-12-16],http://www.sohu.com/a/136613300_482792。
② 《电竞市场角逐加剧巨头间电竞布局各有所长》,(2017-01-10)[2021-12-15],http://www.ce.cn/culture/gd/201701/10/t20170110_19500241.shtml。

市场在消费者流量、产品设计推广、衍生服务等多领域形成良性循环。

其次,阿里体育突破以媒体为主导的产业链思维,搭建基础产业资源整合平台。在分析腾讯体育对体育赛事版权的开发时我们曾提到媒体是开发体育赛事版权经济价值的中枢环节,但是,如果看阿里体育的布局,我们会发现,传媒领域并不是阿里体育的开发重点,这与阿里体育拥有的体育 IP 的性质有关。由于转播赛事是对大型赛事版权最基础、最主要的利用方式,因此布局媒体领域是拥有赛事版权的企业的重要任务,但正如前文所言,阿里体育没有热门体育赛事版权,阿里体育的 IP 主要是通过平台逐渐积累产生的,大部分体育 IP 仍处于积累培育阶段,因此,媒体对阿里体育而言只是一个传播手段,而不是资源开发平台。阿里体育搭建资源平台的思路不再围绕媒体平台展开,而是基于电商、支付平台的优势深入产业基础环节,试图构建一个针对所有产业环节的整合沟通平台。例如:阿里在 2017 年与国际奥林匹克委员会达成期限直至 2028 年的长期合作,阿里将加入奥林匹克全球合作伙伴赞助计划,成为"云服务"及"电商平台服务"官方合作伙伴,阿里正式涉足奥运产业的基础平台建设;另一个典型案例是阿里体育的服务板块,阿里体育利用支付宝平台搭建了体育服务板块,在服务板块中将各地体育总局的教练资源、场馆资源都集中在一起,覆盖体育服务的各个环节,特别是阿里将咕咚、悦跑圈、乐动力、虎扑跑步、腾米跑跑、阿甘跑步、HeHa 等路跑 App 都集中到支付宝平台上,成立了路跑联盟 WORA,联盟逐渐涵盖路跑类 App、协会、赛事、赞助商、执行方五大板块[1],人们通过以支付宝为线上端口的路跑联盟就可以接触整个路跑产业的所有环节资源。阿里搭建的体育资源整合平台不是某一个狭义的互联网平台,而是广义的资源整合平台,既包括线上平台,也包括线下的商业活动、企业联盟等,但是线上平台特别是支付宝平台是能够把各个产业环节联系在一起的关键,因为阿里现有的支付宝平台一方面具有强大的用户流量基础,并且已经渗透到了用户生活的各个方面,这为体育业务的开展提供了得天独厚的市场优势,另一方面,支付宝作为一个强大数据技术平台为产业链资源整合提供了必要的基础支持,所以说,所有线下资源整合活动都需要线上平台的各方面支持,在此意义上,阿里体育是一种典型

---

[1] 《完整揭秘阿里体育战略和商业模式》,(2017-04-26)[2021-12-16],http://www.sohu.com/a/136613300_482792。

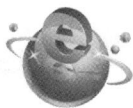

的体育文化电商模式,正是基于整合各个产业链环节资源的目标,马云给阿里体育的定位是"中国体育经济的基础平台"。

但是,阿里体育仍承受着变现与营收压力,目前为止,阿里体育还没有盈利,仍处于前期投资阶段,阿里体育的平台模式需要强大的资本支持,资本回报也较漫长,只有阿里这样的大型公司能支撑这样的商业模式,一般中小型企业很难实践。在未来,阿里体育这种搭建体育资源平台的商业模式的收益主要来自体育平台与其他应用消费平台的衔接,阿里的媒体平台可对接赛事直播、阿里的电商平台可对接体育衍生品与赛事票务、阿里的云计算平台可对接体育经纪服务等。[①] 目前,阿里在电竞体育各个产业链环节的布局已经初现盈利空间,所有加盟电竞馆都可以接入阿里系的生活服务应用:支付系统可以和支付宝对接,服务器可以选择阿里云,24 小时营业的网吧还能成为新的"菜鸟驿站",对网吧常用的鼠标、键盘、耳机、显示器、主机,阿里可找硬件厂商入驻,消费者在电竞馆内可以体验 VR 购物、在阿里旗下的优酷土豆网站观看影视资源。[②] 总的来说,阿里体育代表的体育文化电商模式是从体育产业链环节入手搭建资源整合平台,依靠平台优势塑造 IP 资源,最终将产业链环节与消费场景对接,实现体育 IP 资源的变现。

五、对体育文化电商模式的全产业链思考

通过对腾讯体育与阿里体育案例的分析我们可以发现,无论以体育 IP 资源为重还是以体育平台建设为先导,构建体育全产业链始终是体育文化电商模式的基础策略,阿里体育 CEO 张大钟的这段话非常详细地表达了体育文化电商模式的全产业链思维,他说:"阿里体育要将阿里巴巴的电商、媒体、营销、视频、家庭娱乐、智能设备、云计算大数据和金融等平台整合在一起,融合形成一个贯穿赛事运营、版权、媒体、商业开发、票务等环节的全新产业生态。"[③]

---

① 《阿里巴巴成立体育电商视频等平台》,《北京商报》2021 年 12 月 15 日第 3 版。

② 《电竞市场角逐加剧,巨头间电竞布局各有所长》,(2017-01-10)[2021-12-15],http://www.ce.cn/culture/gd/201701/10/t20170110_19500241.shtml。

③ 《电商下手体育意在转型城市服务商?》,《中国企业报》2016 年 6 月 21 日第 9 版。

　　构建全产业链不光要对现有体育产业的各个环节进行静态的资源整合，而且要根据消费市场的变动即时关联人们的生活消费场景，我们需要在更宽泛的意义上理解体育文化，把体育文化视作一个流量导入端口，将人们生活的方方面面需求都接入体育文化的端口中，让体育文化成为吸引人们进入消费场景的关键，这才是文化在体育产业链中真正应该发挥的作用。体育本身就是人们生活方式的组成部分，人们的生活方式是体育消费的根基所在，因此，必须结合互联网的特点，在人们的生活场景中培育、发现体育消费的潜力。例如，当前日益火爆的跑步健身运动就与互联网体育的兴起密切相关，移动App的推广加强了运动健身的普及性、社交性，运动健身已经成为体育文化消费的重要市场，调查显示，2017年4月跑步类App活跃用户数超过4000万人，占运动健身用户数的80％，较2016年同期增长超过50％，之后进入平稳阶段，坚持下来的用户将成为运动健身的忠实用户。[①]

　　同样，我们也应该在宽泛意义上理解电商的作用，体育文化电商模式的最终目的的确是在互联网平台上销售实物产品或服务，但正如前文所言，电商平台不能仅仅被视作一种销售渠道，它为资源整合提供了数据技术的支持，它既能区分呈现用户的多种消费需求，又能提供延伸消费所必需的社交、支付等配套保障，如果没有电商平台，即使体育文化非常有吸引力，也无法在实践中将消费者整合在体育产业链中。所以说，体育文化与电商这两个要素对构建全产业链缺一不可，体育文化与电商分别从文化满足与技术基础两个方面保证了产业链各个环节能在共同的消费平台上被串联在一起。

　　但是，构建体育全产业链的具体方式需要根据企业的资本情况、市场掌控能力而定。腾讯体育、阿里体育的举措均代表了拥有雄厚资本的大型企业的选择方向，大型企业凭借其资本优势可以快速占据体育消费市场的先机，也可以快速布局产业前沿，在整合多个产业链上具有明显的优势。目前，对于大型企业而言，在产业链上需要格外下功夫的方向是开辟与体育产业相关的新业态，特别是与人们的消费场景直接相关的新业态。这些新业态不仅可以延展产业链条，而且能为未来的投资收益开辟更多的渠道。腾讯、阿里已

---

　　① 《QuestMobile的调查》，（2018-05-30）[2021-12-16]，http://www.sohu.com/a/233496314_355041。

经在推动的电竞体育化、体育娱乐化业务就是通过将体育竞技产业与娱乐业、游戏业相融合,开辟新的产业空间。除了这种已经得到企业重视的新业态,还有一些极具前景的产业,例如,《关于加快发展体育产业促进体育消费的若干意见》中提到了"促进康体结合",健康产业与体育产业的融合打开了更大的发展空间,健身产业、康复产业、休闲产业、医疗产业都可以与传统体育产业相融合。目前,健身产业已经得到了企业的重视,2018 年 4 月,阿里体育并购了覆盖跑步、健身、减肥三大人群,拥有 5500 万用户的互联网健身品牌"乐动力"①,这是阿里的第一个全资收购项目,足见阿里体育对健身产业的看重。此外,另一个亟待开发的新业态是经纪服务板块。尽管经纪服务是一个体育产业链的传统板块,但经纪服务环节始终是整个体育产业链上的薄弱环节,特别是互联网时代带来的产业变革促使经纪服务需要全面升级,以适应互联网环境下的经纪市场需求。当前,腾讯体育与中国排球协会合作成为"中国女排战略合作伙伴",全面负责中国女排的经纪业务;阿里体育也与国际泳联达成 10 年战略合作,开展专业培训、场馆维护等多项服务业务。

对体育文化产业中的中小企业而言,它们在缺乏强大资本支持的情况下无法布局完整的体育产业链,因此应该重点突破有市场潜力的产业环节,B2C 垂直电商平台是中小企业的首选策略。我们在对比两种体育产品电商模式时已经提到,新兴的体育产品电商平台能够对用户需求进行细分,以丰富的内容资源、社交场景营造用户的消费空间,真正把电商消费做细做精,这就是中小企业应该选择的经营方向。

现在,在我们讨论过大型企业建构的体育全产业链之后,再来看中小企业的商业策略,我们认为,中小企业不仅需要在某一体育产业环节上做细致、做深入,而且同样需要宏观的全产业链思维,在实际操作层面需要将垂直电商业务融入体育全产业链中。具体有两种方式可供中小企业选择:其一,进入腾讯、阿里等大型企业的体育产业布局之中。中小企业一般以被大型企业并购或接受投资的方式成为其中的一个环节,或者加入类似阿里建立的路跑联盟这样的资源共享平台,接入大企业的电商平台,但以这种方式进入全产

---

① 《谁能吃下 1500 亿健身产业,体育领域的阿里"独角兽"来了》,(2018-04-04)[2021-12-16],http://www.xinhuanet.com/sports/2018-04/04/c_1122637925.htm。

业链的小企业一般都需要放弃一定的经营自主权,接受大企业的产业布局安排,这需要中小企业进行权衡。其二,中小企业仍然有机会搭建自己的全产业链,先在一个产业环节拥有强势竞争力是最基本的要求,这需要长期的、渐进式的积累投入,并且需要有高质量的内容资源来保障,然后企业才能以此为依托开拓社交、传媒乃至电商等营利性业务,逐渐延展产业链,形成全产业链竞争规模。虎扑体育是采用这一方式目前比较成功的案例,它已经依托其体育内容资源搭建了一个较完整的产业生态链。① 尽管虎扑体育没有热门体育赛事的直播版权,但是凭借优质的体育资讯内容与体育社交平台,虎扑体育 App 的月人均使用次数远远超过腾讯体育等拥有体育赛事直播版权的App。可见,尽管体育赛事可以带来大量用户资源,但是体育文化产业的质量与体育文化产业链的质量仍然是增强用户黏性的必要因素。

总之,体育文化电商模式方兴未艾,我们有理由相信,体育文化电商模式的产业前景是充满希望的,在体育消费服务日益 IP 化、社交化、生态化②的大背景下,体育文化电商模式的生命力来自用户消费习惯的培育与体育消费市场的长期维护,所有的产业定位与模式设计最终都根植于对人们体育文化需求的研究,因为人们生活方式的创新变革根本上是体育文化电商模式作为一种互联网文化产业模式的立足根基。

六、优化体育产业商业模式的对策

体育产业作为文化产业的一个重要组成部分,其核心是休闲娱乐。推动体育产业的发展,需要按照娱乐产业的内在规律来思考和培植合理的商业模式,包括以青少年为消费主体,拓展职业联赛和体育明星等内容资源,延长产业链链条和打通体育媒体,实施连锁经营,等等。只有改革体育管理的体制机制,才能实现体育产业商业模式的优化和完善。

---

① 《2018 体育消费洞察报告:线上线下融合,小程序触达全民》,(2018-05-30)[2021-12-16],http://www.sohu.com/a/233496314_355041。
② 《2017 年互联网体育消费报告》,(2017-09-08)[2021-12-16],http://sports.sohu.com/20170908/n510496339.shtml。

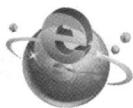

（一）转变体育产业的基本理念

体育在现代社会中占据越来越重要的位置，并已经成为风靡全球的巨大产业。在大力发展体育产业的新时代，探讨体育产业的商业模式问题，首先需要转变一些传统的观念，进而确立体育产业的基本理念。

1. 体育作为一种生活方式

在传统上，人们一般把体育等同于健康或者锻炼身体，把从事体育的目的视为提高健康水平。其实，"体育"是一个复杂的混合概念，为了更清晰地理解和把握体育这个概念，我们不妨根据体育的不同目的对体育进行细分（如图7-2）：第一类是健身体育，主要为了强身健体或者为了健康。比如20世纪70年代号召的"发展体育运动，增强人民体质"，以及当前流行的"每天运动一小时，健康工作五十年，快乐生活一辈子"，这都是从健身体育的角度着眼的。第二类是竞技体育，为了挑战人的生理极限，实现"更快、更高、更强"，获得奖牌。竞技体育在追求理念上与健身体育是相对立的，因为从事竞技体育的职业运动员在向人的生理极限挑战的过程中，往往是以损害身体健康为代价的。换言之，真正从事体育的专业人士并不是为了自身和他人的健康，而是为了让大家快乐，他们自己本身可能不健康，或者专业体育对健康不见得是有利的。当然，竞技体育是人类争强好胜的本性使然，是人们生活不可或缺的一部分，它在很大程度上体现着人类要求永无止境地挑战自我、不断地追求卓越的超越精神。第三类是娱乐与休闲体育，即为了观赏、体验和娱乐，乐在其中、乐此不疲。娱乐与休闲体育具有其他娱乐活动不可比拟的优点，它是一种可持续的娱乐，即可以通过对娱乐与休闲体育的经营而不断吸引大众的参与和消费。例如，对于球迷来说，一个长期培育的球队可以给他们带来终身的快乐及情感慰藉。由此可见，体育产业主要是从娱乐与休闲体育的层面来说的，当然也包括从健身体育和竞技体育中发展出体育自身所蕴含的好看好玩的休闲娱乐元素。从某种程度上看，体育产业是根据体育内涵所做的延伸，体育成为人们生活方式的一部分，这是体育产业得以发展的基础。

为了认识体育和体育产业，我们需要重新认识人文体育。人文体育不仅仅要有人文关怀，还要满足人们对娱乐生活的需求。例如，对于青少年来说，

图 7-2 体育的细分

娱乐与休闲体育是一种励志性和参与性强的、比较有益的娱乐,关爱青少年自然要重视他们这方面的需求。

2. 体育产业的核心是休闲娱乐

从以上分析可以看出,在大多数情况下,体育的参与者主要是为了自身娱乐或者他人娱乐而开展体育活动。由此,体育产业的核心是休闲娱乐,或者说体育产业的核心是娱乐产业。换言之,有效开发和充分挖掘体育的休闲和娱乐元素,是发展体育产业的重点所在。

其实,健身体育、竞技体育都可以从中挖掘和提炼出休闲娱乐的元素。一方面,健身与休闲体验相融合。随着城市消费者生活节奏的加快、消费水平的提高和自我素质提升要求的强化,休闲在人们的生活中占有越来越重要的位置。消费者越来越注重休闲,更加注重把参加休闲活动作为一种生活方式。由此,体育休闲体验便成为国内外锐不可当的一种潮流。以武术养生为例,许多武术由防身和搏击功能转向健身养生,如少林的禅修禅定、太极养生保健等。当前各种体育健身形式不断多元化,武术健身、搏击、跆拳道、柔道、舍宾、瑜伽等各种更加"现代化"和"时尚化"的体育运动形式得到普及,这从一个侧面说明了体育产业拥有庞大的消费群体。

另一方面,竞技与观赏娱乐相融合。竞技体育以市场为导向,以消费者(观众)为中心,并在不断改进规则和完善相应机制。竞技规则尽可能使比赛精彩好看好玩,或者异彩纷呈、赏心悦目,或者紧张激烈、扣人心弦。例如观看 NBA 比赛犹如欣赏一场艺术表演:传球、扣篮、绝杀等给人一种赏心悦目的艺术享受;比赛 24 秒进攻时限、半场制改为四节制等规则更增强了比赛的可看性。另外,电视超级快棋赛的规则设计也在增强比赛的观赏性和娱乐性方面煞费苦心。正如 IMG(国际管理集团)董事长福斯特曼所说:"越是在职业体育发达的行业,娱乐化的程度就越高,这是大势所趋。职业拳击赛事需

要吸引更多的赞助商和观众,所以必须具有娱乐性。"①专业体育运动尤其是顶尖赛事只能极少数人参加,是技术、力量和运动员整体技能的较量,普通观众更多的只能是欣赏。从观众的角度看,赛事的商业价值体现在两个方面,即"关注"和"追随"。其中,"关注"的对象包括赛事、体育明星等,"追随"是体育明星的光芒在观众心中凝聚成"模仿"的意愿,他们通过观看比赛、现场助威、购买比赛纪念品和特许商品等,在心理上拉近与偶像的距离。

竞技体育不但与观赏娱乐相融合,而且在某种程度上,甚至服务于娱乐表演,人们从竞技体育中收获最多的是娱乐。当然,中、西方对于娱乐与休闲体育的理解和感受还是有差别的。在欧美国家,体育产业是规模最大的一种娱乐业。欧美文化的源头之一是古希腊文化,古希腊雅典的奥林匹亚注重强身健体的进取精神对于西方文明的塑造产生很大的影响。欧美人一向喜欢以欣赏体育比赛来庆祝各种节日,如美国人在感恩节吃罢南瓜饼与火鸡,一家人会围坐在一起大呼小叫地观赏橄榄球比赛。

(二)把握体育产业商业模式的核心要素

体育产业是以休闲娱乐为核心的文化产业,发展体育产业需要在以上基本理念的引领下,按照文化产业的一般规律,来思考和完善符合自身特点的商业模式。

1.青少年是体育产业的主流消费者

和其他文化产业门类一样,在体育产业中,青少年依然是主流消费者。因此,体育产业经营者应当关注和研究消费者的变化,特别是青少年作为主流消费者的娱乐特点。一方面,青少年群体一般注重节奏快,参与性、体验性、时尚性强的娱乐活动。体育营销企业可以自主开发娱乐与休闲体育产品并予以赞助,包括传统体育项目如摔跤、散打等各种武术,都可以盘活起来;另一方面,青少年有时间、有精力、有财力(以独生子女为主),特别是有激情。青岛啤酒长期赞助体育赛事就是基于这样一种认识——体育和啤酒都最能

---

① 《央视 IMG 打造本土体育品牌》,(2009-05-26)[2021-12-16],http://www.sohu.com/a/226314562_99900941。

激发年轻人的活力,体育和啤酒的链接点就是激情,体育需要激情,啤酒可以点燃和引爆激情,喝着啤酒看比赛是生活中最爽的乐事。

2. 体育赛事是体育产业的主要内容资源

体育赛事是体育产业的主要内容资源。按照活动经济的一般规律,消费者参与的规模决定了体育产业的商业价值,体育赛事规模越大,或者持续的时间越长,越具有商业价值。目前,职业联赛是体育产业打造产业链、实现规模效益的最好形式。体育赛事的赞助商应当参与体育赛事品牌的开发和持续化、品牌化经营。特别是赞助商应当参与体育赛事品牌的维护、细化、深化和持续化开发等工作。体育企业只有与赛事组委会签订时限较长的合作协议,并且保证参与品牌形象的维护,通过品牌带动(含品牌授权)实现规模效应,才能获得较大的商业利益。

体育产业当中最大的产业是包括足球、篮球、排球、高尔夫球在内的各种球类联赛。因为参与这些"大球"联赛活动的消费者众多,联赛也容易造就超级体育明星,因而此类联赛比田径竞技赛具有更高的商业价值。在奥运会之后,中国将进入体育产业新的时代——球时代,球产业是形成产业规模的关键。球产业是后奥运时代体育产业发展的主流,需要推进各种球类的市场化、职业化,重点打造球产业,包括球类联赛及其产业链、球类俱乐部和球类学校等。

3. 体育明星是体育产业的枢纽

体育明星是体育产业的枢纽,也是重要的内容资源。体育竞技必须具有高水准和品牌化才会有商业价值,而高水准和品牌化的人格符号就是体育明星。体育产业作为一种娱乐产业,必须依赖明星效应的强力支撑,必须创造和发挥明星的巨大集聚和拉动效应。体育产业需要培养众多明星,特别是如马拉多纳、乔丹、科比、詹姆斯、奥尼尔、加内特、姚明之类的超级明星。同时,体育明星离不开忠诚的体育迷的支持,比如在国外球迷的年纪越大,在观赏体育上的消费支出也越大,那么就需要培养终身球迷。

为了增强体育明星的辐射力,需要不断提升明星经纪水平。明星经纪是一种典型的服务性的商业模式。明星经纪人需要通过专业化的经纪,对具有潜力的明星进行策划、提升、包装和营销,使明星成为具有高附加价值的内容产品。

4. 拓展体育产业链是体育产业发展的关键

体育产业是以市场化为基础的观赏性职业竞技比赛与大众休闲体育相结合的产业链,包括体育设施设备、比赛门票收益、明星运动员及其经纪、品牌及其授权产品开发、商业赞助、体育传媒、一般的体育活动的用品等。[①] 体育产业要按照文化产业的规律即产业链经营,包括延长产业链、整合不同产业、共享赛事资源。由此,根据产业链结构的不同,体育产业可以进一步细分为健身娱乐业、竞技娱乐业、体育用品生产销售业和体育彩票业等不同类别。

其中,竞技娱乐业是产业链拓展的关键或者中心,需要整合不同产业共享赛事资源,打造专业化体育赛事产业链、体育健身休闲产业链、体育产品产业链和体育文化旅游产业链。同时,体育产业链的运行要求盘活现有的各类体育设施,包括利用体育设施开展各类文化娱乐活动。

作为娱乐形态的竞技体育,包括赛事、明星、球迷、体育媒体等,形成了一个娱乐产业的产业链,从而带动一个地区的整体发展。例如,世界娱乐之都拉斯维加斯的拳击业闻名遐迩。拉斯维加斯的托马斯可拳击中心是世界最大的拳击娱乐中心,每天都有各个级别的国际重量级的拳击大赛。博彩、门票、电视转播、旅游等巨大的商业回报,使拳击赛事成为拉斯维加斯三大经济"发动机"之一。拳击、博彩等使昔日美国西部的不毛之地变为世界著名的旅游目的地。

5. 体育传媒是体育产业发展的重要支持

传媒和企业赞助是体育产业发展的"两翼",体育产业的发展离不开传媒,特别是新闻和娱乐传媒。体育产业需综合利用新旧媒体,实现跨媒体或全媒体经营。体育领域的传媒企业可以创新商业模式,开展包括电视、报刊、互联网、活动和明星经纪等一体化的跨媒体经营,特别是通过打造专业化的体育传媒内容产业链而获得新的发展。

6. 连锁经营是体育产业的有力延伸

体育培训、体育场馆、体育用品的连锁经营等,是一种合理可行的商业模式。体育产业的连锁经营可以选择直营连锁、控股连锁或者加盟连锁等多种

[①] 陈少峰:《文化产业战略与商业模式》,湖南文艺出版社 2006 年版,第 45 页。

形式。如太极拳、少林功夫的培训及会馆的连锁经营在国内可以直营连锁为主，在国外可以加盟连锁为主。不管采取哪种方式，连锁经营都必须走品牌化之路，对于不同类型相应采取不同品牌经营方式。例如，体育用品既可以开设单一品牌的专卖店，如只经营耐克或阿迪达斯的产品，也可以同时经营多种运动品牌，适当引进一些专业运动器材和户外运动产品。

此外，体育主题公园、体育会展、体育设计等也是拓展体育产业商业模式的方向，这些都需要与体育产业电商建立衔接关系。

（三）以改革促进商业模式的完善

当前，我国体育产业发展中存在一些机制性障碍或结构性矛盾，制约文化产业商业模式的培育和完善。改革体育事业，改革体育管理体制机制，是促进我国体育产业发展的重要环节。也只有改革体育管理的体制机制，推动体育事业的发展，才能实现商业模式的优化和完善。

1. 回归体育及体育产业的本质

在我国，金牌意识深入人心，但是关于体育的核心理念如强健体魄、挑战自我，以及体育产业的核心价值如规则意识、公平竞争、团队协作、职业化、运动员自律等，经常被拒斥或忽视。例如，公众普遍关注的体育领域中的诸如足球黑哨、兴奋剂、奖牌的暗箱操作等潜规则，严重制约体育比赛的职业化和体育竞技水平的提高，球员和教练参与赌球现象猖獗导致球员水平难以提升。发展体育和体育产业，必须回归对体育和体育产业文化的本质的认识。只有推动体育界、体育管理者、体育参与者共同维护体育文化，才能推动体育产业可持续发展。这就需要通过体育教育和完善体育立法，规范体育管理和体育活动。

另外，中国竞技体育一向有爱国主义体育的特色，其实爱国主义体育对体育产业而言有其两面性：一方面，它可以增强群体的向心力和凝聚力，最大限度地集聚人流，造就各种赛事活动的规模效应；另一方面，它也会诱发人们狭隘的民族意识，容易偏离竞技体育的娱乐本质。所以全面认识和合理对待中国式的爱国主义体育，扬长避短，也是体育产业发展需要思考的问题。

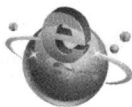

2.对体育管理体制进行适应产业发展的改革

由于体育活动的核心要素是文化娱乐,以及体育活动在国际交流中体现出的文化交流的特点,采取大部委制进行统一管理有助于整合资源。因此,在大部委制改革中,将国家体育总局纳入大文化部,在大文化和旅游部之下应当成立体育产业司,制订体育产业发展战略,引导和促进体育产业发展。

实现政企分开、管办分离。体育产业的诸多问题,根本症结在于政企不分、管办不分的体制。目前各个体育运动中心不应当同时是标准制订者、裁判员、运动员和监督者。体育协会和行政管理职能不分,难以充分发挥群众组织的作用,极大地制约了体育职业化和体育产业的发展。如中国足球管理中心和中国足协是一套人马、两块牌子,足球管理中心既是国家体育总局的直属事业单位,对足球运动负有全面管理的职能,又是中国足协的常设办事机构,在职业足球市场开发运作中具体经营比赛。中国足协在国际上宣称它只是个民间组织,对下宣称是上级派来的司局级的"足管中心",招商引资时宣称它是中超公司,官+商+行业组织合为一体。[1] 因此,需要从国家体育总局中剥离各个体育协会,使各个协会成为真正的职业化球队管理机构。任何联赛都应当成立独立的管理机构,不必受体育主管部门的直接制约。

"我们需要的与其说是好的人,还不如说是好的制度。甚至最好的人也可能被权力腐蚀;而能使被统治者对统治者加以有效控制的制度都将逼迫最坏的统治者去做被统治者认为符合他们利益的事。换句话说,我们渴望得到好的统治者,但历史经验向我们表明,我们不可能找到这样的人。正因为这样,设计使甚至坏的统治者也不会造成太大损害的制度是十分重要的。"[2]

3.完善职业联赛和俱乐部机制

职业联赛是体育产业打造产业链、实现规模效益的最好形式。完善职业联赛和俱乐部机制包括:其一,提高职业球类俱乐部的水平,完善球员的经纪制度和立法,支持体育俱乐部上市融资发展。降低体育企业上市融资的门槛,促进优秀俱乐部的资本运作,特别是对于体育俱乐部上市,应当制订特殊

---

① 江和平、张海潮:《中国体育产业发展报告(2008—2010)》,社会科学文献出版社 2010 年版,第5 页。

② 卡尔·波普尔:《猜想与反驳》,上海译文出版社 1986 年版,第 491 页。

的上市规则。其二,鼓励体育俱乐部承办和接管职业体育学校,可以比照职业技术学校体制,由国家予以资助;或者创办业余球类职业培训学校,该学校和公立学校区别对待,类似继续教育,采取产业化运作方式,可以作为俱乐部的产业链组成部分。其三,组织体育职业学校的职业联赛,特别是建立足球、篮球学校的学校联赛制度。通过联赛,不仅可以促进现有职业俱乐部的竞争,而且可以为国家队和高水平的体育职业联赛输送人才。其四,打造职业联赛的经营公司,实现联赛和俱乐部的公司化。例如,对中超联赛的公司化改革,可以这样设计(如图7-3):中超联赛联盟和各个足球俱乐部,是企业和股东的关系。各足球俱乐部作为中超联盟公司的一个个大股东或董事,各足球俱乐部本身作为具有企业法人资格的公司争取上市,从而真正实现利益一体化和市场化运作,从机制上充分调动各方办好中国足球的积极性。同时,各足球俱乐部是独立的企业法人,与赞助企业没有隶属关系,两者是互利共赢的契约关系或者战略伙伴关系。

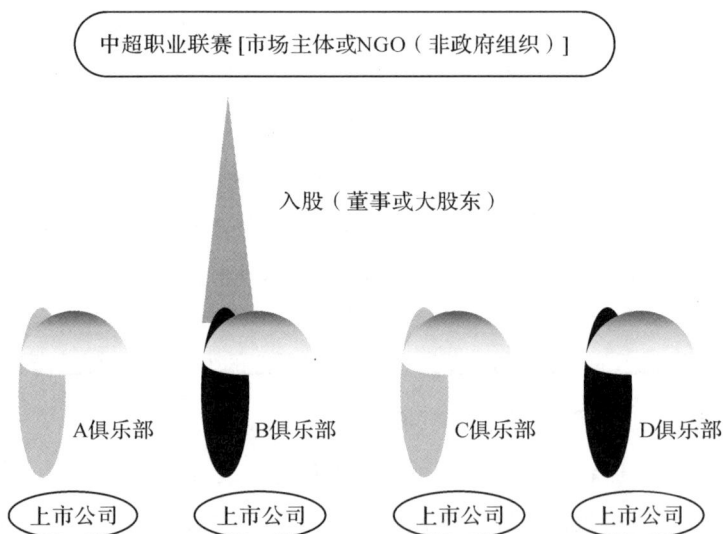

图 7-3　中超联赛的公司化改革

　　俱乐部实现公司化运作,不应当成为各类企业的广告平台。对于体育俱乐部而言,最好不要用公司名字冠名,而是要将自己塑造为品牌化的俱乐部,否则,公司破产或者不再冠名以后,俱乐部或者球队就缺乏品牌积淀和体育爱好者等的长期忠诚度的积累。

4.发展体育自主知识产权

知识产权是文化产业的核心,体育产业的发展需要发展自主知识产权,特别是提升自主创意的体育赛事的地位,保护体育赛事和各类知识产权。迄今为止,我国绝大多数体育项目是国外引进的品牌项目,这必然造成国外品牌占据"微笑曲线"的高端,国内品牌一直处于低端,停留在为人家打工或跑腿"赚点小费"的劣势地位。即使是自有品牌,其运营模式都是学习和借鉴国外的复制品,如 CBA 是 NBA 的直接翻版,因为低水平和与 NBA 雷同而缺乏足够的影响力和商业价值。因此,需要开发具有自主知识产权的体育赛事。例如,传统类的体育赛事需要上升到品牌的高度,经营体育产业的企业应当拥有大量无形资产。例如,"武林大会"联盟(中国武术职业联赛 WMA)已经举办梅花拳、五祖拳、八极拳、形意拳、太极拳等武术比赛,它既是传统武术在产业体制方面发生变革后出现的产物,又是凸显自主创新赛事品牌、实现自主知识产权价值的有益尝试。

5.改革体育学校制度

俱乐部和学校是奥运会之后球时代体育产业发展的主轴。只有改革体育学校制度,才能促进学校与俱乐部的衔接。改革体育学校制度包括完善职业体校建设和完善全日制学校的体育教育两个方面,可以进一步分为四个层次:其一,把部分职业体校改造为专业化的球类学校,包括足球学校、篮球学校、网球学校、棒球学校、高尔夫球学校、台球学校、乒乓球学校等。其二,改造低年级的体育学校,建立以大专院校为主的体育学校体制,将所有体育中专学校作为体育大专院校的附属学校,尽量为中专学生创造可以继续上大学的条件。其三,业余体校应当和全日制学校合作,开展各种体育培训。其四,应当建立全日制学校的各类球类联赛,特别是初中和高中联赛,为专业学校输送人才,为俱乐部输送人才。

6.开放体育领域的传媒

打破电视传媒垄断的格局,创办国家级体育电视频道,或者创设多个专业体育频道,如可以改造现有的某个卫视或者某些地区的体育频道,为国内各类球类联赛提供传媒平台。

第八章　艺术品电商模式

　　艺术品电商是指利用计算机技术、网络技术和远程通信技术，实现艺术品交易电子化、数字化和网络化的商务活动。[①] 2000 年中国第一家艺术品互联网企业嘉德在线成立，中国艺术品电商经过近 20 年的发展已经粗具规模，涌现出了众多艺术品电商企业，全面覆盖了各种艺术品类型。近些年来，国家发布了众多有利于艺术品电商发展的政策，例如 2016 年修订的《艺术品经营管理办法》、2017 年发布的《关于实施中华优秀传统文化传承发展工程的意见》、2017 年发布实施的《国家文物事业发展"十三五"规划》等政策，这些政策均支持艺术品市场的创新发展。但是，相比较于其他电商领域，艺术品电商行业仍处于探索阶段，这表现在：艺术品电商仍在努力寻找合适的商业模式，消费者线上艺术品交易习惯也没有充分建立起来，艺术品电商的行业标准、市场规范也没有建立起来，至今在艺术品电商行业内仍不乏对艺术品电商的消极唱衰之声。尽管如此，我们认为，在"互联网＋"的整体产业趋势中，艺术品与电商的融合发展是必然的发展方向，当然，这种判断需要依托我们对当前艺术品电商模式的深入分析。

一、艺术品电商模式的现状分析

　　近些年来，艺术品电商模式整体发展势头良好，交易额呈现迅速增长趋势。2012 年，艺术品网上交易额达 15 亿元，同比上涨 50%；2013 年，艺术品

---

　　① 桑子文、金元浦：《互联网＋、文化消费与艺术电商发展研究》，《山东大学学报》（哲学社会科学版）2016 年第 5 期，第 41 页。

网上交易额达 30 亿元,同比上涨 67%;2014 年,艺术品网上交易额达 45 亿元。[①] 此外网上艺术品交易的价格也呈现增长趋势,2000 年,嘉德在线拍卖徐悲鸿的作品《愚公移山》,该作品以 250 万元人民币的价格成交,2013 年,在佳士得的在线拍卖中,我国艺术家赵无极的作品《09.05.61》成交价则达到了 170 万美元,艺术品网上拍卖也首次出现成交价过亿元人民币的拍品。[②]

我们可以从不同的角度对艺术品电商进行基本分类,以了解中国艺术品电商的发展概况。以时间为线索,学者目前把中国艺术品电商的发展过程分为三个阶段:第一阶段是门户网站阶段。互联网平台的主要功能是艺术品交易信息展示,仿照网易、新浪、搜狐等门户网站,涌现出了像嘉德在线、赵涌在线、博宝艺术网等艺术品门户网站。第二阶段是搜索与社交平台阶段。伴随着以百度为代表的搜索引擎和以 QQ、微博、微信为代表的社交平台的崛起,艺术界也出现了提供用户原创内容、具有互动功能的新型互联网平台,例如雅昌艺术网的"艺搜"、华夏收藏网、一尘网、盛世收藏、Artshare 等。第三阶段是"互联网+"阶段。基于物联网、大数据和云计算等技术,艺术品电商平台可以搭建全产业链,建立生态圈,深挖消费市场,目前企业仍在探索最佳商业模式。[③] 在上述发展过程中,艺术品电商平台经营的艺术品种类不断丰富,按照艺术品种类的不同,目前艺术品电商可以分为四种:艺术原创品电商、艺术工艺品电商、艺术古董杂项电商和艺术衍生品电商等。[④]

目前所有的艺术品互联网平台基本都进入了第二或第三发展阶段,除了发布基本的艺术品信息外,线上艺术品交易是这些平台的核心业务。开展艺术品线上交易业务的互联网平台主要有以下三种:其一,专业的艺术品机构开辟了网上交易业务,既包括佳士得、苏富比等传统拍卖公司开辟的线上拍卖渠道,也包括嘉德在线、中国收藏网、博宝艺术网、中国画廊网、雅昌艺术网等早期艺术品门户网站增加的线上交易功能;其二,电商企业进军艺术品交易领域,从 2013 年开始,淘宝网、苏宁易购、国美、亚马逊、京东等电商平台搭

① 丁蕾、雷浩:《"互联网+"下基于大平台的艺术品经营模式》,《经营与管理》2016 年第 7 期。
② 《2017 年中国艺术品电商行业发展研究报告》,(2017-05-15)[2021-12-16],http://collection.sina.com.cn/ddys/2017-05-15/doc-ifyfeius7933322.shtml。
③ 王稻:《探索与重构:艺术品电商新模式》,《上海信息化》2016 年第 10 期。
④ 《2017 年中国艺术品电商行业发展研究报告》,(2017-05-15)[2021-12-16],http://collection.sina.com.cn/ddys/2017-05-15/doc-ifyfeius7933322.shtml。

建了艺术品交易频道,涉足艺术品电商领域;其三,依托电商、社交平台进行的个体间的、小团体的艺术品线上交易,淘宝上的艺术品店和微信公众号的微拍就是典型代表。[①] 尽管像微拍这种形式是近几年兴起的新事物,也出现了像蔷薇拍卖、大咖拍卖等知名的微信拍卖平台,但是我们赞同部分艺术品业界人士的看法[②],不认为微拍代表艺术品电商未来发展方向的新模式,甚至微拍这样的形式不是一种严格意义上的艺术品电商模式。因为微拍如同淘宝店一样只是在大电商平台之上的商品销售业务,只不过借助社交平台较精准地定位了目标消费者,也依靠熟人社交关系降低了交易信息成本,保证了交易的诚信可靠;但是,微拍这种艺术品交易方式既没有独立的电商渠道,也没有搭建任何产业链,完全是传统的商品营销策略,不可能对整个艺术品交易市场的格局产生影响。因此,我们在后文中不会将类似微拍的线上艺术品交易作为艺术品电商模式的一种来分析,我们将重点关注具有艺术品产业链基础的艺术品互联网平台,以产业链为导向的运作方式才是真正意义上的艺术品电商模式。

因此,按照艺术品电商的互联网经营模式,现有的艺术品电商企业主要采用了如下商业模式。第一模式是 A2C(Artist to Consumer)模式。这是由艺术作品的创作者直接向消费者销售艺术品的模式。电商平台只提供信息发布、交易保障、售后服务等功能,电商平台可以从中收取服务费用或交易提成,被交易的艺术品基本都是当代艺术家当下创作的作品。第二种模式是 B2C 模式。电商平台作为艺术品的供货商直接向消费者销售艺术品,被交易的艺术品种类比较广泛。第三种模式是 C2C 模式。电商平台的用户与用户之间进行艺术品交易,平台提供信息发布、交易服务等功能。与 A2C模式不同,C2C 的交易者仅是艺术品爱好者而不是艺术品的直接创作者,因此被交易的艺术品多为具有收藏性质的物品。第四种是 O2O 模式。O2O模式在严格意义上并不是与前三种模式相并列的模式,它不是按照交易双方的性质界定的,而是指互联网线上与线下相结合的商业模式,艺术品企业将线上交易、分享、社交的平台与线下交易、体验、展览的活动相结合,使客户既能享受线上平台服务又能参与线下活动体验,达到最佳商业效果。除

---

① 丁蕾、雷浩:《"互联网+"下基于大平台的艺术品经营模式》,《经营与管理》2016 年第 7 期。
② 赵子龙:《微拍不是艺术品电商的救星》,《中国文化报》2015 年 4 月 18 日第 7 版。

了上述以艺术品交易为主要业务的艺术品电商模式,近几年还兴起了一些涉及其他业务类型的艺术品商业形态,例如艺术品基金、艺术品质押、艺术品保险等艺术品金融化业务。[①] 虽然艺术品金融并非完全的电商业务,但是互联网平台却为艺术品金融的发展在产品技术、组织模式等方面创造了可能性,例如电子支付、网上众筹、互联网金融产品等都有助于艺术品金融电商的兴起与发展。

此外,如果按照主营业务类型分类,目前市场上存在的艺术品电商业务及其代表电商品牌可参照表8-1。

表 8-1　艺术品电商业务及其代表电商品牌

艺术品电商业务类型	现有代表电商品牌
年代收藏品交易	嘉德在线、中国收藏网、博宝艺术网、中国画廊网、雅昌艺术网、赵涌在线等
当代原创艺术品交易	艺网、哈嘿艺术网、Artand、hi 小店等
传统手工艺品交易	东家、天工艺品等

总之,艺术品电商模式是一个资源高度整合、产业链十分庞大的新兴产业形态,其产业链覆盖了艺术创作、艺术藏品鉴定、艺术衍生品开发、艺术品交易等多个艺术产业环节,同时也需要艺术场馆、物流仓储、金融投资等多个配套服务环节的支持,互联网平台在其中发挥了不可替代的作用:一方面,互联网平台创造了新的艺术品商业场景,例如艺术社交场景、艺术信息分享场景等;另一方面,互联网平台也在重新塑造艺术创作、艺术品交易、艺术衍生品开发、金融投资等传统产业环节。 所以说,当前中国的艺术品电商模式是"互联网+"的经济变革潮流下的产物,传统艺术品产业的从业者都希望能够利用"互联网+"的变革红利推动艺术品产业发展,但是,艺术品电商模式在实践中遇到了许多发展瓶颈,不解决这些发展瓶颈,艺术品电商模式就很难取得突破性发展。

① 王稻:《探索与重构:艺术品电商新模式》,《上海信息化》2016 年第 10 期。

二、艺术品电商的发展瓶颈

有分析者认为,艺术品电商行业的发展落后于整个电商行业的发展,艺术品电商平台已经搭建起来,但是缺少用户、交易量不足等问题始终困扰着艺术品电商企业。[①] 2011 年到 2015 年是艺术品电商发展的高峰期,大部分艺术品电商企业在这个时间段成立,尤其是在 2014 年与 2015 年,新成立的艺术品电商企业最多,但此后艺术品电商发展停滞,在 2017 年与 2018 年新成立的艺术品电商企业非常少。最初进入艺术品电商行业的一些大型电商平台近年来也退出了这一领域,例如苏宁关停了艺术品交易的二级频道,淘宝的艺术品拍卖平台更名为"闲鱼",业务转换为综合的二手市场交易。[②] 这些现象均表明艺术品电商遇到了较大的发展瓶颈。由于艺术品的特殊性,艺术品电商模式首先遇到了一些与一般电商业务不同的技术性问题,具体包括以下三点。

第一,艺术品的真伪鉴定问题。作为特殊商品,艺术品所具有的市场价值依赖其艺术价值与文化符号,这需要专业人士的鉴定以确保其真实价值。但是,艺术品电商模式的线上交易方式使购买者很难直观地确认艺术品的真伪,交易失信成为艺术品线上交易的巨大阻碍,艺术品电商平台一旦出现假货,就会给平台带来毁灭性的打击,这要求艺术品平台自身具备专业的真伪鉴定能力。目前,大部分艺术品电商平台或者建立了自己的专家鉴定团队,或者与专业艺术品鉴定机构合作保证艺术品的真实性,或者直接与当代艺术家合作,使作品与创作者产生直接信用关联。但是,如何使用户相信交易的真实性,特别是 C2C 模式中,平台如何在用户间建立信用保障机制仍然是艺术品电商平台需要解决完善的问题。

第二,艺术品的仓储物流问题。艺术品的珍贵性以及陶瓷、玉器等材质的艺术品的易损性使仓储物流的安全性成为进行艺术品线上交易的重要条

---

① 《艺术品电商行业的发展已经远远落后》,(2017-09-26)[2021-12-17],http://collection.sina.com.cn/plfx/2017-09-26/doc-ifymesii5758103.shtml。

② 陈涛:《火热一时的艺术电商玩不转了》,《北京日报》2017 年 3 月 30 日第 12 版。

件。艺术品电商平台必须保证艺术品运输过程的安全,直接销售艺术品的电商平台需要建立自己的物流系统或者与安全性较高的物流企业合作,而对于C2C平台而言,买家与卖家间的私人交易无法保证运输安全,因此平台仍然需要提供运输服务,承担运输责任。但是,运输必然涉及损坏风险以及运输成本压力,艺术品电商平台必须考虑运输保险问题,以及与物流公司合作制订专业的艺术品运输方案,这些特殊情况都加大了电商平台的运营压力。

第三,艺术品的售后服务问题。与真伪鉴定、仓储物流等问题相伴随的就是艺术品的售后服务问题。退换货物是电商交易的基本服务项目,但由于艺术品的特殊性,艺术品电商平台基本都不提供"七天无理由退货"服务,并且提出了比较严格的退货条件,例如嘉德在线、赵涌在线均不接受以"网站展示图片与实物存在差异"为由的退货要求,因艺术品非真品而要求退货必须提供艺术品创作者或鉴定专家的证明意见。这些严格的退货要求的确可以保障交易得以顺利开展,减轻交易平台的成本压力,但也把一部分鉴定责任转嫁给用户,打击了用户在线上交易艺术品的信心与热情,这也突显了目前艺术品线上交易保障机制不成熟的尴尬事实。

上述三点技术困难尽管制约了艺术品电商平台的发展,但并不是最根本的发展问题,随着技术进步、市场完善,上述大部分问题能得到解决,例如虚拟现实技术可以帮助完善艺术品的鉴赏问题,用户可以更直观地鉴赏艺术品,再例如现代物流业的完善可以提供更加高效安全的艺术品运输服务。我们认为,当前制约中国艺术品电商发展的根本难题存在于商业理念层面,我们仍然没有对艺术品电商模式的运作机制达成共识性理解,大部分从业者仍然在摸索艺术品电商的运作方式,而无法回答艺术品电商到底需要什么样的商业思维的问题。艺术品电商业界流行着这样一句话:"懂艺术的不懂电商,懂电商的又不懂艺术。"[①]这句话显示了艺术品电商行业内难以定位自己的迷茫现状。

有研究者认为,艺术品交易市场按照交易层级可以被划分为五个层次:艺术品自由流通市场、跳蚤市场等,艺术品电商,文化产权交易所交易,拍卖(以佳士得、苏富比为代表),艺术品基金投资、信托等艺术品金融。从艺术品

---

① 陈涛:《火热一时的艺术电商玩不转了》,《北京日报》2017 年 3 月 30 日第 12 版。

自由流通市场到艺术品金融的顺序是艺术品交易所属的产业链环节逐渐向上游回溯的序列。艺术品自由流通市场、跳蚤市场是最原始、最简单的艺术品交易场景,而艺术品金融则涉及艺术品行业最顶层的金融业务范畴。在此序列中,艺术品电商被研究者置于第二个位置,仅高于艺术品自由流通市场和跳蚤市场,低于文化产权交易所交易,这说明艺术品电商仅仅被理解成传统艺术品流通市场的互联网翻版。我们认为这种理解的确反映了当前艺术品电商的事实,目前艺术品电商的主要业务仍集中于产业链的低端环节——艺术品销售,即使很多艺术品电商平台采取了竞价方式,但竞价规模、艺术品水准大部分都没有达到传统拍卖的程度,拍卖公司建立的网上拍卖业务也只是传统线下拍卖的补充,属于拍卖公司的附属业务,具有较高市场价值的艺术品几乎很少拿到互联网平台上拍卖。

我们认为,艺术品电商局限于低端产业链有两个基本表现。第一,艺术品电商的客户群主要是新兴艺术品爱好者,新兴艺术品爱好者比较容易接受电商交易这一模式,但是其在艺术品消费者中所占的比例有限,消费能力也有限,而传统艺术品爱好者仍主要在传统艺术品平台上进行交易,这造成了电商平台的消费力不足、艺术品资源有限,线上平台与线下平台处于割裂状态,两个平台的资源没有实现互通。第二,艺术品电商平台很难拿到具有较高市场价值的艺术品,也很难有古董级收藏品,线上平台的交易品主要以当代原创艺术品、邮票钱币等小型收藏品为主,这进一步限制了线上平台的产业规模,使艺术品电商局限于艺术品的基础流通环节。上述两种现象出现的根本原因其实与"懂艺术的不懂电商,懂电商的又不懂艺术"这句话的意思是一致的,只不过并不是从业者不了解电商或艺术的知识,而是电商与艺术这两个事物在客观上就拥有不同的发展逻辑。概括地讲,电商的产品定位一般是大众化的消费需求,依靠巨大的流量导入集中满足消费者的需求,实现资源整合;但是,艺术品,特别是具有流通价值、收藏价值的艺术品大多是小众的、专业的、稀缺的,如果我们追求电商平台的巨大流量,那么势必要降低艺术品消费的进入门槛,交易对象就会局限于低端艺术品,但如果我们追求高端艺术品的收藏投资价值,那么我们似乎又并不需要电商平台,传统的高端艺术品交易圈子似乎已经足够了。所以说,要发展好艺术品电商模式,我们必须深入分析如何让电商与艺术在商业模式中契合起来,我们的最终目的是搭建起艺术品电商的全产业链,打通从艺术品基础流通市场到艺术品金融的全部产业环节,如此艺术品电商才能真正发展壮大。

三、艺术品电商的平台定位与建设

对打算进入艺术品电商领域的企业而言,搭建线上平台是最基础的工作。但搭建平台并不简单,恰恰是平台的定位、组织等细节决定了企业的生存空间。我们认为,对于艺术品电商而言,如何建设平台是首先要考虑的问题,开发内容不是最紧迫的事情,因为艺术品是已经确定的,即现有的艺术品或艺术家未来创作的作品,企业生存的关键不是寻找内容产品,而是考虑如何根据内容建设最佳电商平台,在此,我们用"赵涌在线"为例说明艺术品电商平台的建设模式。

赵涌在线是中国较早建立的艺术品电商平台,成立于 2000 年,主要业务是艺术收藏品网上交易。该平台的艺术收藏品覆盖了邮品、钱币、书画、艺术、文献、文玩、文房、茗茶、饰品九个艺术收藏品类,其中邮品、钱币交易是赵涌在线的最初业务,也是目前销售情况最好的主题业务。赵涌在线刚成立时的模式是 C2C 模式,但在 2005 年,赵涌在线把 C2C 模式转变为 B2C 模式,由赵涌在线平台向消费者直接销售艺术品。赵涌在线转换商业模式的原因主要是考虑到艺术品交易要求有较高的安全性、可靠性保障,而私人藏家之间的线上交易难以实现这一点,平台必须承担艺术品的保真职责,并提供完善的交易服务,如此用户才能放心购买艺术品,因此,赵涌在线成为向用户直接销售艺术品的卖家。由于认识到这一点,赵涌在线目前已经建设了比较完善的艺术品服务体系,覆盖了物流、售后等服务,特别是 2014 年建立的艺术品鉴定机构——源泰评级保证了艺术品交易的可靠诚信。[①]

2013 年,在艺术品电商刚刚兴起之际,赵涌在线创始人赵涌在接受采访时曾谈到适于网上拍卖的艺术品具有三个特点:标准化、有广泛的收藏群体、有一定的升值潜力。赵涌在线的主营业务——邮品、钱币收藏就符合这三个

---

① 景晓萌:《艺术品电商:大而全 VS 小而美》,《中国文化报》2016 年 6 月 11 日第 8 版。

标准。从市场角度分析,艺术品的标准化特点意味着真伪鉴别较容易,拥有广泛收藏群体的艺术品价格一般可以被广大消费者所接受。[①] 我们赞同赵涌的基本看法,艺术品电商模式要成功必须合理定位电商平台的市场位置,当前电商平台的市场定位不是对传统艺术品交易市场的替代,而应该是填补传统艺术品交易体系没有覆盖的部分,或者提升传统艺术品交易市场的薄弱交易场景。具体而言,高端收藏品、艺术品的传统拍卖市场已经非常完善,因此高端艺术品领域不适合艺术品电商直接进入,艺术品电商应该瞄准价位相对较低的低端收藏品与当代艺术家的原创作品,这些艺术品领域被传统艺术品交易市场所忽视:低端收藏品仍主要在跳蚤市场流通,艺术品电商平台可以为此类收藏品创造更佳的交易环境;而当代艺术作品的艺术价值没有被充分开发,艺术品电商平台能有效提高市场关注度,开发当代艺术品的市场价值。我们可以看到很多艺术品电商已经采取了这样的市场定位策略:如 hi 小店艺术品电商平台明确定位只提供 10 万元以下(绝大多数在 5 万元以下)的艺术作品,hi 小店经营的艺术品都是年轻艺术家(45 岁以下)的原创作品,可见平台瞄准了新兴中产阶级艺术消费市场;再如 2018 年新上线的京东艺术频道与 2016 年上线的拍卖频道不同,销售产品主要定位在当年艺术家的油画、版画、雕塑、水墨等现当代艺术原作、艺术衍生品和艺术画册上。

回到上文我们谈到的电商与艺术之间的不相容问题。交易低端收藏品与当代艺术作品这一平台定位可以有效解决电商与艺术之间的差异隔阂,我们可以对这类收藏品和艺术品设定同类型的鉴定标准,以适应电商平台的标准化操作需要,同时可以通过多种传媒教育途径推动这类收藏品和艺术品进入大众消费领域,利用平台流量扩大艺术消费群体。这一解决思路本质上就是让艺术品交易适应电商的基本特征,在所有艺术种类中尽量挑选与电商思维比较契合的部分,将其作为艺术品电商的经营对象。既然我们可以让艺术品交易与电商思维相匹配,那么我们也可以从另一个角度出发,对电商平台进行一定程度的改造以符合艺术品市场的基本逻辑。

首先,不能以简单的零售业思维来指导艺术品电商平台的建设。依靠像淘宝、微信这样的大流量平台来开展艺术品电商业务的做法是错误的,正如

---

① 孙行之:《艺术品的网络时间》,《第一财经日报》2013 年 3 月 4 日。

前文所言,像淘宝店、微拍这种艺术品交易形式本质上都是低端的销售业,销售业所追求的"物美价廉"目标在根本上与艺术品产业本身追求的艺术作品增值逻辑相悖。所以说,艺术品电商必须搭建独立的电商平台,按照艺术品自身的价值逻辑建构平台的运营模式,即使大型电商平台要进入艺术品交易领域,也需要将艺术品交易频道与其他销售频道相区别,使艺术品交易遵循自身规律,拥有独立的运营空间。

其次,单纯的线上电商平台不足以支撑艺术品交易活动,艺术品交易需要线上线下两个平台相互配合。艺术审美、艺术鉴赏、艺术社交是艺术品交易活动的重要附属部分,这也是高端收藏品与艺术品的拍卖活动难以被电商所取代的重要原因。相比较于网上展示,艺术爱好者很多时候希望能够近距离地亲身接触艺术品,这是线下活动的意义所在。我们认为,艺术品交易的特殊性迫使企业搭建线下平台。线下平台可以承担艺术宣传教育、艺术鉴赏交流、艺术分享、社交等活动组织功能。从短期看,线下平台可以有效弥补电商平台体验性不足的弱点,满足用户进行艺术交易时对直观感受的需求;从长期看,线下平台能够激发普通大众的艺术兴趣,培养潜在的艺术消费群体,有助于艺术品电商平台的可持续发展。例如艺术品电商 hi 小店就将自己定位为"一家以线上为主,线下并行的艺术品经营机构",hi 小店除了在电商平台上销售艺术作品,还在线下举办了很多艺术展览活动,推介艺术家及其作品,使线下展览与线上销售达成互动效果。

四、艺术品电商模式的产业链策略

艺术品电商平台一旦搭建起来,艺术品电商就要围绕平台形成自己的产业链。正如前文所言,目前,大部分艺术品电商仍然以低端销售业务为主,并没有形成自己的产业链。艺术的特殊性使我们不能套用其他行业的产业链一般经验,我们认为,艺术品电商的产业链建设应该遵循以下几个原则策略。

第一,以消费为导向规划产业链,不能仅从收藏投资角度理解艺术品的价值。在传统艺术交易中,艺术品一般被视为一种收藏投资产品,除了对艺术品的爱好之外,购买者看重的是艺术品所包含的投资价值,希望艺术品能够保值增值。但是,如果艺术品电商的主要经营范围是低端收藏品和当代艺术家的原创作品,那么我们就要重新评估艺术品对购买者的意义。事实上,在艺术品电商平台上,艺术品首先是一种精神消费品,其次才是一种收藏投资品。随着中国经济的发展,庞大的城市中产阶层的艺术消费需求越来越强烈,这正是艺术品电商应该把握的发展机会。与传统艺术品爱好者不同,新兴艺术品爱好者更看重艺术品本身所提供的精神享受。因此,搭建艺术品电商的产业链必须以消费为导向,只有从消费入手,我们才能正确定位产业链的延伸方向,才能合理规划产业链所涉及的业态种类。

第二,以大众需求为导向开发艺术衍生品,深挖艺术细分市场。在确定了以消费为导向的原则后,我们就需要进一步细化消费者需求,根据消费者的不同精神消费需求细化艺术品市场,例如传统文玩收藏与当代前卫艺术就是两个不同的艺术领域。毫无疑问,艺术品电商是一个高端专业化的产业形态,艺术品交易需要专业知识的保障:平台要明确自己的艺术理念、挑选售卖的艺术品,用户需要一定的艺术知识来支撑自己的消费,整个交易活动都依赖专业鉴定、专业物流、专业信息等条件支撑。但是,艺术品电商平台要让产业链延伸就必须兼顾大众日常需求,衍生品开发是一个重要策略。人们可能会质疑艺术衍生品开发行为,因为艺术作品具有唯一性,不能进行复制;但事实上,艺术品仍然具有很大的衍生品开发空间,例如 HIHEY 艺术网上就有艺术装饰板块,可以为个人或企业定制专门的装饰艺术品,hi 小店也有版画礼品板块,服务于人们的日常艺术需求。所以说,艺术与人们的日常生活需求关系是十分密切的,我们可以把专业的艺术品在装饰品、生活必需品、礼品等许多载体上呈现出来,如此人们不仅可以在艺术品电商平台上购买艺术作品,而且可以找到许多日常需求品。艺术衍生品开发以大众需求为导向可以扩大艺术品电商的业务范围,增加平台盈利渠道。

第三,通过塑造艺术 IP 价值向产业链顶层环节延伸。在艺术品产权交易、艺术品金融仍然基本被传统艺术品市场所占据的情况下,新兴的艺术品电商是否有机会进入产业链顶层环节?我们认为,虽然低端收藏品和当代艺术品是艺术品电商的主要经营对象,但艺术品电商仍然有机会开辟产权交易、艺术金融业务,实现这一目标的关键是塑造艺术 IP 的价值。高端收藏品与著名艺术家的作品之所以能够成为产权交易、金融投资的对象,因为它们是一种艺术 IP,只有高价值的艺术 IP 才能被人们视作价值资产进行投资。艺术品电商平台的优势在于互联网金融、移动支付的技术条件已经比较成熟,这些技术条件一旦与具有较高价值的艺术 IP 结合就很容易打造互联网艺术金融的业务板块,因此,艺术品电商平台需要投入资源塑造自己的艺术 IP。塑造艺术 IP 的途径是多样的:平台可以塑造某一艺术风格或艺术主题的 IP,通过组织线上线下与此相关的展览推介活动,培育市场影响力;艺术家事实上是最重要的 IP 资源,艺术品电商平台应充分重视对当代青年艺术家的市场培养,有计划地推介一些比较有艺术潜力的青年艺术家,并提供全方位的市场经纪服务,打造艺术家的市场品牌,目前 HIHEY 艺术网、hi 小店、Artand 等以绘画为主的艺术品电商平台均开始重视青年艺术家的市场开发业务。

要搭建产业链,首要的工作是找到核心资源。核心资源是产业链延伸的起点,企业可以围绕核心资源一步步地衔接产业环节,延展产业链,最终形成巨大的产业网格。对艺术品电商而言,目前最容易积累的核心资源是社交。艺术鉴赏、消费、收藏高度依赖社交群体,在电商平台产生之前,艺术品交易主要集中发生在某些艺术爱好者群体中。尽管互联网社交平台的出现极大地提高了艺术品的社会认知度,但这并没有改变艺术品与社交群体间的密切关系,因为艺术品交易仍然需要消费者具有一定的艺术知识和艺术兴趣,这决定了艺术品交易必然与一个艺术社交群体密切相关。因此,我们可以从艺术社交群体入手思考艺术电商的产业链,Artand 平台给我们提供了一些借鉴性经验。

Artand 在 2014 年 5 月正式上线运营,最初的概念定位是在线画廊艺术平台。平台创建者最初希望能够为艺术家提供作品展示平台,在随后的平台运作中,运营者发现,不仅艺术家需要线上平台,很多收藏家和艺术爱好者也需要线上平台,他们的需求是多样的,包括购买艺术品、与艺术家进行交流、获取艺术信息等,因此,Artand 的最终定位是一个艺术社区平台。艺术社区是首要的平台定位,其次才是电商业务平台,Artand 创始人刘强这样描述艺术社区与电商之间的关系:"好多小区都是有底商的,但是小区在楼盘的入住量不到 50% 的时候,底商绝对不会开业,开了也不会有人用的。所以还是要把整个生态的活跃度弄起来,活跃度的前提就是大家要了解什么是艺术,而且对这个产生兴趣,这个是 Artand 所面临的最大的难题,也是社区所面临的一个最大的难题。"①从发展策略上看,Artand 首先要通过搭建艺术社区平台培育艺术生态圈,然后再利用艺术社交资源发展艺术电商业务。Artand 的平台基础是艺术家、艺术品收藏家、艺术爱好者和艺术机构等注册用户,这些用户互相关注构成了以艺术社交为核心的艺术社区。艺术家用户在平台上发表作品、文章,收藏家与艺术爱好者用户在平台上获取艺术信息、购买艺术品,艺术机构在平台上搜集艺术资源,如此形成了一个良性循环的艺术市场。经过创业初期的社交资源积累,Artand 现在已经开始扩大自己的电商业务,特别是在产业链搭建方面的一些举措值得肯定。艺术版权化是 Artand 延伸产业链的核心思路,Artand 将艺术作品或艺术家转化为艺术版权,从而与其他企业开展合作。例如:Artand 推出了印有知名插画师画作的壁纸、手机壳,这就是我们上面谈到的在生活必需品领域开发艺术衍生品的实例,Artand 与锤子手机推出了印有 Artand 艺术作品的手机壳;Artand 与小米合作,小米手机和小米电视的屏保很多采用了 Artand 平台上的艺术作品,此外,Artand 与小米合作推出了带有艺术品元素的定制版小米手环、衣服、鞋子、背包、小米笔记本贴纸等衍生产品;Artand 还与 Uber 合作开展了城市雕塑的活动,在很多城市的公共场所安置了印有"Artand"和"Uber"的雕塑作品。这些合作项目都拓展了 Artand 产业链,使 Artand 的业务不仅仅局限于电商销售,还能够充分挖掘艺术社交资源的市场价值,形成覆盖多个艺术产业环节的完整商业布局。

五、对艺术品电商模式的展望

最后,让我们来展望一下艺术品电商的未来。尽管目前艺术品电商的发展成果在所有互联网文创电商类型中并不显著,但艺术品电商的趋势还是被业界所看好的。作为一种融合产业形态,积极融入新的产业要素、推动自我创新升级是艺术品电商发展的根本动力。结合艺术品电商的现状与其他产业领域的新动向,我们认为,艺术品电商模式呈现出如下四个方面的发展趋

---

① 刘强:《Artand 是社交平台而不是纯粹电商》,(2016-05-20)[2021-12-17],http://hiart.cn/feature/detail/cedguvp.html。

势,这四个方面的发展趋势同时也是艺术品电商企业在未来应该着力推进的工作。

第一,把虚拟现实技术应用到艺术品电商模式中,增强线上购物的真实体验感。线下拍卖、线下展览之所以在现有艺术产业格局中仍然拥有不可替代的地位,主要是因为艺术鉴赏活动需要真实的体验感,艺术拍卖活动也需要身临其境的现场感,这都是目前互联网平台无法完全提供的,因此艺术品电商还不能完全替代传统拍卖活动,也必须与线下互动深入融合才能取得更佳的艺术体验效果。近年来,虚拟现实技术的发展成熟为艺术品电商提供了新的发展机遇,虚拟现实技术能够真实还原拍卖场景与艺术鉴赏场景,让用户获得身临其境的体验感,接近甚至达到与线下活动相同的体验效果。依靠虚拟现实技术,艺术品电商平台可以弥补自己的短板,使互联网平台的建设更加符合艺术活动规律。我们认为,受限于艺术活动对现场体验的绝对需求,艺术品电商平台不可能仅靠商业模式的创新替代传统艺术交易活动,只有以虚拟现实技术为代表的技术变革才能真正改变艺术品电商平台相比于线下艺术活动的竞争力弱势。因此,艺术品电商的从业者不仅要懂艺术、电商,还要积极接触新技术,尝试将虚拟现实技术引入互联网平台。

第二,将直播传媒与艺术品电商相结合,挖掘艺术在大众娱乐板块中的价值。前文我们谈过,大众艺术消费需求应该是艺术品电商的定位导向,目前大部分艺术品电商平台均瞄准了中低端艺术品消费市场,向用户提供"物美价廉"的艺术作品或收藏品,但仍有一个大众精神消费场景——大众娱乐始终没有被艺术品电商所重视开发。大众娱乐是当前人们主要的精神消费领域,并且大众娱乐板块的商业模式建设成熟,市场开发充分,盈利空间明显,如果艺术品电商能够衔接大众娱乐板块,那么可以实现流量互导,为艺术品电商创造新的投资变现渠道。我们认为,艺术品电商开辟大众娱乐板块具有很好的商业基础,艺术品本身就可以转化为大众娱乐的一个要素,只不过我们需要将艺术品提炼成文化 IP 形象,进而根据 IP 形象开发微电影、综艺节目、动漫等各种形式的大众娱乐产品。例如,很多当代绘画艺术作品中的场景、形象其实都可以被开发成动漫元素或网络故事插画,这些绘画作品依托一定的娱乐性内容可以得到更好的传播效果,经营这类作品的艺术品电商平台可以增加艺术品与大众娱乐板块的衔接业务,挑选优秀的绘画作品,并对

147

其进行动漫元素开发,或者支持优秀的艺术家与热门网络文学作品合作,定制故事插画。在所有的大众娱乐形式中,目前十分火爆的直播模式应该得到艺术品电商的关注,艺术品电商可以直播艺术品展览会、艺术家交流会、收藏品鉴定会,可以让直播活动成为线上平台与线下活动的连接点,我们甚至可以直播艺术作品的创作过程,通过青年艺术家直播自己的绘画过程,可以让公众更加了解艺术活动。直播既可以提升艺术家的市场知名度,也有助于推广艺术教育、培养艺术消费者。

第三,利用大数据、物联网、人工智能等新技术夯实艺术品交易基础。大数据可以为我们把握大众的艺术需求、细分艺术市场定位、挑选艺术产品提供更精准的数据支持;物联网的完善系统可以从根本上解决艺术品仓储运输问题;人工智能可以将艺术品交易的互动性提升到一个智能互动的层次,现有艺术品交易互动依托艺术社区的用户与用户之间的互动,人工智能所支持的人机互动可以创造更便捷、时效性更强的交易场景,有助于艺术交易信息的共享交流。艺术品电商模式的成功,一方面需要我们不断延伸产业链,扩张艺术品电商模式的业务版图,另一方面需要我们不断完善艺术品电商的交易基础,创造安全、高效、优质的艺术品交易场景。这两个方面缺一不可。交易基础的完善在根本上依靠技术手段的升级,艺术品电商本质上是一种"文化+技术"的融合商业模式,在遵循艺术创作、艺术消费的基本规律的同时,我们需要将艺术与技术融合创新,让技术手段服务于我们的艺术交易。

第四,重视艺术家经纪服务,带动互联网金融在艺术品电商中的应用。前文我们讨论过培育艺术 IP 是互联网艺术金融的先决条件,在所有艺术 IP 中,我们认为艺术家是最基础、最重要的 IP。艺术作品的市场价值与艺术家的个人声誉密不可分,一个艺术家的个人品牌就能带动一个系列艺术作品的价值升值,因此,艺术品电商平台不能单做艺术品的品牌营销,还应该做艺术家的综合经纪服务。当前中国艺术家经纪服务市场并没有被充分开发,还有很多艺术家特别是青年艺术家拥有非常优秀的才华,但没能进入公众视野,这部分艺术家会成为艺术品电商的宝贵发展资源。艺术品电商开展经纪服务的优势在于可以充分利用互联网传媒平台,把经纪服务与艺术社区、艺术交易、艺术教育等平台业务板块关联在一起,实现资源共享。我们可以在艺术社区里为艺术家打造"粉丝"团队,在艺术交易中提高作品的市场价值,在艺术交易中推介艺术家的艺术理念。除了借力互联网平台优势,艺术品电商需要树立长期经纪服务理念,与平台上有才华的艺术家签订长期经纪服务合同,对他们进行长期投资支持,提供专业的个人品牌塑造服务,不求短期的投资回报,而专注于艺术家的未来价值增长。对艺术家的经纪服务应该区分不同的目标:把小部分艺术家打造成在专业艺术界、大众舆论中均有较高声誉的顶级艺术家,大部分艺术家的经纪服务应该以大众艺术消费市场为主,让他们拥有一批自己的"粉丝",在艺术消费市场享有一定声誉。一旦艺术家经纪服务步入正轨,我们就可以将互联网金融导入艺术品电商平台,围绕小部分顶级艺术家,我们可以开展艺术产权交易、艺术基金、艺术收藏等高端艺术金融业务,围绕大部分拥有一定市场知名度的艺术家,我们可以开展小额度的互联网金融项目,例如众筹艺术家的某个艺术活动、某个艺术品的创作等。我们认为,艺术金融的根基在艺术家的经纪服务,只有先把艺术家经纪服务产业做好,艺术金融才有发展空间,互联网"粉丝经济"的蓬勃发展也充分说明艺术家经纪服务必须与互联网相结合才能找到新的发展渠道,否则就会永远被禁锢在传统艺术家经纪服务的落后模式中,因此,具有互联网优势的艺术品电商模式将成为艺术家经纪服务与艺术金融的重要发展引擎。

第九章 "微电影＋电商"的探索

何谓"微电影＋电商"？首先我们需要进一步明确微电影是什么、电商是什么。微电影就是时长较短的微型电影，时长一般在 30 到 60 分钟之间。微电影主题集中，制作周期短，投资规模小，适合在电视、互联网等媒体上传播。电商指在互联网平台上进行的销售方式。我们一旦把微电影与电商联系在一起作为一种商业模式来探讨，就需要回答一系列问题：微电影与电商如何融合在一起？融合后的新商业模式如何运作？

一、"微电影＋电商"的发展概况

"微电影＋电商"模式要将拍电影与网上卖东西这两件看似差别很大的事情结合在一起，具体包括两个面向：其一是微电影的电商化，指微电影的故事内容应包含销售商品情节，微电影的传播媒介应衔接电商平台，微电影的收看群体应转为电商客户；其二是电商的微电影化，指电商销售的商品要有故事形象，电商的广告方式应具有内容感召力。上述两个面向十分简略地回答了"'微电影＋微商'是什么"这一问题，但这两个面向不是互相分立的两块工作领域，而是对"微电影＋电商"模式的解剖描述。在"微电影＋电商"的实际运转中，上述两个面向是整合在一起的，微电影服务于电商平台，电商平台也助力微电影。目前业界已经有很多企业在尝试实践"微电影＋电商"的模式，但总体而言，"微电影＋电商"模式仍处于探索阶段，我们将依据当前企业的实践经验，探讨"微电影＋电商"的商业逻辑、产业价值与发展前景。

微电影与电商的融合并非一蹴而就的，而是经过了一个较长的商业实践过程。微电影作为一种艺术表现形式首先被应用到商业领域是以广告片的形式,广告业是微电影与商业发生关联的第一个业务板块。微电影这种新兴艺术表现形式首先受到了品牌企业的关注,它们把微电影应用到广告营销中,推出了微电影广告,像百事可乐推出的新年微电影《把乐带回家》让《家有儿女》的原班人马重聚,在互联网上占据了话题热度,取得了良好的宣传效果。微电影广告之所以受到广告市场的追捧是因为微电影的时长、故事性契合了最新传媒特点,特别是人们容易被微电影的故事内容所吸引,一旦圈粉形成口碑,就可以通过转发共享扩大微电影的舆论影响力,给广告产品带来巨大的市场宣传效果。因此,视频网站、广告制作商均意识到了微电影广告的营销效果,开始投资微电影。优酷网、爱奇艺等视频网站既可以把微电影作为网站的视频资源,也可以把微电影作为视频播放前的广告来获利,广告制作商充分利用微电影投资少、周期短、故事性强、抓人眼球的特点开始推出微电影广告定制,为企业定制微电影广告,微电影广告成为一款独立的广告产品,受到业界追捧。但微电影广告作为一款广告产品并不是互联网平台所独有的,微电影广告也经常在电视媒体上播放传播,微电影在广告业方面并没有与电商产生十分紧密的关联,淘宝、京东等电商企业也只是利用微电影广告来做产品宣传,这与其他非电商企业的做法没有什么不同。我们认为,微电影广告不是严格意义上的"微电影＋电商"模式,只算是微电影商业化的一种形态,微电影经由广告业务开始产生商业价值。但是,微电影广告的确是"微电影＋电商"模式的发展起点,因为微电影广告一方面使人们意识到了微电影的商业价值,吸引了电商企业的投资,另一方面微电影自身非常符合互联网平台上信息传播的特点——人们喜欢短时碎片化但内容极具吸引力的信息。以微电影广告为开端,互联网平台或电商平台开始探索如何将微电影融入互联网模式之中。

我们认为,目前,"微电影＋电商"模式依据微电影与电商的融合差异可区分为三种不同的业态。"微电影＋电商"的第一种业态是根据企业品牌定制的在互联网上传播的微电影产业。在此业态中,微电影被视为辅助销售的市场宣传工具,企业根据某品牌的文化内涵与企业形象定制微电影的故事情节,把微电影打造成品牌形象的互联网宣传媒介。这一种业态与微电影广告并不完全相同。微电影广告的故事性比较弱,而某一产品或品牌在微电影广告中形象十分突出,故事情节也围绕广告产品展开,产品在微电影广告设计中占据绝对主导地位。相比较而言,"微电影＋电商"的第一种业态尽管也会将企业产品或品牌融入其中,但一般采取比较隐蔽的方式,微电影具有很强的故事性,故事情节并不像微电影广告那样直接凸显产品,而是在故事情节的自然展开中让观众十分自然地接收到品牌理念或产品信息,可以说这种业态是升级版的微电影广告,优酷推出的"不可能的可能"系列微电影中的《刷车》就是非常成功的"微电影＋电商"模式的尝试。《刷车》这部微电影是为北京现代朗动汽车品牌量身打造的,但故事情节并没有特意凸显现代汽车的性能,而是一个惊心动魄的悬疑犯罪剧情节:在车行这个空间里,刷车工的同伴、刷车工喜欢的姑娘都惨遭杀害,刷车工试图从车行中逃脱,却困难重重。虽然现代汽车品牌只是作为道具出现在微电影情节中,但因为微电影本身的话题性与传播力度,宣传效果良好。像雪佛兰冠名的《老男孩》、凯迪拉克赞助的《一触即发》等微电影都是此种业态的成功实践。[1]

"微电影＋电商"的第二种业态是以流量导入为主要目的的微电影制作。这种业态的微电影一般不再与某品牌或某产品相关,互联网平台开始开发具有独立内容 IP 的微电影,并将微电影 IP 与"粉丝经济"相结合,使微电影成为互联网平台的流量端口,这是现在大部分视频网站的微电影频道所采取的"微电影＋电商"的业态,微电影成为视频网站吸引用户的内容资源。例如优酷推出了"大师微电影"计划,通过邀请著名电影导演制作高水平的微电影,优酷希望能够使得微电影摆脱"草根"标签,引导微电影行业向精品化升级。微电影《行者》就是优酷"大师微电影"计划的代表作品。这部微电影没有商业广告的痕迹,只是真实记录了一位行者走过东方之珠、皇后大道、购物天堂等香港标志性场景的过程,行者自己的沉默安宁与繁华热闹的都市形成了鲜明对比。这部微电影在 2012 年洛杉矶国际电影节上赢得了"最佳剧情短片"奖,成为优酷的代表性视频资源,吸引了很多流量和用户。[2]

"微电影＋电商"的第三种形态是定位于微电影制作、交易的互联网用户平台。微电影的良好市场反响催生了许多以微电影制作、交易为功能定位的互联网用户平台。用户可以在这些平台上检索微电影导演、编剧、演员相关

① 胡柯:《优酷:微电影精品之路》,《小康·财智》2015 年第 8 期,第 34—37 页。
② 胡柯:《优酷:微电影精品之路》,《小康·财智》2015 年第 8 期,第 34—37 页。

的信息,收看微电影,交易微电影剧本。这些微电影互联网平台既是微电影制作专业人士的信息收集交易平台,同时也是微电影爱好者观看微电影的交流消费平台。微电影互联网平台的目标一般都是成为微电影产业的资源集散平台,打造微电影的全产业链。目前,代表性的微电影互联网平台有以下三家:一是中国微电影网。作为微电影播放平台,其拥有大量的微电影资源,已经覆盖了 PC 客户端、移动客户端,与国内各大微电影节和众多微电影工作室均建立了合作关系。二是金象微电影网。该网站是专业的微电影分享平台,用户不仅可以收看微电影,而且可以检索到微电影制作教程。目前金象微电影网已经推出了微影频道、微影剧集、微影资讯、微影剧本、微影活动等频道,力图提供涵盖微电影产业各个环节的一站式服务。三是场库(原名 V 电影)。作为一个影视短片分享平台,场库已经创建了负责影视投资的新片场集团,业务涵盖了微电影内容的制作、投资、发行、营销等业务,力图打造具有较高知名度的微电影品牌。

除了具有明确内容情节的微电影,广义的"微电影+电商"模式还包括了"微视频+电商"的形式,微视频已经被广泛应用到天猫、淘宝、京东等综合电商平台中。2017 年天猫"双十一"大部分主题会场的首页都布满了极具创意的微视频,从各个角度为买家介绍产品。2017 年 10 月 25 日,京东发布了一份商品微视频数据报告,数据显示,25%的京东用户会在购买前主动观看微视频。[①] 微视频被电商平台视为产品与用户之间新的传播媒介,使得微视频在内容展示方面的优势与平台的流量优势充分结合。相较于图文,微视频更具形象性和可读性,也更容易激起消费者的购买欲望,电商平台通过微视频将娱乐和营销深度融合,以优质的微视频内容打动用户,激发用户的消费欲望。从微视频的内容生产者与平台运营者的角度看,电商创造了将微视频内容变现盈利的重要途径,当前代表性微视频平台——秒拍、美拍、快手、抖音等均瞄准了"微视频+电商"的新模式,努力将微视频内容与电商产品、电商广告相融合。

---

① 战梦梅:《微视频+电商的春天来了吗》,(2018-03-13)[2021-12-17],http://media.people.com.cn/n1/2018/0313/c418541-29865146.html。

二、"微电影＋电商"的新思路：
内容与平台的一体化模式

上述"微电影＋电商"的第一种、第二种业态均显示出微电影在"微电影＋电商"模式中所承担的重要角色——吸引观看流量，无论是以品牌广告为目的的微电影还是以增加平台流量为目标的微电影，它们的核心竞争力都是高质量的画面制作、扣人心弦的故事情节、感染观众的立意等内容优势，互联网在这两种业态中承担的功能也是基本一致的。互联网平台主要是一个媒体平台，微电影在上面播放，用户进入平台观看，平台由此获得用户流量，唯一的差别是，在第一种业态中流量最终主要被导入了广告品牌，在第二种业态中流量被留在了互联网平台上。如此可见，互联网在这两种业态中发挥的作用有限——主要是媒体功能，所以这两种业态也主要出现在视频网站这种以媒体角色为主的互联网平台上，尽管留在平台上的用户可能会购买视频会员，但用户在观看完微电影之后的消费活动并不足够活跃，所以这两种业态中互联网平台都不构成充分意义的电商平台。互联网在第三种业态中的作用更加突出，互联网平台是整合微电影资源、产业环节的枢纽，与前两种业态不同，微电影在第三种业态中的作用不是要吸引观众。微电影在第三种业态中被视为一种互联网产品，真正吸引用户进入平台的要素是平台本身的建设，只有微电影平台搭建起完备的微电影产业链，微电影制作方、爱好者等用户才愿意进入平台进行消费、交易。那么，"微电影＋电商"模式是不是要继续完善现有第三种业态，建立以互联网平台为核心的微电影全产业链？

我们认为，第三种业态也不是"微电影＋电商"模式最理想的业态。搭建微电影全产业链的确是促进微电影发展的必要工作，但现有微电影互联网平台所做的工作主要集中于搭建微电影的制作、拍摄、宣传、发行、收看等影视产业环节，这完全复制了现有影视产业的产业链，只不过将原先的线下业务搬到互联网平台上，本质上没有突破传统影视产业的视野。所以说，现有"微电影＋电商"的三种业态都没有真正实现电商平台的定位，前两种业态只利用了互联网的媒体功能，第三种业态中的互联网平台更像一个关于微电影产业的信息门户网站,我们很难从上面找到电商的功能布局。现阶段,如果我们要升级"微电影＋电商"模式,就要将微电影电商化,使微电影与电商之间建立起真正的商业联系。在此,我们认为"微电影＋电商"最理想的商业形态应该是内容与平台的一体化模式。内容与平台的一体化模式的基本含义是:微电影的内容优势与互联网的平台优势被整合在一起,微电影的故事内容就是一个电商平台,电商渠道均可以被整合进微电影的故事内容中,最终使微电影本身成为电商销售的一个独立垂直平台。[①] 具体而言,内容与平台的一体化在以下三个方面真正实现了"微电影＋电商"的融合发展。

第一,微电影不再是广告植入的载体,而转变为专业的垂直电商平台。广告的确是微电影商业化的重要途径,但微电影的电商化要求我们全面升级微电影的广告业态,突破在微电影中简单植入广告信息的方式,将微电影直接打造成专业的垂直电商平台。具体讲,这一思路类似现有"微电影＋电商"的第二种业态,微电影的题材、故事情节并不直接服务于产品,仍然以满足大众娱乐为导向,所有产品信息以间接潜在的方式出现在微电影场景中即可。但与第二种业态不同,内容与平台的一体化要求微电影的场景就是一个垂直电商平台,即人们在观看微电影的同时能直接进入电商平台消费,换句话说,人们接收到的不再是广告信息,也不需要成为平台的注册会员,而是一边看微电影一边消费,例如微电影中出现的时尚穿搭都有直接的电商链接,微电影中出现的取景地可以转变为旅游目的地,微电影中出现的任何情节都可以转变为一种生活消费场景,用户不会在影片中直接看到广告的痕迹,但是用户一旦被微电影的人物形象、故事情节所感染,就会有兴趣进入电商平台消费。如此,微电影的主题就是一种消费主题,微电影的场景就是一个垂直消费场景,微电影的内容与电商平台实现了真正的一体化。

第二,微电影的剧本创作不再采取孤立的剧本创作方式,而是采取与电商产业链相匹配的系列化创作方式。系列微电影并不是一个新兴产物,微电影刚刚诞生时,就出现了许多著名的微电影系列,例如优酷在 2009 年筹划推出的系列微电影《11 度青春》。《11 度青春》是中国互联网历史上第一部专业制作的同主题系列微电影,其中《老男孩》这部微电影更是赢得了非常高的话

---

① 陈少峰、黄向军:《微电影的商业模式创新》,《艺术百家》2016 年第 3 期,第 81—85 页。

题关注度。① 微电影的系列化有助于维持观众的持久兴趣,形成一批"粉丝"群,使他们成为潜在的消费者。内容与平台的一体化要求微电影的剧本创作继续采取系列化的方式,但系列化不仅体现在主题的统一性上,系列微电影还要与电商产业链相匹配,这才是微电影系列化的真正价值。举例说明,如果一个系列的微电影主题是环球旅行,那么每部微电影的取景地应该对应一个旅游目的地,并且所有的取景地具有一个共同的主题,这样就可以对应到某一个主题的旅游规划,就可以将系列微电影连接到旅游电商平台上的某一款旅游系列产品。总之,电商产业链应成为微电影系列化的剧本设计依据,使系列微电影所培育的"粉丝"群体能够被导流至电商产业链中,实现电商产业链与系列微电影之间的流量共享。

第三,微电影的制作不再是以故事情节为主导的影视制作程序,而是以品牌 IP 为主导的文化产业规划逻辑。优秀的故事情节是微电影成功的关键,微电影的故事质量决定了微电影的关注度与市场反响。鉴于微电影的内容感召力是"微电影+电商"模式的核心资源,我们必须投入资源支持微电影的内容创作。但是,为了实现微电影与电商的有机融合,我们必须将微电影的故事情节转化为品牌 IP,因为故事情节无法进行商业操作,但品牌 IP 可以与各种各样的产品相结合,构成产品的文化要素。例如可以将动漫微电影中的某个动漫形象培育成一个品牌 IP,然后开发品牌 IP 的系列衍生品,动漫微电影的互联网播放平台同时也是品牌产品的电商销售平台。以品牌 IP 为主导制作微电影要求我们不仅要遵循微电影的艺术创作规律,而且要参考电商的品牌运营经验,品牌所需要的文化要素要在微电影中以合适的方式展现,并能够与观众产生心理共鸣,如此才能真正培育出品牌的市场价值。

经过上述三个方面的努力,我们就可以实现微电影的内容优势与电商平台产业链之间的真正融合统一。我们认为这是"微电影+电商"模式的真正含义,也是我们需要在产业中进行实践探索的理想模式。下面,我们结合当前"微电影+电商"的一些实际情况与发展趋势,具体分析这种理想模式未来实践的可能性。

---

① 胡柯:《优酷:微电影精品之路》,《小康·财智》2015 年第 8 期,第 34—37 页。

三、"微电影＋电商"的"粉丝经济"性质

"粉丝经济"正在中国文化产业领域如火如荼地发展，并且许多专注于"粉丝经济"的互联网电商平台也涌现了出来。这些专注"粉丝经济"的社区电商平台通过和明星工作室、"粉丝"团合作，将"粉丝"引导到电商平台上消费，平台为"粉丝"提供明星资讯、电商、应援、线上线下的活动等服务产品。"粉丝经济"与电商平台的融合发展是"微电影＋电商"模式的重要借鉴经验，由于"微电影＋电商"各种业态的市场实践在根本上都依赖于人们对微电影本身的喜爱，所以"粉丝经济"在"微电影＋电商"模式中也拥有巨大的发展潜力。在"微电影＋电商"的最理想业态——内容与平台的一体化模式中，用户也是模式得以运转的基础资源，只有把人们吸引来且留在平台上，微电影内容中的消费场景才能潜移默化地影响观看者，微电影平台上衔接的垂直电商才能向潜在用户推送消费信息。所以说，"微电影＋电商"具有明显的"粉丝经济"性质，"微电影＋电商"必须参考"粉丝经济"的基本逻辑培育自己的"粉丝"群，为电商消费储备潜在消费者。鉴于微电影首先属于影视产业的范畴，而影视市场又是对"粉丝"依赖性最强的领域之一，因此，我们能够在微电影的影视产业链中清楚地看到"粉丝经济"所带来的突出的经济效益。

靠微电影圈粉的案例近几年在互联网上十分常见，艺名为"猫的树"的导演就是一个经典案例。导演"猫的树"从 2015 年开始在互联网平台上上传自己导演拍摄的微电影，其微电影的拍摄风格统一，都采取了文艺清新的风格，内容主题也以青春爱情为主。这种独特"治愈系""少女心"风格的微电影迎合了时下年轻人的审美需求，在互联网上引起了很高的关注度，单个视频最高点击量突破 4000 万次，系列微电影中的《你还记得那个少年吗》《只为自己而活》《比起十七岁的你》《总有一处温暖的地方》等微电影在微博上分别获得 1229 万人次、3077 万人次、1435 万人次、2091 万人次的观看量[①]，这给导演"猫的树"本人积累了巨大的"粉丝"数量。依靠在互联网上积累的"粉丝"群

---

① 《90后新锐导演猫的树》，(2017-12-17)[2021-12-17]，http://www.sohu.com/a/211053261_197009。

体,导演"猫的树"得以成功进入电视剧制作领域,开始执导长篇网络电视剧。"猫的树"本人及其系列微电影的成功已经超出了传统影视行业的范畴,本质上是一种"粉丝"流量经济的营销模式。在"猫的树"的微电影系列中,我们可以看到很多新生代流量明星的身影,例如《总有一处温暖的地方》中的胡一天,《我与你的光年距离》《比起十七岁的你》中的宋威龙,《你还要我怎样》《遇见你这么美好的事》等微电影中的白鹿等,这些明星在参演"猫的树"的微电影时还不出名,参演微电影是他们积累人气的重要机会。这些刚刚踏入演艺圈的演员利用"猫的树"微电影的影响力受到了人们的关注,为接下来的走红奠定了基础,例如参演微电影《总有一处温暖的地方》的胡一天随后凭借青春剧《致我们单纯的小美好》人气猛涨,这充分说明了"猫的树"的系列微电影具有很强的造星能力。微电影的青春治愈系主题非常适合塑造演员的良好银幕形象,这样的银幕形象迎合了当下大众对偶像的形象定位,因此,很多参演"猫的树"的微电影的演员在日后很容易走红。

上述案例展现了微电影与"粉丝经济"之间的紧密关系,其中最主要的市场业务就是明星经纪服务,后续的影视制作、广告代言全部都是明星经纪服务的衍生业务,因此,从"粉丝经济"的角度看,"猫的树"的系列微电影就是在"造星",导演先把自己打造成清新治愈系微电影的明星,接着打造微电影中的演员形象,由此衍生出一系列"粉丝"效应,带来后续的商业回报。在前文中,我们已经多次提到"微电影+电商"的模式需要微电影所带来的客户流量,从这个角度讲,"微电影+电商"模式的确是依赖"粉丝"流量的商业模式,或者说本质上就是一种"粉丝经济",因此,直接把微电影作为互联网产品按照"粉丝经济"的商业策略进行经营就是一种比较直接的商业模式选择,前文我们所讲的微电影广告、微电影社区平台等业态本质上都是"粉丝经济"的逻辑应用。尽管我们已经强调这些业态不是最成熟的、最理想的"微电影+电商"的业态,因为它们基本是传统广告产业、影视产业在互联网基础上的升级改造,但我们必须认识到这些业态的确符合当前"粉丝经济"潮流,而且很容易产生收益。因此,我们认为,直接利用微电影的"粉丝"效应是在探索"微电影+电商"过程中一个比较现实的商业策略,但我们不能止步于此,我们可以进一步凭借"粉丝"效应来把单纯的微电影产业链延伸到非影视领域——更大的电商平台上,单一微电影产业的收益是有限的,"微电影+电商"是超越微电影产业的跨产业商业模式。

四、"微电影＋电商"的收益模式：
从互联网广告植入到电商平台

"微电影＋电商"的跨产业格局的突出表现为微电影与互联网产业的跨界融合。近些年来,互联网在传媒领域的重要性越发明显,相反纸媒、电视等传统媒体的传播力日渐下降,传媒领域的变化影响了广告业,互联网广告异军突起,目前已经成为增长速度最快的广告板块,2017 年中国网络广告市场规模为 2957 亿元,在上年基础上增长 28.8%,增速较上年也有所提高。[①] 第41 次《中国互联网络发展状况统计报告》指出:2017 年,中国网络广告市场进一步成熟,市场结构趋于稳定,广告主的投放预算在以更快的速度向移动端转移,主流互联网广告收入结构呈现移动端压倒 PC 端的态势。从未来发展趋势看,技术仍然是互联网广告快速发展的驱动力量,通过智能算法、数据挖掘实现精准推送;创意方面将深度整合直播、社交、游戏、奖金等激励元素;渠道方面互联网广告将逐渐成为广告主常规、主流、高效的投放渠道。[②]

在互联网广告蓬勃发展的大环境下,目前"微电影＋电商"的主要收益模式就是互联网平台上的微电影广告植入。在此,我们要特别指出,尽管电视也是微电影的播放平台之一,但目前互联网平台已经成为微电影的主要传播平台。因为与传统媒体相比,互联网平台给微电影附加了更大的传播优势:第一,用户在互联网平台上的自觉转发分享可扩大广告的传播力,增强了微电影的故事性所带来的"粉丝"效应;第二,相较于传统媒体,互联网平台的传播成本较低,降低了微电影的传播成本;第三,互联网在移动客户端的快速发展为微电影创造了更好的传播场景,在移动客户端可以更精准、更具时效性地投放广告,强化了微电影广告与人们的生活场景之间的关联。因此,微电影一般都在互联网平台上播放,并通过植入广告的方式获得收益。由于微电

---

① 第 41 次《中国互联网发展状况统计报告》,(2018-01-31)[2021-12-17],http://www.cac.gov.cn/2018-01/31/c_1122347026.htm。

② 第 41 次《中国互联网发展状况统计报告》,(2018-01-31)[2021-12-17],http://www.cac.gov.cn/2018-01/31/c_1122347026.htm。

影既能为平台提供内容吸引点,又具有碎片化获取信息的优势,互联网平台也十分喜欢引入微电影,互联网平台与微电影之间构成了合作关系,它们共同的收益来源就是广告植入。例如,百事可乐主题的《把乐带回家》系列微电影在 2012 年就充分利用微博平台,在微博上推出了"微博回家季——把乐带回家"的留言活动,受到了用户的大量关注,微博下面的点击量、评论量迅速增加,取得了非常好的市场反响。[①]

虽然互联网微电影的广告植入收益具有良好的市场前景,但"微电影+电商"的收益模式不应只有广告植入收益,而应该扩展到市场潜力更大的领域——电商平台领域,这一点已经被业界人士所认同。例如新片场 CEO 尹兴良在新片场挂牌新三板时接受采访说:在视频里插入广告只是变现的"1.0"方式,向垂直化、电商化方向延展的空间更广阔。[②] 电商已经是互联网产业中的发展高地,2017 年 1—11 月,电商平台收入 2188 亿元,同比增长 43.4%。2017 年中国网上零售额再创历史新高,达到 7.18 万亿元,比上年增长 32.2%,增速比上年加快 6.0 个百分点。其中,实物商品网上零售额 54806 亿元,增速 28.0%,占社会消费品零售总额比重为 15.0%,比上年提高 2.4 个百分点。[③]从这些数据中我们可以看到电商行业蓬勃发展的态势,"微电影+电商"模式就是要搭上电商行业发展的快车,因此,将广告植入收益模式升级为电商平台收益模式是微电影从业者的必然选择,实现方法我们在前文中已经谈到,现在以新片场社区为案例分析电商平台收益模式的现有探索经验。

新片场社区是专业的影视创作人社区,为影视从业者提供线上项目交流机会,提供影视幕后剖析及教学知识服务,同时也举办线下比赛活动,向国内外各大电影节输送优秀作品。依托新片场社区的影视人才资源,场库作为新片场社区下属的短片创意库积累了许多高品质的微电影资源,用户在场库上可以分享高品质短片,举办创作人与观众的线下见面交流活动,依托短片分享平台场库。新片场传媒公司在 2012 年成立,于 2015 年登陆新三板,目前已

---

① 杨子璇:《新媒体时代微电影广告营销分析——以百事〈把乐带回家〉系列为例》,《新媒体研究》2017 年第 15 期。

② 《网络内容变现电商比广告植入更有"钱途"》,(2013-11-08)[2021-12-17],http://sh.qq.com/a/20131108/011649.htm。

③ 第 41 次《中国互联网络发展状况统计报告》,(2018-01-31)[2021-12-17],http://www.cac.gov.cn/2018-01/31/c_1122347026.htm。

经开辟了新片场影业、新片场微视频、新片场营销等业务板块。从新片场公司的布局来看,影视从业者与影视爱好者的交流社区是新片场的立足根基,微电影内容资源、影视投资经纪、线下影展活动都依托新片场社区的用户资源,互联网平台在整个商业模式中的作用就是搭建用户的线上社区平台,围绕社区平台所积累的内容资源,新片场已经开始实践内容变现问题。新片场社区对自己的定位就是内容生产者的服务商,服务商最重要的职责就是让内容生产者的内容商业化,让微电影的内容价值变现。[①] 最佳的变现方式不是广告植入而是垂直电商,因为广告植入极大浪费了社区平台的社交互动价值,让互联网平台沦为一个单纯的传媒平台。虽然目前新片场社区的业务仍是搭建以制作、投资、发行、营销、艺人经纪业务为主的影视产业链,但新片场已经开始尝试发挥新片场社区平台的电商价值。新片场提出要专注年轻人的生活方式,发掘视频内容的品牌价值,我们在精准把握年轻人的消费需求与微电影品牌价值的基础上,就可以像新片场CEO尹兴良所设想的那样将微电影的大量受众导入不同的垂直电商平台,实现精准电商营销。[②] 我们在前文批评了现有"微电影+电商"的第三种业态没有真正实现电商平台的定位,新片场当前的实践说明,只要坚持电商平台的发展理念,第三种业态中的微电影互联网平台可以凭借已经建立起来的微电影产业链优势快速把电商端口接入现有平台上,从而将流量导入垂直电商平台。因此,第三种业态虽然不是"微电影+电商"模式的最理想业态,但可以成为实践"微电影+电商"模式的落脚点,企业可以像新片场这样先在互联网平台上搭建微电影的完整产业链,然后向电商业务拓展,完成收益方式的升级。

五、电商微电影与线上线下的互动营销

微电影的主题与情节质量直接关乎观众流量,进而影响电商平台的运作,因此,微电影的主题立意十分重要。目前,微电影的内容主题十分丰富,

---

① 《网络内容变现电商比广告植入更有"钱途"》,(2013-11-08)[2021-12-17],http://sh. qq. com/a/20131108/011649. htm。

② 《网络内容变现电商比广告植入更有"钱途"》,(2013-11-08)[2021-12-17],http://sh. qq. com/a/20131108/011649. htm。

覆盖了爱情、悬疑、侦探、历史等诸多影视题材领域，像青春爱情主题、侦探悬疑主题都是目前市场反响比较好的选题。在众多主题中，有一类主题值得我们特别关注，那就是电商扶贫主题。近些年来，兴起了一批直接以"电商"为主题的微电影，这些微电影大多描述当地人经营电商的故事，并与地方扶贫工作紧密关联，例如甘肃秦安县的电商扶贫微电影《e路桃红》、湖北丹江口的电商扶贫微电影《我是一只青鸟》、湖北十堰的电商扶贫微电影《丹萍的梦想》、安徽省砀山县的电商励志微电影《我和电商有个约会》等。地方政府之所以扶持拍摄以电商扶贫为主题的微电影，是因为电商被视为地方脱贫致富的重要途径，可以为当地提供就业机会，人们可以通过电商平台把当地的产品卖出去，获得经济收入。微电影直接取材当地人的生活场景，描写当地人通过电商脱贫致富的故事，起到了地方宣传作用。那么，以电商为主题的微电影是否属于"微电影＋电商"的一种商业形态？

我们认为，以电商为主题的微电影不是"微电影＋电商"的一种商业形态。以电商为主题的微电影只取材电商主题，但除了发挥了形象宣传作用外，没有与电商业务发生实质关联，因此，从实际效果看，以电商为主题的微电影无法真正推动当地电商扶贫的发展。尽管如此，电商扶贫微电影的不足向我们探索"微电影＋电商"模式提了一个非常重要的新问题：微电影如何与电商线下活动相融合？改进现有电商扶贫微电影的不足也就是在改善微电影、电商线上平台、电商线下活动这三者间的商业关系。线上与线下的互动已经成为电商经济的基本模式，这也是电商被地方政府视作扶贫工作突破口的原因所在。电商平台可以解决落后地区缺乏营销渠道的问题，电商平台就是一个最佳的营销渠道，当地人可以在电商平台上把自己的产品卖出去；与此同时，电商平台也可以解决落后地区客流量不足的问题，当地人可以通过电商平台获得巨大的客流量。但是，现在大部分落后地区的电商布局均没有开发好，也没有利用好电商平台的流量资源，一方面电商平台的流量数量不够多，难以支撑地方零售业的发展，另一方面线上流量没有导入线下，难以带动地方经济的升级。一旦我们认识到这个问题，微电影就可以被我们打造为流量资源在电商平台线上线下互通导流的桥梁。

现在，我们要打造真正意义上的"电商微电影"。电商微电影不是以电商故事为题材的微电影，事实上，《e路桃红》《我是一只青鸟》《丹萍的梦想》《我

和电商有个约会》等微电影所讲的电商故事并不吸引人,也不会引起大众的关注,因此地方政府所希望达到的宣传效果根本无法实现,以电商为主题的微电影最终不会给当地电商带来实际流量,这完全与微电影的拍摄目的背道而驰了。所以说,电商微电影不在于主题是否与电商有关,而在于是否能够服务于电商,电商微电影的选题必须以吸引电商流量为出发点。那么,为了吸引流量,电商微电影是否一定得选择当下流行的青春、悬疑等娱乐主题?从电商微电影的主要投资主体——致力于发展电商扶贫工作的地方政府的角度看,一般的大众娱乐主题并不一定是电商微电影的最佳选题,因为以地方扶贫为目标的电商微电影还要充分考虑电商流量与线下经济活动的关系,当地人不仅需要在电商平台上卖产品,还需要外地人能够来到当地带动地方经济的发展。我们认为,以电商微电影带动地方特色旅游是"微电影+电商"模式中线上线下互动营销的可能实践途径。为此,电商微电影的选题需要充分考虑当地具有旅游卖点的特色文化、特色产品、特色环境,定位小而精的特色旅游,瞄准周边旅游市场,用微电影有趣的故事情节、精致的制作拍摄来积累互联网口碑,首先在线上推广旅游产品,然后在线下举办旅游推广活动,最终实现线上电商零售与线下旅游体验相结合的营销。

如果我们把电商微电影作为一个独特的商业模式来看待,那么它在"微电影+电商"的逻辑下最主要的特征是靠微电影带动的线上线下的互动营销,这恰恰是当前各地拍摄的电商主题微电影的不足之处。只有补齐了这块短板,电商微电影才能发挥实际经济效益,才能为地方脱贫工作做出实际贡献。由此推之,线上线下的互动营销是"微电影+电商"不可或缺的运作方式,特别是在淘宝、天猫、京东、苏宁易购等大型电商平台都开始倡导建设线上线下一体化的新电商零售平台的大背景下,"微电影+电商"更需要重视线上线下两个平台的联合。事实上,受益于微电影的内容优势,"微电影+电商"模式天然具有开发线上线下互动营销的强大能力,因为线下平台的核心特征是消费者的文化体验,微电影的优质故事内容可以成为线下文化体验的设计来源,文化体验式旅游是微电影与电商线下融合的最佳业态。例如,我们在分析地方电商扶贫工作时已经指出,线下体验的形式主要是当地特色旅游,微电影的故事设计可以与当地特色旅游产业相结合,用微电影的互联网传播带动地方旅游业发展。除此之外,我们还可以更深入地开发"微电影+

电商"模式的线下拓展业务,"微电影＋电商"的线下业务还有很大的市场空间,其中最值得关注的业务类型就是体验式文化主题公园。① 如果一个系列微电影拥有一大批"粉丝",并且我们可以从微电影中提炼出品牌形象IP与核心文化要素,那么我们就可以建设体验式文化主题公园,发展文化旅游产业。主题公园的线下体验场景可以与电商线上平台充分对接,人们可以边体验边消费,线上微电影的播放带来持久的客流量,线下的深度体验又能强化消费者的线上购买欲与品牌商品的关注度,最终达成了线上线下的双向互动营销。我们相信,在新电商零售的市场潮流下,以文化体验式旅游为代表的线上线下互动营销模式将成为"微电影＋电商"模式的主要实践领域,特别是体验式文化主题公园将推动"微电影＋电商"与旅游业结合,最终重新塑造微电影内容产业、电商零售产业、旅游业这三个产业。

---

① 陈少峰、黄向军:《微电影的商业模式创新》,《艺术百家》2016年第3期,第81—85页。

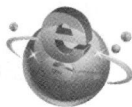

第十章　互联网文创电商与企业商业模式创新

　　互联网文创电商不是简单地在某个新的市场领域营销文化产品,也不是简单地把某些新元素组合成新文化产品。互联网文创电商的实质是要实现内容、市场、资本和技术等关键要素在文化产业发展中的聚集、互动、融合和创新,因此互联网文创电商的成功关键依然在于商业模式,即,必须在根本上把握文化产业自身的发展规律与需要融合的新领域的产业特征,在此基础上寻找可以融合的切合点,形成适应新形势的商业模式。企业需要在战略谋划、业务拓展、产品更新等方面,与商业模式创新取得某种合理平衡,特别是在社会生活、市场需求和产业环境发生重大变化时,文化企业应主动调整战略,并相应地进行产品、业务以及商业模式调整。

一、关注文化产业领域的新变化

　　当前,无论是从政策环境还是从投资机构的态度来看,文化企业都面临发展的良好契机。然而,对于任何一个企业,要真正用好互联网文创电商,做到持续盈利,根本上还是需要探索出合理可行的商业模式。如何通过商业模式设计与创新实现企业持续快速成长,从而获得投资机构的投资或者登陆资本市场,也是众多文化产业企业和投资机构高度关注的问题。透视企业商业模式的基本状况和商业模式创新的特点,最重要的是理解和把握商业模式创新的变化或走向。

（一）影视领域的变化

进入新时代以来，影视文化消费仍然是大众日常生活的关键部分，这与中国人的生活方式特别是娱乐方式变化是相互促进、相互作用的。在影视领域，尤其在电视节目的变化、电视剧的类型化、电视节目的分成模式、网络院线等方面呈现出一些新的气象。

1. 电视节目的变化

电视节目的变化在很大程度上是中国人娱乐方式变化的一个缩影。我们看电视节目的发展，可以看到当下电视节目的走向相对于以往已经有了重要的变化。

其一，电视剧的娱乐方式发生重大变化。从以电视作为观看的终端转变为电视观看和网络观看的双峰并峙，网络和电视的互动日益紧密。这体现在通过网络视频观看电视剧的人群日益扩大。年轻人在很多时候是通过视频网站观看电视剧的，而且这种趋势有增无减。这是人们娱乐方式的巨大转变。人们开始把固定在家里的电视机前的观看方式转化为不拘地点、时间的网络观看，而使用的终端常常是各种移动终端，如手机或平板电脑。这些新的终端可以让人们自由地选择观看电视剧的时间。而网络也对电视发挥着重要的影响，网络中的吐槽、议论、评价和聚焦都会对电视剧和电视节目的口碑产生重大影响；网络的语言和文化潮流随着对年轻人产生影响而对电视施加影响。现在网络观看已经成为电视剧的重要的观看方式。随着网络视频的发展和人们网络版权保护意识的增强，网站也有意愿加大对电视剧的投入。电视剧也就从传统的卖片模式向更复杂的收益模式转化，网站的支撑也逐渐开始引人注目。未来网站介入电视剧的制作过程也只是时间问题。这其实也在迅速地改变观众的观看习惯，同时为非电视剧观众加入其中创造了条件。电视剧开始有了更为广阔的空间，而将来的电视剧的形态和运作模式也将由于这样的变化而有其新的路径。[1]

其二，青少年观众群体对电视产业的影响越来越大。由于现在收看电视

---

① 张颐武：《电视剧走向何方》，（2012-11-21）[2021-12-17]，http://blog.sina.com.cn/s/blog_47383f2d0102e227.html。

节目不再需要固定在电视机面前和固定时间段内,因此一批新的观众开始基于网络条件介入电视节目的观看,他们对电视节目的影响巨大。一是"80后""90后""00后"观众开始对电视剧有了越来越大的影响力和发言权。以前,电视的观众一直是年龄偏大的人。他们对电视的忠诚度最高,对收视的影响力最大。现在"80后""90后""00后"年轻人的影响一直在扩大,这种扩大几年来一直在持续,湖南、东方、浙江、江苏等卫视的影响力实际上都来自青少年观众的介入。可以说,这些卫视虽然也有传统的观众,但年轻观众的"增量"才是它们实现增长的关键因素。原本,电视传统的"黄金时间"段,如晚间8点档,在某种程度上是主流观众的天下,而现在像晚间10点以后原来不受重视的时间受到了越来越多的关注。青少年的网络购买力和在线消费意愿远远高于中年以上的人群,他们是广告主关注的对象。在中国这样的电视环境下,这一点实际上有着关键性的作用。电视广告在很大程度上是着眼于青少年来设计的,因此从节目形态到编排都受到年轻人的影响。这一转变会长远地在电视领域中发挥作用。年轻人的趣味和要求必然会投射在电视节目中。二是电视节目这些年来的"中产化"走向趋势明显,三、四线城市和城镇的中产化快速发展对电视节目发展产生新的影响。这形成了对中等收入者生活的持续关注,而许多类型也是符合他们的想象和期望的。

其三,综艺电视节目的分成模式也在悄然变革。比如《中国好声音》和浙江卫视的合作,是国内首次出现的投资分成合作模式。投资方灿星制作公司打破了电视台垄断广告的地位,不再只赚取一定的制作费用而由强势的电视台独赚巨额广告费。所有的节目投入、版权费和制作费都由灿星制作公司承担,如果亏损,制作公司承担,若是盈利,便和电视台分成。如图10-1所示。

导师的收入模式是技术入股和音乐下载分红。整个导师团队跟节目后期的市场开发捆绑在一起,把导师在这档节目当中的参与和投入作为他的投资。日后学员出唱片、开演唱会、国内外巡回演出的收入,导师都有分红。而学员通过音乐下载得到认可之后,从中分红,这样至少有了一笔启动资金可以去制作新的音乐,形成良性循环。整个节目通过跟电视台的广告分成、与网络的版权交易、实力选手后续开发以及移动彩铃等音乐相关衍生产品的打造来赢得市场的回报,使制作方、电视台、导师、学员等多方受益。节目成功是导师、学员、灿星、中国移动、音频视频网站的盛宴。

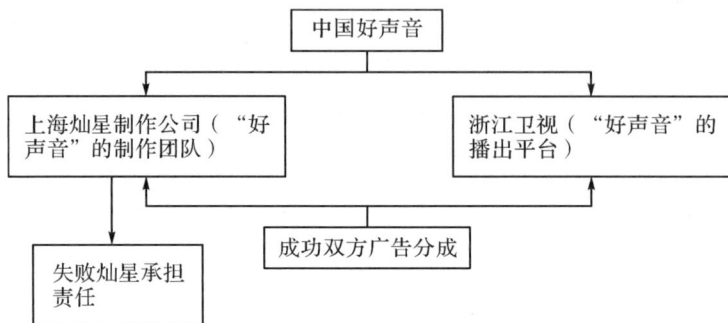

图 10-1 《中国好声音》的分成模式

2.院线与电商的联合

在电影领域,电影产业链收入在电商平台上占了较大的比例。这些年,9.9元、19.9元的特价电影票屡见不鲜,各种售票平台也常常开展促销活动。商业合作要互利互惠才能长久,院线通过电商平台提高了票房收入,电商平台通过电影票促销提高了使用量,院线与电商的联手达到了共赢的目标。

3.网络院线的推进

长期以来,我国影院银幕数还无法充分满足市场影片消费的需求(尤其是城镇和农村市场),由此,腾讯、激动、迅雷、暴风影音、PPTV、PPS、优酷网、凤凰视频等互联网公司联合组建了电影网络院线发行联盟。该联盟将为大量无法进入传统院线的中小成本影片提供更广阔的数字发行渠道,并逐渐发展为传统电影院线之外的第二院线。该联盟提出三个统一的理念,即统一上线时间、统一播放品质、统一资费,从而推进影视剧的付费点播模式。电影网络院线发行联盟成员已经拥有国内较全的影视剧版权库。其中乐视网版权库已经拥有5万多集电视剧、4000多部电影,拿到了国内大约60%的热门电影、电视剧的独家网络版权。

(二)出版领域的变化

毋庸置疑,数字出版已成为当今出版业发展最为迅速、最具潜力的领域之一。从产业链角度看,传统书刊企业萎缩仍在继续,这是不以人的意志为转移的。出现这种状态的深刻原因是新的传播方式的出现和人们阅读习惯

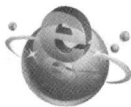

的变化。随着近年来科技水平的飞速发展,数字出版在全球范围内都得到了蓬勃发展,在美国和欧洲电子书的销量都远远超过了纸质书,世界出版业在发生着翻天覆地的变化。未来的社会化阅读是以读者个人的数字化阅读为中心的,这就需要:第一,能够精准把握内容需求;第二,内容的高效提供;第三,基于兴趣爱好形成内容。数字出版是基于数字内容的一种服务,它应按以上顺序满足几个层面:一是满足对内容的传播;二是表现的手法实现数字化;三是基于阅读的数字化服务。

如何通过数字化,使广大用户能够接受除了文字图片以外的多媒体阅读方式,进一步提升体验价值? 其实,文字、声音、图像都是媒介,可以传播信息。好的文化产品完全可以通过声音得到有效的传递,加上足够多的受众,如何挖掘声音是非常重要的。同样是手机运营商的中国移动,在数字出版行业里发展十分迅猛,其中最有力的例证就是各类手机阅读产品的火爆。

随着互联网及移动互联网的飞速发展,数字出版行业的用户需求及消费市场都在迅速成长。数字出版已经成为越来越受各界关注的行业,数字阅读消费需求日益旺盛,数字出版产业规模不断扩大,数字出版产品形态日益丰富。数字出版行业发展的特点表现为以下几方面:[①]

第一,集群式发展促产业链融合。近些年来,随着数字出版产业的迅猛发展,政府批复成立了多种类型的与数字出版相关的产业基地,集群式发展已初步呈现。同时,不少传统出版企业加速数字化转型、整合内容和技术资源,加速推动传统出版与数字出版的深度融合,加速推动多种传播载体的整合,加速数字化生产方式及传播方式的改造。

第二,多形态终端促复合式出版。全球范围内以电子阅读器、平板电脑及智能手机为代表的三大移动数字阅读终端销量出现大幅度增长,这为数字出版创立了良好的硬件基础与阅读条件。当前,很多优质内容得以在纸质书、电子书阅读器、PC、平板电脑及手机上复合式呈现,全面覆盖不同的数字阅读人群。

第三,手机出版方兴未艾。手机出版收入名列第一,这当然与其所包含的范围(彩信、彩铃、手机报纸、手机期刊、手机小说、手机动漫、手机游戏等)

---

① 陈永东:《数字出版创新商业模式新解》,《出版广角》2012 年第 10 期。

广泛有关,但也说明移动互联网大发展背景下手机出版市场潜力巨大。

第四,娱乐化内容消费突出。近五年来,网络游戏销售收入位于数字出版产业收入前三名,加上同为前三名的手机出版中的手机游戏、手机音乐、手机视频亦为娱乐类内容,这表明数字出版的娱乐化内容消费非常突出。

第五,碎片化内容消费流行。随着生活工作节奏的加快,时间被"碎片化",伴随而来的是阅读的碎片化。同时,各类移动终端的普及也加速了碎片化阅读的发展,如微博、博客、视频及电子图书阅读等,都呈现出碎片化的特点。

然而,数字出版领域的商业模式创新已成为当下出版企业无法回避的关键问题。目前,国内数字出版收入构成中,手机出版、网络游戏和互联网广告三大块在数字出版行业各子领域中遥遥领先。最具代表性的数字出版企业当数亚马逊、苹果、谷歌[1]、爱思唯尔及赛伦纸五大模式,国内出版企业受这五大模式的影响最大。[2]

第一,亚马逊模式。亚马逊同时销售阅读终端(Kindle)及电子图书,两者相互促进。它更侧重于电子图书的销售,有自己独特的平台,有硬件终端,有较成熟的分成模式。国内的汉王、盛大、当当及京东等多数模仿亚马逊模式。亚马逊正在凭借其渠道优势企图摆脱传统出版商,对传统出版商形成强大冲击。

第二,苹果模式。苹果模式是一种较综合的模式,其在技术、平台及营销等方面全方位地涉足数字出版。特别是其应用商店模式开了数字内容消费的先河,其在平台、终端、开放内容接口及分成方式方面都较为成熟。截至2012年6月,苹果App Store的应用数量已经达到65万个,下载累计300亿次。目前,更多的互联网企业在借鉴苹果模式。

第三,谷歌模式。谷歌既有"数字图书馆",又有应用商店模式。其中,在数字图书馆模式中,谷歌非常注重与出版商的合作,只提取10%的分成。谷歌得益于其开放操作系统安卓的风靡,建立起了与苹果旗鼓相当的应用程序商店。

第四,爱思唯尔模式。该模式是典型的"专业数据库"模式,以整合与销售电子资源数据库出版物为主。国内电子资源、电子期刊等专业数据库拥有

---

[1]　苹果、谷歌、亚马逊相继建立了独立于传统出版体系的平台:苹果的App Store、谷歌安卓的Play Store、亚马逊的Kindle平台。

[2]　陈永东:《数字出版创新商业模式新解》,《出版广角》2012年第10期。

企业,以模仿爱思唯尔为主。该模式的关键在于其拥有资源的不可替代价值。

第五,赛伦纸模式。赛伦纸模式的定位是传统出版中纸的替代品。该模式将电子阅读器成本与权利人应获得的版税共同计算进电子书的成本。将电子书按本销售,并遵循纸书的码洋定价原则,考虑消费者的利益,设计出多方共赢的商用模式。该模式仍保留了大部分传统的图书出版模式,较好地解决了电子图书定价、版税、发行等问题。

总体来看,这五种数字出版模式都是与互联网文创电商融为一体的,它们从两个层面上颠覆了传统出版业:其一,知识不再以单一的图书形式存在,而是以数字内容体系存在。如在 Kindle 平台,读者可以通过个人图书馆从海量图书中挑选感兴趣的章节阅读;通过知识链接从一本书跳跃到维基百科或者其他图书;通过智能内容扫描进行选择性阅读,打破图书的线性叙事结构;可以在欣赏音乐电影之余浏览图书,也可以从电影观影、新闻浏览中切换到图书章节的阅读;等等。其二,出版的附加价值是以电商为支撑的。传统出版是以单体"书"为核心载体的,一本书的书名和版权成为读者认知的核心,也是商业模式的基础。而数字出版则是建立在电商平台之上的"卖书＋卖体验"的综合化运作。

(三)艺术品领域的变化

随着人们生活品质的普遍提高,近年来消费性艺术品市场开始兴起。消费性艺术品交易出现放量,同时艺术衍生产品的数量在持续增加,质量也在不断提高,最典型的是重要艺术家的作品的复制版画销售力度加大。艺术品真正的需求是属于消费性的,消费性需求必然受制于社会整体的资金状况。艺术品大众化是一种社会趋势,不仅随着品牌向二、三线城市推进,而且多元化营销方式也逐渐展现在世人面前。越来越多的顾客,已经通过各种形式去了解这个市场,为奢侈品揭下神秘面纱,如书写工具、高端休闲运动用品、家庭装饰摆设等都显示出极高的要求。

从长期来看,中国艺术品市场还处于刚起步的阶段,对不同层次艺术品的需求将会越来越旺盛,相应的艺术品电商也会持续活跃。艺术品电商整合,可以使艺术品市场变得更加规范,从而再上一个新台阶。奢侈品由于其有着消费品的本性,精神需求和物质需求变得同样重要,所以将艺术品搬上电商平台,为更多人去享受和拥有。

在众多电商平台上,艺术品与工艺美术品等文化产品蓬勃兴起并快速发展,而电子商城等平台出现了文化内容植入后再衍生开发产品的趋势,比如将时下流行的动漫周边元素、电影周边元素等融入产品中。这种文创电商的出现,可以逐步改变现阶段传统电商附加值低的状况,是解决电商企业恶性降价竞争和假货泛滥等问题的有效途径。

随着艺术品电商的介入,拍卖市场经历结构性调整。拍卖市场通过盘整,使艺术品的价值得以回归,挤掉一部分泡沫。拍卖市场主要表现为拍品种类的多元化,除了书画、瓷杂这些传统拍品外,现当代工艺品、古玩等历史文化价值突出的艺术品在市场上的份额继续加大。市场对作品本身的品质要求越来越高,无论艺术家成名与否,市场越来越理性和挑剔,品质的好坏直接决定作品的气场。

当然,艺术品电商可以与艺术品金融同步发展。艺术品金融主要体现在文化艺术品基金上。基金是金融化的一个步骤,它把社会上的货币、人才和资源重新进行整合。基金是一种成熟的金融工具,资金由银行托管,老百姓可以利用专家委员会的专业能力来做投资。基金一旦形成,这种法人治理结构的规范性、公开性和信用评级会高于一般的企业,这样文化产权交易所的市场主体就会形成。等一批成熟的市场主体出现的时候,以艺术品电商为主的线上产权交易的重要性将日益显现。

二、重视对必然趋势的分析

企业的商业模式,不仅要看现状,更要看趋势,包括未来的成长空间和竞争格局。企业在做战略决策时需要以新的必然趋势为依据。有目标、有系统的创新始于对机遇的分析[1],而对机遇的分析则始于对创新机遇的来源如内容、渠道、技术、人口结构、可支配收入、营销等变化进行透彻的思考。

---

[1]　彼得·德鲁克:《21世纪的管理挑战》,机械工业出版社 2009 年版,第 37 页。

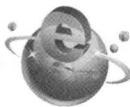

（一）内容的大众化

内容的大众化就是紧紧把握市场的需求，坚持以大众需求为导向，重视满足青少年等主流消费者的文化精神需求。要锁定核心顾客的消费需求和创意生活，同时综合运用渠道资源，分类提供各层次产品和服务，全方位覆盖相关消费需求。大众化应重点从内容方面思考和策划开发有体验价值的文化产品。

其一，注重娱乐性、参与性、体验性、时尚性。充分利用和挖掘内容产品的体验价值，满足消费者的休闲娱乐需求。例如：音乐企业的音乐体验是全景式体验，包括全类型音乐体验、驻地观赏体验、驻场互动体验、自主体验、音乐茶座及关联体验、活动观赏体验、活动参与体验、与明星互动体验、新媒体体验、鉴赏与教育体验、VR体验、线上线下互动等体验形态和类别。

其二，注重青少年内容体验、教育、普及与推广。抓住青少年这一主流消费群体，根据其注重节奏、时尚、互动、体验等消费特点，设计相应的产业链环节、文化产品和消费项目，丰富和扩大娱乐性要素的适用空间。

其三，开发或挖掘特色体验项目，形成差异化。根据创意内容等资源的特点，以企业为运作主体开发具有差异化的、可持续的、具有知识产权和品牌价值的项目，并形成无形资产积累和品牌沉淀。比如，电影类型化有一套完整的工业体系的支撑，有高度专业化的分工和成熟的营销体系。

（二）渠道的平台化

企业要致力于打造物理平台与虚拟平台，通过打造物理平台和虚拟平台，形成平台的联动和资源整合。如苹果公司打造了一系列平台，包括软件商店、音乐下载的平台。应重点从渠道角度思考和策划建设若干个平台，至少包括内容交易平台、内容传播平台、经营管理人才培养平台、创业融资支持平台、创意产品交易平台等。

其一，内容交易平台。通过建设版权交易中心，鼓励和吸引文化艺术原创者进行相关的内容创作，广泛吸收和引入国内外优秀的原创作品和专业人才，为企业品牌建设增加最具分量的版权内容、人才和活动资源。

其二,内容传播平台。注重通过文化创意和文化品牌来挖掘已有资源,有效整合新资源,使新创自主品牌与企业和项目品牌都具有品牌影响力,并且相互之间形成品牌联动。例如:音乐科技企业可以促进音乐与科技的融合,建立音乐下载服务平台;实施音乐云计划,促进和实现数字音乐产品在家庭数字电视、营业 KTV 乃至整个互联网(含无线互联网)等网络及终端体系的版权保护和销售。

其三,经营管理人才培养平台。可以采取合作培养、奖励、扶持补贴等多种形式,支持和鼓励与高校对接培养相关产业短缺人才,重点培养相应文化企业的经营管理、经纪、培训、活动策划组织等的各类人才。支持国内外知名院校与文化企业合作创设文化产业人才培养基地和经理人培训班。

其四,创业融资支持平台。设立文化产业投资基金,委托投资公司管理该基金,提高基金使用效益,并适当吸收各种社会资金,由投资委员会评估决策投资方向。投资公司负责园区所设立的文化产业投资基金,协助用于对创业者的奖励、对创业者的扶持、对重点创业企业给予适当的租金减免等优惠,以及对补贴性项目和公益性项目的审核与资金投放等。

其五,创意产品交易平台。该平台作为企业的创意产品和工艺品集散地,通过现场和网络等方式,展示、交流和销售相关创意产品及工艺品。在发挥整合优势的基础上,通过举办大型交易博览会和发展电商,构筑连接海内外的创意产品展销基地,抢占产品竞争的制高点,并为企业的永续发展提供市场基础。

(三)技术的数字化、网络化与智能化

在产业选择上,要注重区分成长型行业、成熟型行业和走下坡路的行业。某个行业,如果对产品(包括服务)的需求比国民收入或人口的增速快,它就是成长型行业。还是这个行业,如果对其产品或服务的需求与国民收入或人口的增速一样快,它就是成熟的行业。仍旧是这个行业,如果对其产品或服务的需求比国民收入或人口的增速慢,即使它的绝对销售额仍旧继续增加,它也是"走下坡路"的行业。

由此判断,数字化、网络化和智能化的行业无疑属于成长型行业。从数字

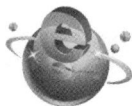

出版领域就可见一斑。数字出版是集内容与技术于一体的复合型产业,数字技术应用于终端、应用于平台、应用于渠道,带动内容产业不断创新,推动整个产业链向前发展。人工智能技术重塑出版流程、IP运营将实现从量变到质变跨越升级、数字教育出版生态圈逐步形成、学术期刊集群化向纵深发展等,各出版单位在融合发展方面的成绩和实力将分出伯仲,形成的分水岭考验着各家出版单位的内容生产水平、技术应用水平、运营能力以及资本运作能力。①

其一,电子书进入高速增长期。随着当当网、京东商城、亚马逊中国、盛大文学云中书城的进入与尝试,投送平台将会与出版单位协力推动电子书产业快速发展。有关电子书的分成方案、定价机制、电子阅读器与实体内容的无缝链接、便捷的下载与支付体验等,都有待进一步探索。随着电子书产业的升温,配以相关背景资料、音视频文件等的强化电子书也将成为数字内容生产的重点,届时,阅读不仅仅是阅读,还将成为一种交互、沉浸式的体验过程。

其二,5G和6G助推移动互联跃上新高度。互联网的带宽决定了其向移动互联网迁移的速度。数字出版中需要大网速传送的内容会获得更好的用户体验,这为数字内容的深化开发与推广提供了支持。5G和6G时代,无线网络将会与有线互联网一样快捷,而手持、移动的便捷属性又使手机拥有PC终端所无法比拟的优势,传统的PC终端商业模式将遭遇移动互联网带来的强大挑战,数字出版走向移动化将得到更多体现。

其三,人工智能获得大范围应用。智能语音技术将在未来5年成为终端领域最为重要的应用技术。智能语音在数字终端中的应用使数字产品不再是冷冰冰的机器,而像人的"助手",拥有思考能力和对话能力的智能机器人将成为消费新宠。MEMS(Micro-Electro-Mechanical System,微机电系统)传感技术有望成为标配。目前MEMS传感技术开发者正在尝试着将更多的传感应用加入数字终端中,如磁力、压力、温度、湿度传感器等,传感器有望成为未来电子消费产品的标配。智能手机、平板电脑、游戏机、智能电视、个人健身应用等都将成为这一市场多元化的驱动力,在影像、声音、位置、方向、加速度等方面的开发上,有巨大的应用空间。

---

① 郝振省:《2016—2017中国数字出版产业年度报告》,(2017-07-14)[2021-12-17],http://www.gapp.gov.cn/sapprft/govpublic/6954/339730.shtml。

其四,云服务逐步推广。云服务是互联网发展的趋势,在数字出版领域可提供资源、平台、应用三类基础服务。云服务可以在以下两个方面助力数字出版:第一,为数字出版产业达成合作联盟,统一行业标准,完善产业链分工,优化存储,高效利用和使用资源,提供更好和更便捷的服务。第二,通过搭建数字出版云计算平台,整合文化及数字出版业现有信息化应用系统,建设以高效内容提供商、系统集成商、终端设备提供商、用户、监管者等为主要角色的出版云生态系统,完善产业生态,从根本上提高数字出版业的科技水平和信息化水平。

其五,数字终端走向网络化、智能化、融合化。移动网络实现万物互联之后,一切具备屏功能的产品,皆有可能成为数字终端。数字终端技术推动终端产品不断走向智能化,终端操控从键盘、鼠标向触控、音控、体感发展,人机交互设计不断深入。未来终端不再仅以键盘、屏幕和指令等传统形态存在,还逐步向人工智能领域深入拓展。由于数字终端的网络化和多功能化,终端性能融合已成为重要趋势,数字出版跨平台应用越来越普遍,智能手机、平板电脑及智能电视这三个产业将走向融合。

(四)人口结构的老龄化

任何战略都必须以人口统计数字为出发点,而且首先要考虑到越来越低的人口出生率,而战略就是投入今天的资源实现明天的希望,这也是战略的真正意义所在。[①]

民政部公布的《2016年社会服务发展统计公报》显示,截至2016年底,全国60岁及以上老年人口达23086万人,占总人口的16.7%,其中65岁及以上人口达15003万人,占总人口的10.8%。同时,中国人口老龄化存在"未富先老"、社会保障制度不完善、城乡和区域发展不平衡、家庭养老功能弱化等问题,社会养老服务体系建设任务十分繁重。目前,中国城市老人的空巢率接近一半,达到49.7%。农村过去没有这种现象,但随着农民工大量外出务工,农村老人空巢率也达到38.3%,并且上升速度比城市更快。现在老人空

---

① 彼得·德鲁克:《21世纪的管理挑战》,机械工业出版社2009年版,第37页。

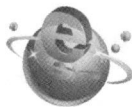

巢,不仅是情感上的缺失,所需要的服务也没有更多家庭成员来保障和供给,对老年人的生活也是一个很大的缺失。发展家庭机器人和互联网文创电商,通过联网运营真正能够做到把家庭和机构这两种养老的模式融合在一起,这是一种可以探索和实践的模式。在国内,存在养老需求、具有一定积蓄的 60 岁以上人口有近千万,养老服务的市场空间和潜力巨大,养老服务产业的产业链较长,包括公寓、医疗、护理、食品、用品、运动、娱乐、教育、保险、旅游等若干领域。

(五)可支配收入的年轻化

在可支配收入的分配上,顾客的价值观和决策应是企业进行管理决策的基础。随着人们收入水平的提高和社会保障的逐步完善,休闲娱乐消费在经济巨大扩展浪潮中所占的比例越来越高,特别是青少年实际可支配收入是新兴文化产业消费的重要支撑。

在我国,青少年一直是最重要的文化消费群体,不仅决定文化产业规模,还决定产品开发和商业模式创新的基本走向。青少年喜欢什么,什么就是朝阳产业,这是中国文化消费中最突出的特点。因而青少年生活方式的变动中孕育着系列化的商机,需要文化企业特别加以重视。青少年主要以独生子女为主,消费能力相对较强。现在青少年跟 20 世纪七八十年代的孩子有非常大的消费差别,这体现了一个趋势或现象,即收入权和收入支配权的分离。现在的青少年在文化消费中投入的钱很多,因为以独生子女为主,得到父母和长辈的爱护和消费支持,因此青少年敢于消费。在"四二一"结构的家庭中,没有收入的孩子后面还有 6 个以上的赞助商——父、母、爷爷、奶奶、外公、外婆。因此他们敢于并善于消费。比如奢侈品领域,在国外 40 岁以上的人买了占 70% 的奢侈品,中国是 40 岁以下的人买了占 70% 多的奢侈品。15 岁至 35 岁的青少年的消费支出占据文化产业消费的 75% 以上的份额。

作为主流消费者,青少年追求互动体验的文化生活形态的变化趋势值得重视。随着消费者的需求变动,企业需要不断研究这种变动趋势。比如,当今以"网生代"为主体的青少年群体,越来越依赖移动互联网和手机,越来越重视一些互动性强的体验和综合化的娱乐,这就要求企业在开发产品时要适应这些特点。另外,重视速度、节奏等因素要求企业在制作文化内容产品时,一定要考虑故事情节演进的节奏,以及音乐的快节奏等。青少年喜欢跟新技术结合起来的东西,他们喜欢的东西内容丰富且节奏感强——要有感觉,要有新技术,要比较时尚,要有明星,有好多种元素都是以前没有的,并且所喜欢的东西要表现出来。作为主流消费者,青少年已经不是传统意义上的被动接受的消费者,而是属于要求参与和高度体验的消费者,因而要求对传统娱乐的节目形态进行调整。善于把握参与性和体验性的商业模式,才能不断获得成功。

(六)营销的全球化

文化产业跨地域的特点,要求企业必须放宽眼界,积极参与全球竞争。世界经济日趋全球化,企业再也不能按照国家经济和国家疆界规定自己的经营范围,必须站在世界的高度,按行业和服务定义经营范围。所有企业都必须将全球竞争力视为一项战略目标。必须以同行业内表现最优秀的企业为标准,只有这样才能在激烈竞争中立于不败之地。企业要牢记的第一条准则是,不要做任何与发展趋势背道而驰的事情,不要被各种"优惠条件"所惑,因为优惠条件经常会是某种陷阱。另一条准则是,只有目标企业符合本公司的经营之道和总体发展战略,才可以采用参股企业的方式,特别是采用收购的方式在全球范围内扩张或发展业务。[①] 全球化的市场不仅需要海陆空的畅流,更需要电商平台的高效支撑。

如今,"一带一路"国家战略为文化产业的发展带来了新机遇。"一带一路"作为综合性战略提供了市场、交通、人才等各个方面的政策红利,特别是"一带一路"沿线的广阔地域提供了丰富的可供开发的文化资源,这为文化产业创造了良好的发展条件。遗憾的是,现在还没有人把"一带一路"的业务整合起来,"一带一路"沿线各国、各地区拥有不同的文化艺术形式,例如伊斯兰艺术、印度艺术、佛教艺术、基督教艺术等,如果把沿线每个地方视为一个节点,那么我们可以把这些不同艺术形式组合在一起,通过互联网文创电商进行整体性的开发利用。艺术组合不是简单地把不同艺术拼凑在一起,而是要寻找艺术的契合点来实现有机组合。从内容上看,艺术组合强调共同的文化

---

① 彼得·德鲁克:《21世纪的管理挑战》,机械工业出版社2009年版,第56页。

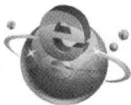

主题,陆上丝绸之路与海上丝绸之路就是现有的文化主题,可以通过这两个历史主题把各民族文化统合在一起进行联合开发。此外我们还要策划新的文化主题,例如海洋文化主题、佛教文化主题、陶瓷文化主题等,通过策划新的文化主题在现有艺术资源中不断组合出新的艺术集合体,从而实现艺术开发的可持续发展。从形式上看,艺术组合也强调多种艺术形式的组合开发,把画作、影视、雕塑、日常器物、文艺表演等多种艺术形式结合在一起全方位展示不同民族的艺术特征,一方面增加艺术的公众吸引力,另一方面拓展艺术的开发渠道。围绕"一带一路"倡议,沿线城市可以举办各种主题的文化艺术博览会,也可以建设相关主题的文化产业园,而旅游资源的开发、传统手工艺品的创新、互联网平台的应用无疑给文化创意公司带来了新的发展机遇,文化创意公司可以将各种创意理念、现代传媒工具与"一带一路"沿线的文化要素相结合,凭借"一带一路"的政策红利寻求新的市场空间。事实上,诸多文化企业和地方政府已经着手利用"一带一路"倡议的政策优势来发展壮大文化产业,"一带一路"倡议不仅推动了诸多文化创意企业的崛起与发展,从宏观的角度讲,它也推动了中国文化和中国文化企业走出国门,通过与其他"一带一路"沿线国家与地区的合作,中国文化企业将赢得更大的国际市场,中国文化品牌也将获得更多国家民族的认同。

三、把握商业模式创新的方法

重视对必然趋势的分析,了解文化企业商业模式创新的基本脉络,还需要在具体方法上有所突破。

(一)以企业整体价值提升为指向

按照前面分析的全产业链经营的理念,企业经营应以企业整体价值实现为商业模式的指导,形成综合集聚效应。① 具体说来,企业包括以下几个盈利

① 陈少峰、张立波:《文化产业商业模式》,北京大学出版社 2011 年版,第 181 页。

环节和增长点:其一,提供专业化的文化产品交易服务。以平台建设为基础,提供专业的文化产品交易服务、交易会展和交流服务、艺术家以及作品推介服务、文化产品物流服务等。其二,与文化产业投资企业、文化金融服务企业等合作,开展资本运作并上市发展。其三,提供商业物业服务,如出租会议中心、培训中心和商务楼宇获取收入。其四,规模化经营的扩展,通过核心内容和业务的扩展来提升专业化水平和附加价值。

例如,音乐服务企业以音乐现场体验(LIVE)和参与为核心,打造系列产品。通过打造参与性和体验性强的若干核心活动品牌,吸引本地和外地音乐爱好者和音乐消费者全面参与,形成集聚人气的氛围。以具有独特性的音乐产品及其产业链结构的商业模式,依托物理平台和商业平台,充分挖掘资源和潜力,形成主题公园及其联动发展的商业模式。再如,某种文化 Mall 的收益可以分为如下几块:自营部分,包括书城销售图书和音像制品的线上线下销售收入、电子阅览室的会费收入、青少年活动中心的门票收入;影城、剧院、音乐厅、商贸城、文化主题公园等的招商租金收入;提供演艺会场、美术展览、展会场地出租的会展收入;写字楼、酒店式公寓的租金收入。其中,自营部分是该文化 Mall 的核心资源,但有时可能不是主要盈利点,其他三个部分的收入却可以弥补这一部分,以实现企业整体盈利。

(二)注重对非顾客的挖掘

在文化企业竞争中,非顾客(non customer)越来越显得与顾客一样重要。规模最大的企业(政府垄断企业除外)的非顾客的数量也远远超过了它的顾客的数量。企业的市场占有率很少能够超过 30%。因此,大多数企业的非顾客数量至少占潜在市场的 70%。然而,对非顾客有一星半点了解的企业非常少,知道他们为什么没有成为顾客的企业更是少之又少。因此,非顾客始终都是商业模式变革和创新的原动力。[①]

管理层的出发点不再是自己的产品或服务,甚至也不是产品或服务的已知市场和最终用途。出发点应该落在顾客认定有价值的方面。出发点应该

---

① 彼得·德鲁克:《管理的实践》,机械工业出版社 2006 年版,第 25 页。

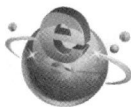

是这样的假设,即供应商不卖的,就是顾客需要的。顾客认为有价值的始终都与供应商认为有价值的或认为具有优质品质的方面存在相当大的出入。[①]企业应坚持顾客导向,做到优待老顾客、吸引新顾客、开发非顾客。

对非顾客的挖掘可以通过细分市场重组顾客群体,以互联网文创电商平台为手段创造新的市场,把人们潜在的需求转化为现实的需求。如网络互动娱乐社区模式就很有创意,在网上唱卡拉 OK,改变了消费方式,创造了新的消费需求。再如,宋城股份的主体收入来源于大型旅游文化演艺节目《宋城千古情》。在对宋城景区核心产品《宋城千古情》提升的基础上,又完成对《金戈铁马》和《魅力杭州》两幕以及《吴越千古情》的改版,其所打造的文化旅游度假的概念和网上娱乐体验平台,逐步得到更大市场的认可。

(三)延伸产业链条

新业态的业务边界肯定要比传统业态宽阔,尤其是在产业链的延伸上。在创作环节,文化企业已经越来越多、越来越主动地承担"协调"的角色,如通过大数据选题,组织撰写定位明确的图书在线工具书。在制作环节,一些文化企业已经将并购目光瞄准小型技术公司,意在获取数字产品的制作技术和专利。在零售环节,一些文化企业已不再满足于单纯依赖外部渠道,而是开始经营自己的网店和实体店,网络服务商也开始注重销售数据的分析和整理,以实现服务增值或干脆将这些销售数据出售给传统企业。在横向发展上,多数文化企业纷纷适度多元经营,向影视、动漫、教育培训等多领域拓展,形成多元化的商品组合,如亚马逊的开放平台+数字发行+云服务的盈利模式。企业要更多关注商业模式的健康性和消费者的最终价值,提高竞争的门槛和技术含量,不仅要比价格,更要比购物体验、物流、售后服务等软实力。

在电影、电视剧以及动漫卡通领域开始步入总产能过剩以及制作费用持续提升的时期,只有能够提供优质内容、及时延长产业链、打造综合传媒平台和渠道、整合行业及社会资源的公司,才能巩固自身的竞争优势。比如,在香港上市的星美传媒将艺人经纪公司千易收归旗下后,已形成集电影、院线、影

---

① 彼得・德鲁克:《21 世纪的管理挑战》,机械工业出版社 2009 年版,第 56 页。

视基地、广告和艺人经纪于一体的文化娱乐产业帝国。

在电影领域,我国电影企业的票房分成是相对较少的。电影票房分账比例倾向于发行方,是世界大多数国家地区电影分账的模式,也应是我国电影分账发展的趋势。例如:美国电影制作发行方可以拿到平均60％—65％的分成,由于采用了梯级分账机制,发行方在首周往往可以拿到70％甚至更高的票房分成;韩国、印度等国电影发行方所占票房利益在60％左右;欧盟地区则在55％—65％不等。国内大成本影片的导演、明星片酬与片场及后期制作成本比例达到六四开,好莱坞的这一比例为四六开。因此,目前国内优秀导演、优秀剧本、优秀电影的缺乏,都与内容创新机制有关。梯级比例分账发行机制和网络电商平台为影片投资方提供了较好的回报保障。

分账之争反映了我国电影企业发展方面存在的深层次的问题,这不容忽视。对票房的依赖,分账模式仍然不够合理,甚至产业链也急需扩展,都是我们能从各种分账风波中看到的国产电影发展存在的隐患。例如,扩展产业链可以增加附加产品。电影要摆脱对票房的过度依赖,不管是制片发行方还是院线和影院都不应该只着眼于有限的票房发展空间,而应扩展产业链,开发能够增加盈利的附加产品。例如,发行方可以开拓在线放映、电视放映及影碟出售、网上娱乐社区等多个方面的市场,放映方可以在影院里提供更多的附加服务,如饮食、电影相关产品的销售等来提高营业额。

(四)注重新旧的衔接

企业要做大,最重要的是创新商业模式。新商业模式并不排斥传统产业,传统产业利用信息化技术能够开发出新的市场空间,再造新的竞争优势。例如,出版新业态绝不仅仅是出版内容的数字化、出版发行的网络化、出版管理的信息化。相对于传统业态,出版新业态是一次系统的、全面的升级和创新,至少表现在以下几个方面:[①]

其一,战略的调整。出版企业应从传统的追求规模经济的战略逐步向追求范围经济的战略转移,尽可能丰富图书品种。在新业态中,大众出版、教育

---

① 李学谦:《从指尖游戏到心灵阅读》,《出版广角》2012年第11期。

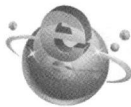

出版依然遵循规模经济范式,以销量超群取胜;专业出版,如音乐、美术、古籍等则会遵循范围经济范式,以品种丰富取胜。传统出版业态奉行"二八定律":80%的利润通常来自它 20%的图书品种(畅销书),而其余 80%的图书品种只能提供 20%的利润。而在新业态中,亚马逊的单品种销售成本远低于传统出版企业,甚至没有真正的库存,所以能够极大地丰富销售品种,为读者提供更多选择,如果它销售的是电子书,则支付和配送成本几乎可以忽略不计,这就可以把长尾理论发挥到极致。Google Adwords、Itunes 音乐下载都属于这种情况。

其二,资源管理的细化。新的商业模式可以通过细分市场挖掘流通渠道,以新技术为手段创造新的市场,把人们潜在的需求转化为现实的需求。传统出版企业对资源管理相对重视不够,其工作主要集中在作者关系和销售渠道的维护上。通过资源细分可以创造新的消费市场。新业态下,需要在版权资源、渠道资源、品牌资源等方面做好细化管理。版权资源管理方面,梳理既有版权,编制管理流程,制订版权发展规划,明确重点版权,提前做出市场预警,尽可能地获取各类传统和数字版权。渠道资源方面,有定期的市场分析,对重点产品有详尽科学的营销方案,对渠道建设要有设计、有布局。品牌资源管理上,则要对既有的品牌产品做出分析,如对它们的生命周期、开放性、市场影响力、读者群等做透彻研究,对整体品牌要有工作方案。总之,在新业态下,资源已经成为市场竞争的关键要素,资源管理必须作为出版企业的核心工作之一。

(五)新媒体的专业化

云计算时代的到来创造了新的商机。随着国内 5G 市场的开放和相关技术的进步,移动互联网的发展环境更加成熟,盈利模式也会更加多样化。微软、苹果、惠普等国外高科技公司相继发布云计算产品,酷盘、盛大云平台、阿里云 OS 等国内云计算产品也获得较好反响。在国家对云计算的大力支持下,各大运营商纷纷建设云计算数据中心,移动互联网云端时代已经到来。移动互联网拥有更为庞大的用户基数,为手机厂商、内容供应商、无线运营商等提供了巨大的市场。

在国外,苹果的 App Store 的成功之处就是以开放的姿态将草根阶层的广大移动应用程序的开发者纳入整个价值链当中,并建立了完善的支付和结算体系,在保障开发者利益的同时也很好地激发了其开发热情。其真正的价值在于它作为一个平台将消费者和开发者真正地对接起来,从而构建了一个强大的产业链。App Store 在双赢的基础上获胜。谷歌的安卓系统也是基于开放的姿态,正是凭借着开源的特性,谷歌在推出安卓智能手机操作系统之后,不仅在很短的时间里获得了众多手机厂商以及消费者的认可,同时也吸引了大量手机程序开发者的目光。因此,适度的开放有利于互联网企业的长远发展。

在国内,小米科技前期是一家专注于安卓系统手机、iPhone 等新一代智能手机软件开发及移动互联网热点应用的互联网公司。小米手机、MIUI、米聊是小米公司旗下三大核心业务。"为发烧而生"是小米的产品理念。小米科技首创了用互联网模式开发手机操作系统、60 万"发烧友"参与开发改进的模式。小米科技的 MIUI 最大的亮点即为在用户参与的基础上的定期更新,被称为活的系统。实行独特的开发版和稳定版共存模式,满足不同用户需求。小米科技根据测试用户的反馈意见,动员几十万网友刷机后每天在论坛上反馈意见并不断改进。如果有系统更新,会显示出新的版本和致谢名单,这很好地反映了互联网参与开发的精神。

MIUI 之于小米科技的意义有三:首先,不会有用户单单因为手机硬件美观而不顾其内置系统的实用性去购买一部手机,因此 MIUI 改善用户体验,进而增强小米手机对用户的吸引力,增强其可用性,从而促使小米手机热卖。其次,MIUI 的意义还在于它是小米科技未来部署软硬件一体化的工具,即将自己的互联网服务通过自主的系统推送给用户的载体,这就是为什么阿里巴巴、百度、人人等互联网公司都争先恐后主推自主操作系统的原因,MIUI 如何发力建立一套完整的生态系统将是其未来发展的关键。最后,MIUI 的意义还在于未来会有助于小米科技走向国际化,当前的 MIUI 系统已经支持 31 种语言,一半用户来自国际市场,很多国外用户都一起帮 MIUI 做适配,这使得 MIUI 可以支持一些在国内不流行但在国外已经很流行的机型。未来的 MIUI 系统会顺应云时代的大背景,向用户提供云存储服务。

另外,作为新媒体的微博,也逐步拥有了一些比较清晰和可行的商业模

式,如互动精准广告、社交游戏、实时搜索、无线增值服务、电商平台以及数字内容收费。新浪和腾讯都曾融合互联网精准广告和电商平台,分别推出了类似的"微商城(新浪微博)"和"微卖场(腾讯微博)"模式,将之与主流电商企业的官方微博打通。在增值服务、内容收费等领域,新浪微博也不断做出尝试。由于融合了电商、社交应用以及其他新媒体元素,新的商业模式在社会化营销布局中将会越来越受重视。

(六)按需出版

确定图书印数一直是出版企业的一个难题。印多了,会造成退货和库存积压,浪费资源;印少了,供不应求,造成断货,还会引发社会上的盗版书出现。印数少的专业书如果没有出版补贴难以出版,而读者的需求又是千差万别的,特别是个性化、特殊化需求更难得到满足。这些矛盾在传统出版印刷的条件下长期困扰着出版人。建立在数字技术上的按需出版的出现正好能解决这些问题,它克服了传统印刷的诸多不足,能够满足出版社、作者和读者的特殊需求。这不但给出版社带来更加广阔的利润空间,也有效解决了传播过程中基本的供需矛盾。

按需出版是一种社会要求,更是出版的发展方向。按需出版是采用数据处理技术、数字印刷技术,将出版物信息存储在计算机系统中,根据需要随时直接印刷成书,省去制版等中间环节,能够实现"一册起印,即需即印"的出版方式。按需出版强调的是出版活动的精确性,是一种基于对读者需求的准确把握而开展的出版活动。它既包括图书出版单位根据相对准确的市场需求,主动提供特定形式、内容、数量的图书的出版活动,也包括接受用户订单,根据读者需求提供个性化内容的出版行为。按需出版适用于自费出版图书,短版、断版图书,学术性、专业性图书,赶时间图书,以及无法确定销售量的新书。这些类型的图书的共同特点就是印量少。按需出版还具备可以即时出版、远程传输数据、异地制作图书等特点,因此可以多方位地满足读者需求。从按需出版的发展趋势来看,有两个阶段。第一阶段是基于按需印刷技术的图书按需出版,第二阶段则发展成为基于服务意识的内容的按需销售,根据每位读者的个性化需求,收集相关内容,出版物可以是纸本书也可以是电子文本。

按需出版代表了一种全新的出版方式和出版理念。基于数字印刷的优点，按需出版既可以解决当前我国出版行业普遍存在的高库存量和图书退货率高的问题，又能够促进短版、断版图书及时补充市场，以及学术著作、专业书出版难等问题，更重要的是能够节省大量宝贵资源。

出版企业可以借助按需出版强化核心竞争力。与目前出版物生产所广泛使用的平版印刷相比，按需出版更加快速、高效，可以有效解决困扰出版发行各个环节已久的资金占用、库存不足和经常断货等问题。从产业链角度看，按需出版实际上打破了编辑、印刷、发行之间的界限，使内容创作后的加工和传播过程形成一个有机体，加速了产业链上下游之间的竞争和融合。对于市场需求有限、需求刚性较强、价格弹性较小的学术著作来说，按需出版这种模式正好可以满足其盈利需要。总之，在数字内容生态中的生存能力将决定出版企业的未来，未来的商业模式只能是合作、开放，盈利必须依赖不断创新，而不是从现有资源中榨取利润。

（七）复制扩张

做文化产业时，要考虑的是如何实现工业化的批量生产，实现方式之一就是规模化，之二是产品或模式具有可复制性。通过局部的复制和公司、业务的复制等形态，实现扩张性发展，是企业的主要商业模式之一。

企业自主知识产权和无形资产成果应通过对外复制，实现品牌扩张、平台壮大、顾客增多的良性循环，当然也包括对外合作或者企业的投资扩张，以及提升企业整体品牌影响力等。其具体形式包括如下几个方面：其一，产品复制。包括对企业主营业务的核心产品进行复制，如一档影视节目的复制、各类衍生产品销售的连锁经营、产品置入其他经营环境（各地剧场）中的合作等。例如，将具有知识产权和品牌影响力的企业自主产品或项目推到国内外进行巡回演出，形成综合收入，扩大企业品牌的影响和辐射范围。其二，模式复制。指以专业内容创意和服务公司为主，其他入园企业为辅的企业经营模式和商业模式的复制，也可以合作成立若干专业性项目公司。其三，方法复制。包括以对外合作项目开发、知识产权入股的方式合作，以及由品牌输出

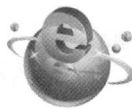

等方式的向外扩张等。比如,艺术类企业通过版权授权、品牌输出等方式与各地进行艺术产业项目合作。企业投资公司可以通过投资企业或者项目、版权及品牌合作、连锁经营等形式,实现产业的集聚化和规模化发展,并从中获得相应收益。其四,企业复制。在企业业务成熟之后,可以积极筹划在各地以开设子公司和分公司的方式复制扩张。无论哪个层次的复制,互联网文创电商都可以作为其基本支撑条件。

当然,复制是手段,实现企业扩张才是目的。企业需要在复制的基础上,实现企业的空间使用高效率和业务的规模化发展。对外复制和扩张,特别是企业总部的对外扩张,应以企业为主体,实现企业业务拓展和企业整体对外扩张。其具体形式包括如下几个方面:其一,形成企业的平台扩张。适应企业空间使用高效率和以企业为主体的产业提升与扩张要求,通过企业经营和复制方式,实现企业(包括物理平台与虚拟平台)规模化运作和品牌合作空间的扩大化。其二,产业发展潜力的合作与辐射扩张。以本地的公司为企业总部,积极对外扩张分支机构,形成辐射国内外的产业布局。其三,后续开发所需要的内容扩张设计。在规模化效益的基础上,企业的新建项目,需要围绕主导内容业态扩张进行空间或者发展模式设计,以充分体现内容资源自身跨媒体、跨行业、跨地域的跨界特点。在以上模式的框架之下,企业的商业模式要以构建产业链为核心,注重企业内部发展和对外复制的结合。

第十一章 互联网文创电商的发展趋势

　　中国文化产业正处于转型升级的关键时期,一方面,传统文化企业在互联网文创电商的潮流中正努力探索新的发展机会与成长空间,另一方面,许多互联网企业、房地产企业、制造企业等非文化企业也开始涉足文化产业领域,文化产业正成为一片经济热土。虽然市场形势瞬息万变,但商业模式始终是企业的立足之本,文化产业从业者需要在理解把握产业新变动的基础上思考企业的发展战略,最终将企业战略与市场需求相结合,形成适合自己的、具有可持续发展能力的商业模式。在产业融合的大背景下,互联网文创电商是中国文化产业近年来的重要发展方向,互联网文创电商是以文化为中心的跨界融合,将现有文化产业成果与各种新兴市场要素相融合,形成以文化为驱动力的新产业模式,这将表现在文化产业与互联网产业、旅游业、体育产业、农业等诸多领域的协同发展方面。

一、政策环境:跨界融合加速推进

　　党的十九大报告指出:"我国经济已由高速增长阶段转向高质量发展阶段,正处在转变发展方式、优化经济结构、转换增长动力的攻关期,建设现代化经济体系是跨越关口的迫切要求和我国发展的战略目标。"为推动我国经济高质量发展,培育以互联网经济为代表的新产业、新业态是转变发展方式、优化经济结构、转换增长动力的重要战略,这是"十三五"规划明确提出的发展战略:"实施'互联网+'行动计划,发展物联网技术和应用,发展分享经济,促进互联网和经济社会融合发展。"互联网文创电商是顺应"互联网+"潮流的新

兴业态,互联网产业与文化产业的跨界融合催生了以文化为内在驱动力的电商平台,互联网文创电商已经成为最具市场潜力的商业模式,在政策层面得到了国家的战略支持。近些年来,国家在文化产业领域与互联网产业领域分别出台了一系列与互联网文创电商相关的政策,互联网文创电商所具有的文化特性及其与互联网的融合特性决定了它要兼顾文化、互联网这两个领域的融合创新。

在文化产业领域,《文化部"十三五"时期文化发展改革规划》提出,要全面推进科技融入文化领域。该规划要求:"推进'文化+'和'互联网+'战略,促进互联网等高新科技在文化创作、生产、传播、消费等各环节的应用;加快发展以文化创意内容为核心,依托数字技术进行创作、生产、传播和服务的数字文化产业,培育形成文化产业发展新亮点。"文化与科技(特别是互联网技术)的融合发展成为接下来中国产业转型升级的主要方向,《文化部关于推动数字文化产业创新发展的指导意见》中提到,"推动数字文化在电商、社交网络的应用,与虚拟现实购物、社交电商、粉丝经济等营销新模式相结合",互联网文创电商作为一种数字文化产业形态,既利用优质文化资源提升了电商模式的品牌价值,又利用数字技术增加了文化产品的经济价值,符合国家对数字文化产业的总体发展布局。

在互联网产业领域,电商是"互联网+"战略的重要组成部分,《国务院关于积极推进"互联网+"行动的指导意见》提出,要推动电商应用创新,特别"鼓励企业利用移动社交、新媒体等新渠道,发展社交电商、粉丝经济等网络营销新模式",互联网文创电商就是将社交、媒体等文化产业要素融入电商平台的创新发展模式。依照"十三五"规划制订的《电商"十三五"发展规划》具体提出:"鼓励电商平台注重内涵式发展,带动上下游产业链丰富品种,提升品质,培育品牌,全面提升竞争水平。"文化品牌、文化元素是内涵式发展的必备条件,电商的内涵式发展要求电商平台超越市场营销的初级发展阶段,进入以文化为核心的产业链驱动发展阶段,互联网文创电商中的"文创"要素就是对电商内涵式发展的回应。

国家对文化产业、互联网产业的政策支持奠定了互联网文创电商的良好产业基础,我们有理由相信互联网文创电商的发展前景是光明的。当然,国家政策仅能为互联网文创电商创造良好的市场环境,作为市场主体的企业才能决定互联网文创电商的根本竞争力,如何利用好现有产业条件、如何开发好新的市场空间、如何选择正确的发展方向是企业实践互联网文创电商模式时必须思考的课题,对这些课题的探索决定了互联网文创电商的发展趋势。综合企业目前探索发展互联网文创电商的现状,下面我们从技术条件、平台基础、文化内容、市场动向、产品定位、资本关系等方面具体分析互联网文创电商的发展趋势。

二、技术条件:技术创新推动下的业态升级

文化与科技构成了互联网文创电商的两个核心要素,文化要素的内涵深度决定了互联网文创电商的市场价值,而技术条件的创新进度则是互联网文创电商的升级动力。互联网文创电商本身就是依赖互联网技术而诞生的产业形态,互联网平台的数据计算、信息通信、金融交易等基础技术支撑了当前互联网文创电商的运转。近些年来,人工智能、虚拟现实(VR)、大数据、云计算、物联网等日新月异的技术创新直接推动了互联网文创电商的业态升级,大数据、云计算、物联网等技术趋于成熟,它们的应用已经改善与提升了电商平台的营销方式与用户体验,大数据与云计算帮助电商精准地分析用户消费习惯,实现精准营销推送,而物联网则打通了互联网电商的线上交易与线下体验两个平台,为用户提供更加便捷高效的物流运输服务。除了大数据、云计算、物联网等较成熟的技术应用,虚拟现实是目前非常有潜力的技术,人们通过虚拟现实设备可以感知到接近真实的三维模拟场景。尽管虚拟现实技术的开发目前并不成熟,但虚拟现实应用平台被腾讯创始人马化腾认为将会颠覆微信的下一代信息终端,腾讯、阿里巴巴等互联网企业已经投入大量资金支持虚拟现实技术的研究与应用推广,可见虚拟现实技术被业内人士所看重,有望成为重塑互联网电商业态的技术引擎。

腾讯是较早开始布局虚拟现实产业生态的大型互联网企业。一方面,腾讯通过投资的方式支持虚拟现实技术研发,在 2014 年与谷歌一起投资了美国虚拟现实技术公司 Altspace VR;另一方面,腾讯提早开始布局虚拟现实技术的内容资源,基于自己在游戏、影视等内容领域已有的竞争优势,将虚拟现实的内容应用作为自己的开发重点。目前,腾讯成立了虚拟现实开发平台——

Tencent VR。Tencent VR 由虚拟现实商店（VR Store）、游戏（Game）、视频（Video/Cinema）、广告（Advertising）等四个模块组成。这四个模块恰恰反映了互联网文创电商的基本商业理念——文化内容与电商平台间的互动融合，虚拟现实技术能够极大地加强二者的匹配关系，人们在包含电商平台的互联网平台上可以体验更真实的文化场景，而消费场景已经融入文化场景之中，文化与购物在虚拟现实场景中融为一体。在腾讯之后，另一个互联网巨头阿里巴巴也投身虚拟现实的应用研发，与腾讯在内容生态资源的外围布局相比，阿里更直接地瞄准了虚拟现实技术的电商应用，力图尽早推出"VR 购物"。阿里成立了 VR 实验室，目前，实验室的重点工作是进行虚拟现实技术的研发，围绕购物场景实现各环节的虚拟现实体验，并联合商家打造全球最大 3D 商品库。阿里的目标是为用户提供沉浸式购物体验，用户足不出户在电商平台上就能进入现实购物场景，实现虚拟世界购物的文化体验。目前，阿里已经开始尝试将虚拟购物的理念落地实践，天猫在 2016 年"双十一"前夕上线了"Buy＋"频道。"Buy＋"使用虚拟现实技术，生成可交互的三维购物环境。数据显示，该频道上线首个小时，就有近 3 万消费者戴上 VR 眼镜涌入尝鲜①，足见人们对虚拟购物的巨大热情。"Buy＋"频道的上线使虚拟现实技术首先在阿里的优势电商平台上得以应用，下一步阿里计划将虚拟购物与影业、音乐、视频网站等整合，应用虚拟现实的内容板块，形成整体联动效果。

从腾讯、阿里在虚拟现实技术上的布局可见，虚拟现实技术没有被视作纯粹的技术条件，虚拟现实俨然已经成为互联网巨头争夺的下一代平台终端。平台终端是所有显示流量的导入端口与线上资源的集中平台，像微信、淘宝这样的平台终端在互联网市场竞争中掌握了绝对优势地位，各个中小型平台的流量与资源无法与平台终端相比，甚至中小型平台需要与微信、淘宝等平台终端合作才能分享用户流量与市场资源。互联网巨头之所以看重虚拟现实技术，是因为看到了虚拟现实平台具有成为平台终端的商业潜力。一旦成熟的虚拟现实技术被应用到人们的日常生活中，人们就可以在虚拟现实平台上完成现有的一切线下活动，包括娱乐、社交、购物、教育等各种各样的生活场景，我们将拥有一个完整的虚拟生活平台，所有的消费环节都会在虚

---

① 中国经济网：《天猫 VR 购物频道 Buy＋正式上线》，(2016-11-15)[2019-04-07]，http://www.ce.cn/cysc/tech/gd2012/201611/15/t20161115_17801448.shtml。

拟现实平台上得以实现,这一预期现象已经足以让我们理解虚拟现实技术对于互联网文创电商的重要性。

腾讯、阿里将虚拟现实技术应用到视频、游戏、电商等互联网内容提供领域的确可以大大提升互联网文创电商的内容质量,用户可以收看到更加逼真的影视作品,享受沉浸式的游戏体验与购物体验。虚拟现实技术所带来的内容革命不仅会提升互联网文创电商的产品质量,还将改变互联网文创电商的整体业态——沉浸式虚拟文化体验应用将成为互联网线上的第一用户平台终端,这也是腾讯、阿里等互联网巨头投资虚拟现实技术的根本原因。所有的线上电商活动都依靠沉浸式虚拟文化体验——人们的娱乐、社交、购物等线上活动全部发生在虚拟现实技术所营造的虚拟空间中,这个虚拟空间就是一个融合了影视、游戏、社交、媒体、商品信息的虚拟文化场景,所以,承载虚拟文化场景的互联网平台就是一个大的文化创意项目,虚拟现实技术赋予了互联网文创电商模式最大限度的实践机会,整个互联网产业都变成了一个互联网文创电商的概念,内容与平台以虚拟现实技术为枢纽被整合为一个互联网文创电商业态。虚拟现实技术将在很大程度上颠覆现有线上平台对线下实体空间的依赖,当前O2O模式(线上线下互动模式)仍然占据主导地位的一部分原因是线上平台无法发挥线下活动的体验功能,但虚拟现实技术的应用将替代线下活动的体验功能,我们有理由相信未来一部分线下消费体验活动会被电商平台所替代,电商平台将在互联网文创产业中占据更大比例的业务范围,也将发挥更主导性的作用。

三、平台基础:垂直电商平台的多频道组合模式

互联网平台是互联网文创电商的发展基础,没有互联网平台,也就没有互联网文创电商发展的可能性。新媒体电商、影视电商、博物馆文创电商、体育文化电商、艺术品电商等所有互联网文创电商类型都需要一个结构完备的互联网平台来支撑文化内容与交易行为,创新平台设计结构是互联网文创电商业态升级的主要途径之一。综合当前互联网平台的商业活动,我们认为,垂直电商平台的多频道组合模式将是未来一段时间内互联网文创电商的一

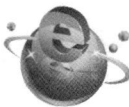

大趋势。

　　垂直电商平台是专注于特定消费领域的专业电商平台,一般不追求产业领域的覆盖面广度,而是通过深挖特定消费群体的需求力求将特定产业链做细、做长。但是,专注于特定领域并不意味着垂直电商平台不能与其他消费领域的平台发生合作关系,事实上,恰恰由于每个垂直电商平台把自己的产业链做得十分深入,一旦与其他消费领域平台合作就能形成巨大的市场竞争力,可以使众多深度产业链形成一个覆盖多个消费领域的合作网络,在用户流量共享的基础上实现平台间的消费流转:一旦各个垂直电商平台的消费领域建立主题关联与技术链接,用户就可以在多个平台间流转消费,平台的商品也可以捆绑销售,为所有垂直电商平台带来更大收益。垂直电商平台的多频道组合模式就是将每个垂直电商平台视为一个业务频道,众多业务频道可以被组合在一起形成辐射多个垂直消费渠道的大生活消费场景。现在,我们已经可以观察到许多频道组合模式的实践案例,例如大众点评平台对电影垂直电商平台的整合。现在大众点评上的电影票业务是由猫眼电影来经营的,大众点评已经放弃了自己原来的独立电影票平台,把电影票业务全部并入了猫眼电影的垂直渠道中。猫眼电影不是大众点评的原生平台,其于 2012 年由美团建立,定位是包括电影信息、在线购票、用户社交、电影衍生品销售等服务的电影垂直电商平台。在电影垂直电商平台刚刚兴起的市场争夺战中,猫眼电影依靠美团的流量优势、良好的平台服务与线下院线合作资源最终发展成为电影票务市场数一数二的垂直电商平台,其电影票务覆盖了线下大量院线,占了较大的电影市场份额。2015 年,伴随着美团与大众点评的合作,猫眼电影也进入美团与大众点评共同构成的生活服务电商平台中,成为生活服务电商平台的一个电影业务频道。大众点评与美团所构成的生活服务平台已经拥有很多具有较强竞争力的生活服务频道,例如大众点评自身的餐厅评价咨询频道、美团的团购优惠频道、近年来兴起的外卖频道等。猫眼电影作为一个重要的电影娱乐频道与其他频道一起构成了大众点评的多频道组合消费场景。通过猫眼电影的例子,我们会发现,垂直电商平台的多频道组合模式的优势在于:第一,所有电商频道在用户流量上能够实现共赢,猫眼电影可以得到大众点评上其他消费频道所聚积的用户流量,猫眼电影自带的电影消费用户也会成为大众点评的客户;第二,多种消费频道的组合有助于搭建完整的生活消费场景,电影与餐饮是两个最主要的休闲消费领域,猫眼电影与大众点评餐饮频道的组合极大地完善了大众点评自身的生活消费场景,人们通过大众点评找到餐厅,吃完饭后就有可能继续在平台上买电影票。

鉴于互联网文创电商对人们文化消费需求的格外关注,聚焦特定消费领域的垂直电商是互联网文创电商的主力军,在未来,随着我们对文化消费场景的细分挖掘,会涌现出越来越多的垂直文化电商平台。但是,当前垂直电商的多频道组合趋势说明互联网文创电商平台可以通过深挖某一文化消费领域而崛起,但最终不能永远局限于单一领域,融入大的文化消费场景符合互联网文创电商对未来商业活动的设想——人们的所有消费行为都可以被升级为带有文化内涵的消费场景,互联网文创电商就是在互联网平台上运营人们的全部文化消费场景。所以,只有一个综合性文化消费场景才能保证互联网文创电商所需要的巨大用户流量,才能支撑起互联网文创电商的规模经营。在猫眼电影的案例中,由于大众点评在 2014 年就与腾讯的 QQ、微信等社交平台达成合作关系,大众点评成为腾讯支付平台的第三方链接,因此,猫眼电影也获得了腾讯社交平台上的所有流量,多频道组合已经超出了大众点评的生活服务平台,腾讯社交业态的加入使电影、餐厅、外卖、零售等多种生活服务频道依附于一个更广泛的综合性的文化生活场景,人们的所有文化需求——社交、娱乐、购物、学习、旅游等都被综合性的互联网平台所覆盖,而任意一种文化需求都可以在大平台中的某一个垂直电商频道中被满足,企业正在朝着这样的终极目标实践探索垂直电商平台的多频道组合模式。

四、文化内容:以内容 IP 为核心的电商产业链延伸

现在,我们将分析焦点转到除了科技之外的互联网文创电商的另一个核心要素——文化。文化内涵是互联网文创电商的立足根基,文化内涵的深度决定了互联网文创电商的市场开发价值,前文我们分析过的各种各样的互联网文创电商类型全都需要优质内容 IP 的基础支撑,如影视电商需要高质量的影视资源,体育电商需要受人欢迎的体育赛事,博物馆文创电商需要新颖的

文创衍生品等,内容 IP 构成了互联网文创电商延伸产业链的起点与核心。随着互联网市场的日渐成熟与文化消费的日益丰富,人们对互联网文创电商所提供的内容产品的质量要求也会不断提高,企业为了在市场竞争中占有优势,必然会为内容生产投入更多的资源。

综观当前整个内容生产行业,存在两种类型的主要内容生产模式:PGC(Professional Generated Content)和 UGC(User Generated Content)。PGC 指专业内容生产,一般由平台作为专业的内容生产商为用户提供内容资源,像爱奇艺、优酷、芒果 TV 上面的电视剧、电影、综艺节目频道都属于 PGC 的内容生产模式。UGC 是用户生产内容的模式,由加入平台的用户自主生产内容并在平台上分享交流,像抖音、快手、秒拍等微视频平台都采用了 UGC 的模式。除了平台采用的这两种最基本的内容生产模式,近年来还兴起了 PUGC(Professional User Generated Content)模式,即"专业用户生产内容"或"专家生产内容"模式。PUGC 是一种将 UGC 与 PGC 相结合的内容生产模式,平台会为用户提供一些专业的、高质量的内容资源,但这些内容资源不来自平台自己的直接创作,而是已经加入平台的高级用户团队创作的内容资源。在 PUGC 模式中,平台上的一些生产优质内容的用户会被平台雇用,成为专业内容生产者,或者平台会采购用户的内容产品进行二次营销,这就融合了用户自主生产与专业内容产品两种模式的优势。当前抖音、快手、秒拍等微视频应用在互联网市场上的火爆程度说明了内容产品的重要性,人们既渴望优质的互联网内容资源,又希望自己参与互联网内容的生产,PUGC 模式满足了人们的这两种需求,相信在未来 PUGC 会成为内容生产领域的一种主流模式。

从目前互联网企业的发展经验看,企业在重视内容 IP 培育开发的同时,也会充分考虑如何建立内容 IP 的电商产业链,以最大限度开发内容 IP 的经济价值,以内容 IP 为核心的延伸产业链的成功经验会成为未来很长一段时间内互联网文创电商在文化内容方面的主要战略选择,我们从网易的发展历程中可窥见一二。

网易成立于 1997 年,是中国最早出现的互联网公司之一。网易最初是一家互联网技术公司,中文搜索引擎服务、免费电子邮件服务等互联网技术服务是网易最初的主营业务,但随着门户信息网站的没落,网易开始由纯粹的互联网技术公司向互联网文化公司转型,开辟了网易新闻、网易游戏、网易音乐等代表性内容业务。资讯服务是网易建立之初就拥有的基础内容资源,网易凭借成熟的中文搜索引擎技术与门户信息网站的建设经验在 2011 年推出了基于移动平台的新闻资讯服务产品——网易新闻,实现了由以门户网站为平台的传统资讯服务向以移动客户端为平台的新兴新闻资讯服务的转型。网易新闻致力打造一个汇聚鲜明独立观点的资讯平台,成为有共同爱好、追求的年轻人的聚集地,目前已经成为网易核心的移动端内容产品。除了网易比较有优势的新闻资讯,网易游戏是网易另一个核心内容资源。2001 年成立至今,网易游戏已经在中国游戏市场占据重要地位,网易自主研发了《梦幻西游》电脑版、《大话西游 2 经典版》、《天下 3》、《新倩女幽魂》等数十款本土热门游戏,以及《梦幻西游》《大话西游》《倩女幽魂》《阴阳师》《荒野行动》《终结者 2:审判日》《率土之滨》等热门手游,网易代理的《魔兽世界》《炉石传说》《守望先锋》《我的世界》等海外游戏也拥有较大的玩家群体。音乐产业是网易另一个优势娱乐业务,网易云音乐是目前最流行的几款音乐应用之一,拥有强大的个性化推荐引擎和在线歌单音乐库,很受用户欢迎。此外,网易还开发了网易直播、网易文学、网易漫画、网易蜗牛读书、有道词典、有道云笔记、网易云课堂、网易公开课等内容板块。这些多样的内容服务作为网易的核心内容 IP 是网易吸引用户、获得收益的生存基础。

如果考察网易的产业链布局,我们会发现,网易在两个维度上搭建了以内容 IP 为核心的产业链。第一个延伸产业链的维度是在某一具体内容板块内对品牌 IP 的衍生品开发,例如《大话西游》是网易的优质游戏品牌,围绕"大话西游"这个品牌 IP,网易开发了包括端游、手游在内的各种类型的游戏,而且进一步以"大话西游"为主题开发了音乐、视频等衍生文化产品。这种延伸产业链的方式将被互联网文创电商所广泛应用,它非常适合已经拥有文化要素或文化品牌的企业,企业只需要开发文化品牌的各种产品形态就能够搭建起产业链,例如博物馆就可以开发与藏品有关的文创纪念品、动漫、影视等文化衍生品。

第二个延伸产业链的维度是在宏观商业板块布局上衔接电商平台,借助内容 IP 所凝聚的流量和所塑造的品牌形象经营电商业务。网易考拉海购与网易严选就是网易建立的与新闻、游戏、音乐等板块相匹配的电商业务板块。

网易考拉海购是网易旗下以跨境业务为主的综合型电商平台,成立于2015年,定位是为消费者提供值得信赖的海外品牌商品,在保证品牌质量的前提下尽可能地降低成本。与考拉海购不同,网易严选作为网易旗下生活类精选零售商是经营网易参与设计生产的直销产品。网易严选通过直连制造商与消费者,剔除品牌溢价和中间环节,致力于为消费者提供高性价比的生活产品。凭借简约科技风的设计风格、可靠的品质保障、亲民的价格,网易严选已经成为一种"严选模式"的新电商平台。网易考拉海购与网易严选虽然与网易游戏、直播、新闻等内容资源没有直接关联,也不是经营某一品牌IP衍生品的垂直电商平台,而是综合性电商平台,但是,我们认为网易考拉海购与网易严选仍然属于以内容IP为核心的电商产业链的延伸,主要因为这两个电商平台的流量导入端口是网易的内容平台。例如网易严选之所以能够在激烈的电商竞争中占有一席之地,除了其自身的品牌定位外,很大程度上得益于网易新闻、游戏、音乐等内容平台的流量导入作用,人们在网易新闻上看新闻时会看到网易严选的产品,在玩游戏、听音乐时也会看到网易严选的链接。网易严选依靠网易现有内容资源的优势成功获得了用户资源,并且由于网易的老用户已经习惯了网易的整体文化要素,所以就非常容易认同网易严选的产品风格,且网易严选的产品在整体风格上与网易的文化内容保持一致,所以这两个综合性电商平台仍然与网易的内容IP关联在一起,构成了网易内容平台的延伸电商平台。这就是互联网文创电商模式的生动表现。这种延伸产业链的方法也会被更多的互联网文化企业所借鉴。

五、市场动向:关注农村、中小城市的消费市场与"00后"消费群体

消费市场与消费群体的变化会对互联网文创电商的市场定位产生影响,进而改变互联网文创电商的产业形态,当然,这并非完全是客观环境的逼迫,企业也会根据社会环境的变化与自身发展的需要调整自己对消费市场与消费群体的定位。到目前为止,正因为城市的互联网普及率高、城市居民对互联网生活方式的接受程度高、城市文化比较开放自由等,城市一直是互联网

文创电商的主要市场,互联网影视、体育竞赛、网络文学、网络游戏等互联网文化产品的目标市场定位也大多以城市生活圈为主,特别集中于一、二线大城市。但这种现象正在发生改变,2017 年开始火爆的快手、抖音等微视频应用已经开始关注农村、中小城市的消费市场。

统计数据显示,快手在 30 岁以下用户人群、中等城市及乡镇农村人群中有更高的渗透率,年轻化、用户下沉特征显著。[①] 快手的成功很大程度上源于它关注到了三、四线城市及农村地区的互联网需求,特别是生活在中小城市、农村地区的青年人的精神娱乐需求。现有的互联网娱乐社交平台均没有关注这部分人群的娱乐特点,而快手给他们提供了一个表现自我的娱乐平台,这是 QQ、微信等传统社交平台所无法提供的娱乐功能。我们从快手上的微视频风格就能看到这部分人群独特的文化娱乐特征。由于受众有差异,快手与其他娱乐社交平台的风格定位也迥然不同。尽管中小城市、农村地区的青年与大中城市的青年相比收入相对较低,但他们的生活成本低且闲暇娱乐时间多,在缺乏大城市丰富的娱乐活动的情况下,快手等微视频平台成为他们的重要精神娱乐空间。[②] 与快手类似,最初的定位更偏向于一、二线城市年轻用户的抖音在实际传播中也日益向中小城市、农村地区偏移,受北京青年人口较为集中的影响,北京的用户分布占比靠前,但所占的比例也仅为 2.58%,绝对数值并不高,可见抖音很多用户并非来自一、二线城市。抖音用户城市等级分布结果显示,分布在三线城市的抖音用户占比为 21.51%,四线及以下城市更是达到 35.87%。[③]

快手、抖音在中小城市,特别是农村地区流行的客观条件是农村互联网基础的加强。第 41 次《中国互联网络发展状况统计报告》显示,截至 2017 年 12 月,我国农村网民占比为 27.0%,规模为 2.09 亿人,较 2016 年底增加 793 万人,增幅为 4.9%;城镇网民占比为 73.0%,规模为 5.63 亿人,较 2016 年底增加 3281 万人,增幅为 6.2%。截至 2017 年 12 月,我国城镇地区互联网普

① 易观国际:《中国微视频行业年度盘点分析 2018》,(2018-03-23)[2019-05-06],https://www.analysys.cn/analysis/8/detail/1001248/。

② 《微播易|快手三四线市场商业价值凸显,品牌主们的营销是时候下沉了》,(2017-07-03)[2021-12-17],http://news.163.com/17/0703/20/COES04P900018AOP.html。

③ 《2018 年短视频市场分析:抖音短视频市场渗透率近 15%》,(2018-04-09)[2021-12-17],http://www.askci.com/news/chanye/20180409/095007121167_2.shtml。

及率为 71.0%,农村地区互联网普及率为 35.4%。[①] 农村网民的增加使互联网企业开始关注农村互联网市场,京东、阿里巴巴、苏宁均开始布局农村电商;京东在区县建立京东帮服务店、京东县级服务中心,在农村发展乡村推广员;阿里巴巴推出了"千县万村"计划,建立县级运营中心和村级服务站;苏宁也投入资金建成苏宁易购服务站,将线下店面深入全国农村地区。随着大型电商布局农村市场,农村的电商基础条件日益成熟,农村电商的业态也不会局限于普通的零售电商,而会不断升级创新,互联网文创电商会逐渐进入农村消费市场。事实上,快手、抖音等微视频应用在农村地区的成功已经预告了互联网文创电商在农村市场的良好前景:快手、抖音上的微视频资源就是绝佳的商品广告载体,商品广告可以融入微视频的内容中以符合农村、中小城市用户审美的方式推广传播;热门微视频及其制作人也是电商平台的流量端口,用户可以被微视频及其制作人导流到电商平台。快手、抖音的成功说明农村、中小城市存在巨大的可供互联网文创电商开发的空间,但开发农村、中小城市的市场不能完全照搬现有互联网文创电商的经验,因为目前城市与农村地区的互联网应用开发仍存在差异:"一方面,由于使用门槛相对较高,农村地区网民在商务金融类应用上与城镇地区差异较大,网络购物、旅行预订、网上支付及互联网理财等应用的差距在 20%—25% 之间;另一方面,对于外卖、网约车、共享单车等具有明显区域化特点的应用,城镇地区使用率更为突出,各种应用使用率均超过农村地区 20 个百分点。而对于即时通信、网络音乐、网络视频等发展较早的基础类应用,城乡网民使用差异并不明显,差异率均在 10% 左右。"[②]所以,企业需要根据互联网应用的城乡差异,针对农村、中小城市的消费群体的娱乐方式和文化需求开发针对性的文化产品,根据他们的消费习惯搭建能够吸引农村、中小城市用户的文化电商平台。

　　互联网文创电商的市场动向除了表现在消费市场的空间差异上,还表现在消费群体的代际差异上,伴随着"00 后"成年,"00 后"群体的文化需求与消费特点将逐渐成为互联网文创电商的关注焦点,基于腾讯的社交调查,"00 后"具有

　　① 第 41 次《中国互联网络发展状况统计报告》,(2018-01-31)[2021-12-17],http://www.cac.gov.cn/2018-01/31/c_1122347026.htm。

　　② 第 41 次《中国互联网络发展状况统计报告》,(2018-01-31)[2021-12-17],http://www.cac.gov.cn/2018-01/31/c_1122347026.htm。

如下文化消费特点:第一,他们向往专注且有信念的品牌和偶像;第二,愿意为自己的兴趣付费;第三,在自己能力范围内消费;第四,关键意见领袖(如博主或主播)对"00后"的影响力降低。[①] "00后"的这些消费态度都将成为互联网文创电商设计文化产品与互联网平台的重要参考,例如更专注于品牌的深度内涵开发,将产品与消费者个人兴趣绑定,开发互动性产品,设计尊重用户自主意见表达的互联网平台,等等。[②] 总之,鉴于互联网文创电商高度依赖用户对文化产品的内容认知,消费群体的代际差异就是企业必须认真对待的课题。

六、产品定位:生活消费场景的文化性、社交性、娱乐性趋势

互联网文创电商的蓬勃发展证明了人们的生活消费场景已经日益要求文化元素的加入,人们在网上购物不仅要求买到需要的产品,还要求购物体验能够创造精神文化满足,粉丝经济与电商的结合就是当下非常流行的商业策略。阿里巴巴、苏宁易购、京东等电商均签约了娱乐明星,增强电商平台与"粉丝"之间的互动性和参与感。"粉丝经济"的另一种变体就是网红经济,电商平台也会与直播平台合作,利用网红的号召力做产品营销推广。"粉丝经济"既可以给电商平台带来新流量,也可以增强用户对电商平台的黏性,对阿里巴巴、苏宁易购、京东等成熟电商平台而言,用户黏性是它们更加看重的。通过"粉丝经济"与电商的结合我们会意识到,只有文化要素才能产生用户黏性,明星、网红对电商平台的根本作用就是提供文化要素,"粉丝"对电商平台的黏性来自他们对明星、网红的认同——这是一种文化要素,因此,增加生活消费场景的文化要素是电商平台的主要努力方向,也是互联网文创电商区别于传统零售电商的一大竞争优势。从当前的市场趋势看,互联网文创电商的产品会趋向文化性、社交性、娱乐性。

---

① 《腾讯正式发布〈"00后"研究报告〉!》,(2018-05-29)[2021-12-17],http://www.sohu.com/a/233255240_313170。
② 《腾讯正式发布〈"00后"研究报告〉!》,(2018-05-29)[2021-12-17],http://www.sohu.com/a/233255240_313170。

第一,生活消费场景的文化性。此处我们讲的文化性是比较狭义的,专指特定兴趣领域的、要求一定专业素养和审美修养的文化领域,例如艺术鉴赏、手工艺产品制作、收藏品投资等。如果电商平台聚焦于此类文化领域,那么用户与电商平台之间的黏性是十分稳固的,用户基本是对某一文化领域具有共同兴趣的潜在消费者,电商平台的成功关键在于为这些兴趣用户提供专业的、高质量的、值得信赖的文化产品和符合他们文化体验需求的购物体验平台。2015年刚刚成立的东家电商平台体现了电商在文化性生活消费场景中的实践。东家专注于中国传统手工技艺与中国传统匠人,电商产品主要包括具有文化性的茶具、服饰、家居用品、茶叶、传统食品等,尽管东家的经营范围没有集中于某一个单一产品类型,看似是一个囊括各种产品类型的综合电商平台,但这些看似庞杂的产品却具有统一的文化定位:中国传统文化的物质载体与中国传统工匠技艺的日常呈现。东家的目标用户群比较明确,主要是具有一定经济实力、拥有一定文化背景、爱好中国传统文化技艺的新兴中产阶层,因此电商平台聚集了一大批优秀的中国传统手工艺匠人,目前东家平台已经有超过5000名匠人入驻,其中超过65%的匠人是"80后""90后"①,这些年轻的匠人为东家平台打造了符合年轻人文化需要的生活消费场景,使东家兼顾技艺的传统继承与年轻人的现代审美。东家比较成功的经验是非标品电商的运营方法:在线下,东家在景德镇、宜兴、苏州、揭阳、福州、西双版纳等产业带聚集地区设立城市经理,建立了针对匠人的全程互联网商业服务模式;在线上,东家针对非标品电商的成交场景独创了押窑、拍卖、探宝、开料、搭伙等新的成交模式。② 这些非标品电商的运营方法最终目的是创造可靠的高品质文化电商交易平台。

第二,生活消费场景的社交性。社交是每个人最基本的日常精神需求,电商平台与社交平台的融合已经成为具有共识性的平台设计理念,我们的主流电商平台上都能看到社交板块,例如手机淘宝的"微淘"频道、手机京东的"发现"频道、手机当当的"发现"频道、手机亚马逊的"发现"频道等,这些频道都具有社交功能,而与微信绑定的电商端口则更直接地利用了微信的社交优

① 《从电商升级文化生活平台,东家完成1.1亿B轮融资》,(2018-03-17)[2021-12-17],http://tech.qq.com/a/20180317/011405.htm。
② 《从电商升级文化生活平台,东家完成1.1亿B轮融资》,(2018-03-17)[2021-12-17],http://tech.qq.com/a/20180317/011405.htm。

势。但是,这些电商平台均只建立了一个社交频道,并不是完全将电商业务叠加在社交基础上,更彻底地利用社交场景来建构电商平台的实践案例是小红书。小红书成立于 2013 年,创建之初主要是一个用户分享购物经验的社交社区,随着用户的增加与市场口碑的提升,2014 年小红书在分享社区基础上搭建了电商平台。截至 2017 年 5 月,小红书用户突破 5000 万人,每天新增约 20 万用户,电商销售额已接近百亿元。2017 年 6 月 6 日,小红书 6 周年庆当日,开卖 2 小时即卖出 1 个亿元。① 小红书良好的电商销售成果得益于平台已有的社区文化建设,小红书是一个社区、电商、口碑库的综合平台,平台本身不会发布商家宣传和推销广告,商品信息完全依靠用户们的体验评价,宣传效果也完全取决于分享帖的热度,出于对分享帖真实性的认同与对社交分享的精神需求,用户很愿意在小红书电商平台上购买产品。小红书的成功说明了生活消费场景的社交性趋势,也证明了互联网文创电商可以充分利用人们的社交需求搭建更具用户黏性的电商平台。

第三,生活消费场景的娱乐性。将人们的娱乐满足与电商销售相结合已经是一个比较成熟的互联网文创电商业务板块,网络游戏、体育电商、"微电影+电商"等前文分析过的业态均实现了生活消费场景的娱乐性,在此不再赘述。未来,互联网文创电商将延续现有的成功经验,继续深化对大众娱乐市场的开发,近年来已经兴起了很多新兴娱乐产品,例如快手、抖音等微视频应用,以及唱吧代表的社交唱歌应用,这些娱乐应用产品说明人们的生活消费场景还存在很多值得开发的细分娱乐领域,以及值得互联网文创电商深入细分消费者的娱乐需求,开发针对性的娱乐产品。

七、资本关系:独角兽企业与互联网巨头的合作竞争

当前,中国市场上实力最强的互联网企业被合称为 BATJ:百度(B)、阿里巴巴(A)、腾讯(T)和京东(J)。据统计,2008 年 1 月 28 日,进入世界百强科

---

① 《社群运营:"当红小红书"的社群属性》,(2018-08-13)[2019-05-09],http://www.xiaohongshu.com/join。

技公司榜单的中国科技公司仅腾讯、百度、中兴通讯、富智康4家,且排名均在50名之后。而10年后,在2018年,百强名单内的中国科技公司已增至13家,其中的互联网公司腾讯、阿里进入了前十名,网易、微博、携程网等实力较强的中国互联网企业作为第二梯队也进入了百强榜单。①BATJ这4家实力最强的互联网公司已经成为中国互联网发展的主力。2017年,百度、阿里巴巴、腾讯和京东作为战略投资者入股中国联通,其中:腾讯投资110亿元,占5.21%;百度70亿元,占3.31%;阿里巴巴43.3亿元,占2.05%;京东50亿元,占2.36%。②这标志着BATJ已经进入了中国互联网基础框架建设的领域,成为塑造中国互联网市场的主要力量。截至2018年1月28日,全球市值最高的100家科技巨头总市值达69.14万亿元,其中超半数集中在前十科技股上。数据显示,全球十大科技巨头总市值达35.47万亿元,占比达51%。市值超万亿的科技股有15家,其中中国公司有3家,分别为腾讯、阿里巴巴以及台积电。③总的来看,中国互联网市场仍然呈现出以BATJ为代表的互联网巨头企业主导的基本业态。

与此同时,我们需注意到,互联网产业作为朝阳产业是目前中国创业最活跃的产业领域之一,每年都涌现出很多具有较高投资价值的企业,那些最近一次融资时企业估值超过10亿美元的新生代未上市的企业一般被称为独角兽企业。④独角兽企业是资本方的投资重点,反映了互联网产业领域的投资热点。根据第41次《中国互联网络发展状况统计报告》,截至2017年12月,中国网信独角兽企业总数为77家。从独角兽企业的服务类型分析,截至2017年12月,电商和网络金融类企业分别占总数的11.7%和10.4%;智能硬件、在线医疗和人工智能类企业分别占总数的6.5%、3.9%和3.4%。⑤另

① 《全球科技公司市值100强名单》,(2018-01-29)[2021-12-17],http://www.cs.com.cn/xwzx/hwxx/201801/t20180129_5688040.html.

② 《BATJ分别代表哪家公司　BATJ互联网四大巨头资料简介一览》,(2017-08-25)[2021-12-17],http://www.mrcjcn.com/n/240233.html.

③ 《全球科技公司市值100强:除了BATJ这些中企上榜》,(2018-01-29)[2021-12-17],http://www.cs.com.cn/xwzx/hwxx/201801/t20180129_5688040.html.

④ 第41次《中国互联网络发展状况统计报告》,(2018-01-31)[2021-12-17],http://www.cac.gov.cn/2018-01/31/c_1122347026.htm.

⑤ 第41次《中国互联网络发展状况统计报告》,(2018-01-31)[2021-12-17],http://www.cac.gov.cn/2018-01/31/c_1122347026.htm.

一份统计数据显示,截至 2017 年 12 月 31 日,共有 124 家估值超过 10 亿美元的互联网独角兽企业,它们的整体估值为 6155.35 亿美元,平均估值 49.64 亿美元。[①] 尽管两份统计数据存在差异,但都说明了互联网产业领域创业的活跃以及资本市场对互联网相关领域的投资信心,例如在 2017 年非常火爆的快手成为 2017 年的新晋独角兽企业,在 2017 年 3 月完成 D 轮融资时的估值为 30 亿美元,但在 2017 年末估值就上涨到 150 亿美元。[②] 由占比达到 11.7% 的电商类的独角兽企业可见互联网文创电商领域的创业创新热潮。

但是,我们需注意到,尽管独角兽企业具有巨大的升值空间,且大多瞄准一个专业领域做深做强,但仍然难以与阿里巴巴、百度、腾讯等互联网巨头相抗衡。据统计,2017 年,有 50.8% 的独角兽企业与百度、阿里巴巴、腾讯有直接或间接的股权关系,在最典型的细分行业中,能够脱颖而出的创业企业几乎都借助了百度、阿里巴巴、腾讯的力量,超过 50 亿美元的 23 家独角兽企业中有 21 家与百度、阿里巴巴、腾讯有合作投资关系,占比超过 90%。[③] 上述数据说明,在当前市场格局下,新兴创业企业要实现独立生存经营是十分困难的,独角兽企业融入互联网巨头的商业布局中不仅仅有创业企业需要资金的原因,更本质的原因是独角兽企业需要互联网巨头的产业链支撑,这说明了大多以垂直业务为发端的独角兽企业尽管估值很高,但事实上很难在垂直领域找到变现渠道,产业链的延伸仍然离不开大平台的基础支撑,典型案例就是摩拜被美团收购的例子。2018 年 4 月,美团和摩拜双方确认签署收购协议,上线 2 年的摩拜被美团收购。被美团收购后的摩拜将成为美团生活服务版图的出行部分,美团可以利用摩拜用户的出行数据,摩拜可以对接美团的其他生活服务环节,这说明摩拜并没有找到完全基于共享单车出行的商业变现模式,融入美团的产业链成为必然选择。与摩拜不同,ofo 拒绝了滴滴的收购,试图找到独立的商业变现模式,搭建基于共享单车出行的产业链,尽管我们现在还不能确定 ofo 的战略布局能否成功,但事实上 ofo 也接受了阿里巴

---

① 《2017 年诞生了 124 只独角兽,50% 以上都被 BAT 收割了》,(2018-02-08)[2021-12-17],https://www.sohu.com/a/221602711_313745。

② 《2017 年诞生了 124 只独角兽,50% 以上都被 BAT 收割了》,(2018-02-08)[2021-12-17],https://www.sohu.com/a/221602711_313745。

③ 《2017 年诞生了 124 只独角兽,50% 以上都被 BAT 收割了》,(2018-02-08)[2021-12-17],https://www.sohu.com/a/221602711_313745。

巴的巨额投资,ofo 仍然与互联网巨头存在密切的关联。① 我们在前文已经多次分析了垂直电商模式是互联网文创电商的重要创业选择,企业可以通过深挖人们的文化需求搭建有潜力的电商平台,同时也可以以内容资源为核心延伸产业链。从目前互联网产业领域的投资关系看,垂直电商模式可以支撑创业企业在价值增长初期的市场需求,但企业跨过创业期之后往往还需要通过与综合性电商平台的合作来获得市场消费空间、产业链延伸空间与可能的变现回报方式。

在当前中国互联网产业、文化产业发展的大环境中,我们仍然十分看好互联网文创电商的创业热潮,随着文化消费市场的日益细分与科技辅助条件的日益进步,互联网文创电商领域还会涌现更多的创业企业。国家的"大众创业,万众创新"战略为创业企业的成长创造了良好的环境,国家出台了一系列支持创业创新的政策文件,并为创业企业减负增值。2014 年 8 月,文化部、财政部、工信部三部委联合发布《关于大力支持小微企业发展的实施意见》,要求为小微文化企业提供市场审批便利,加大财税支持,开展人才培养,提供金融服务,明确支持小微文化企业参与公共文化服务。2015 年 3 月 2 日,国务院办公厅印发《关于发展众创空间推进大众创新创业的指导意见》。2015 年 6 月,国务院印发《关于大力推进大众创业万众创新若干政策措施的意见》,这是推动"大众创业,万众创新"的系统性、普惠性政策文件。2017 年 4 月,文化部发布的《文化部"十三五"时期文化产业发展规划》明确在"十三五"时期推动文化产业发展与"大众创业,万众创新"紧密结合,扶持文化领域创新创业,支持"专、精、特、新"中小微文化企业发展。我们相信,在"大众创业,万众创新"的热潮中会涌现出一大批优秀的创业企业,成为中国互联网文创电商未来的创新增长点。但是,我们同时要承认创业企业获得生存发展空间的方法途径仍然是一个尚无定论的、亟待探索的开放性课题,因此我们既要认清楚当前独角兽企业与互联网巨头之间的合作现实,也要支持独角兽企业探索独立商业模式的可能性。

整体上看,互联网文创电商的发展前景一片光明,它是国家"互联网十"战略的重要组成内容。2017 年 4 月,文化部发布的《文化部"十三五"时期文

① 《共享单车并购背后有何玄机？ofo 与阿里越走越近》,(2018-04-16)[2021-12-17],http://www.xinhuanet.com/2018-04/16/c_1122685688.htm。

化产业发展规划》明确推进"文化＋"和"互联网＋"战略,促进互联网等高新科技在文化创作、生产、传播、消费等各环节的应用,推动文化产业与制造、建筑、设计、信息、旅游、农业、体育、健康等相关产业的融合发展。2017 年 4 月,文化部发布的《文化部"十三五"时期文化科技创新规划》要求重点开展"互联网＋文化"行动,实施网络文化战略。"互联网＋"的产业潮流带来的是一场产业思维方式的剧变,"互联网＋"的意涵是进入互联网的传统文化产业从业者首先应该像互联网人一样思考互联网需要什么样的文化消费。例如,在阅读方面,"互联网＋"的产业思维不是把报纸放在互联网上阅读就可以了,而是要把报纸的传统经营模式放在一边,重新思考如何在互联网上进行全新的新闻出版。[①] 互联网文创电商作为一种新兴产业类型就要求从业者从根本上学习、实践新的商业模式,正如互联网给人们的生活方式所带来的翻天覆地的变化一样,互联网文创电商应该基于人们的互联网生活场景与文化消费需求寻找市场商机,塑造产业格局,开辟发展空间,从根本上奠定自身的核心竞争力与可持续发展能力,只要我们能够在人们的生活方式中培育好互联网文创电商的生存场景,互联网文创电商就一定会拥有美好的产业未来。

---

① 陈少峰:《互联网＋文化产业的价值链思考》,《北京联合大学学报》(人文社会科学版)2015 年第 4 期,第 7 页。

参考文献

[1] 尼葛洛庞帝.数字化生存[M].胡泳,范海燕,译.海口:海南出版社,1997.

[2] 科尔伯特.文化产业营销与管理[M].高福进,译.上海:上海人民出版社,2002.

[3] 李伯曼,埃斯盖特.娱乐营销革命[M].谢新洲,译.北京:中国人民大学出版社,2003.

[4] 花建.文化产业竞争力[M].广州:广东人民出版社,2005.

[5] 霍金斯.创意经济:如何点石成金[M].洪庆福,孙薇薇,刘茂玲,译.上海:上海三联书店,2006.

[6] 德鲁克.管理的实践[M].齐若兰,译.北京:机械工业出版社,2006.

[7] 德鲁克.创新与企业家精神[M].蔡文燕,译.北京:机械工业出版社,2007.

[8] 安德森.免费:商业的未来[M].蒋旭峰,冯斌,璩静,译.北京:中信出版社,2009.

[9] 金,莫博涅.蓝海战略:超越产业竞争,开创全新市场[M].吉宓,译.北京:商务印书馆,2010.

[10] 江和平,张海潮.中国体育产业发展报告:2008—2010[M].北京:社会科学文献出版社,2010.

[11] 弗罗里达.创意阶层的崛起[M].司徒爱勤,译.北京:中信出版社,2010.

[12] 陈少峰,张立波.文化产业商业模式[M].北京:北京大学出版社,2011.

[13] 奥斯特瓦德,皮尼厄.商业模式新生代[M].王帅,毛心宇,严威,译.北京:机械工业出版社,2012.

[14] 郝振省.2011—2012中国数字出版产业年度报告[M].北京:中国书籍出版社,2012.

[15] 熊彼特.经济发展理论[M].邹建平,译.北京:中国画报出版社,2012.

[16] 迈尔-舍恩伯格,库克耶.大数据时代:生活、工作与思维的大变革[M].
盛杨燕,周涛,译.杭州:浙江人民出版社,2013.

[17] 张立波,王鸿.文化企业商业模式创新案例[M].北京:北京大学出版社,2014.

[18] 徐子沛.数据之巅[M].北京:中信出版社,2014.

[19] 黎万强.参与感:小米口碑营销内部手册[M].北京:中信出版社,2014.

[20] 阿里研究院.互联网+:从IT到DT[M].北京:机械工业出版社,2015.

[21] 万赞.电商进化史[M].北京:机械工业出版社,2015.

[22] 陈少峰,张立波,王建平.中国文化企业报告2015[M].北京:清华大学出
版社,2015.

[23] 陈少峰,张立波,王建平.中国文化企业品牌案例[M].北京:清华大学出
版社,2015.

[24] 石锦.传统企业电商突围之路[M].北京:电子工业出版社,2015.

[25] 曲翠玉,毕建涛.电商理论与案例分析[M].北京:清华大学出版社,2015.

[26] 卡特姆.皮克斯的启示[M].靳婷婷,译.北京:中信出版社,2015.

[27] 崔保国.数字文化产业的未来[M].北京:清华大学出版社,2016.

[28] 喻晓马.互联网生态:重构商业规则[M].北京:中国人民大学出版社,2016.

[29] 范周.重构·颠覆:文化产业变革中的互联网精神[M].北京:知识产权
出版社,2016.

[30] 陈虎东.场景时代:构建移动互联网新商业体系[M].北京:机械工业出
版社,2016.

[31] 耿鸿武,张涛.新电商:做剩下的3%[M].北京:新世界出版社,2016.

[32] 张建生.垂直,引领电商的下一场革命[M].北京:人民邮电出版社,2016.

[33] 三谷宏治.商业模式全史[M].马云雷,杜君林,译.南京:江苏凤凰文艺
出版社,2016.

[34] 派恩,吉尔摩.体验经济[M].卢炜,夏业良,译.北京:机械工业出版社,2016.

[35] 杨洋.社群生态:引领移动互联时代的商业法则[M].北京:科学出版
社,2017.

[36] 李辉.文化产业发展模式研究[M].北京:中国社会科学出版社,2017.

[37] 张立波.基于大数据的文化企业商业模式创新[M].北京:北京大学出版
社,2017.

[38] 史瑞.论新媒体的产生、应用及其商业模式[J].现代商业,2008(2).

[39] 阮南燕,唐月民.全球价值链视阈下我国影视产业升级策略探究[J].学术交流,2011(4).

[40] 张立波.数字内容产业发展的五大趋向[J].文化产业导刊,2011(8).

[41] 陈永东.数字出版创新商业模式新解[J].出版广角,2012(10).

[42] 陈少峰.以文化和科技融合促进文化产业发展模式转型[J].同济大学学报(社会科学版),2013(1).

[43] 陈少峰,陈晓燕.基于数字文化产业发展趋势的商业模式构建[J].北京联合大学学报(人文社会科学版),2013(2).

[44] 朱东华,张嶷.大数据环境下技术创新管理方法研究[J].科学学与科学技术管理,2013(4).

[45] 王永生.大数据时代的商业模式创新研究[J].南京财经大学学报,2013(6).

[46] 陈波,张雷.基于大数据的影视剧制播模式创新[J].电视研究,2014(4).

[47] 魏薇,钟奕,尹杨.电商化,新媒体的下一个出口?[J].中国传媒科技,2014(5).

[48] 徐方.大数据时代下的影视业革新[J].西部广播电视,2014(9).

[49] 袁煌,潘宇.大数据在文化企业价值评估中的应用[J].中国资产评估,2014(10).

[50] 刘扬.互联网化电影发行的现状与发展分析[J].当代电影,2015(1).

[51] 陈少峰."互联网+文化产业"的价值链思考[J].北京联合大学学报(人文社会科学版),2015(4).

[52] 阿里研究院.信息经济呈现十大浪潮[J].理论参考,2015(3).

[53] 纪阳,孙婷婷.规模驱动的智能硬件产业创新模式[J].物联网技术,2015(4).

[54] 邹立清.电商视角下的文化产业发展研究[J].理论界,2015(8).

[55] 袁建平,向科衡.媒体电商互动商业场景构建对策[J].传媒评论,2015(12).

[56] 毛规.电商在大众传媒产业中的应用及意义:以电影产业为例[J].新媒体研究,2016,2(6).

[57] 桑子文,金元浦.互联网+、文化消费与艺术电商发展研究[J].山东大学学报(哲学社会科学版),2016(5).

［58］唐敏敏.从微信摇电视看大数据时代电视商业模式的创新［J］.声屏世界,2016(8).

［59］陈少峰,李源.文化产业的十种商业模式创新［J］.中国国情国力,2016(12).

［60］张学勤.电商的转型:交易电商转为内容电商［J］.人文天下,2016(12).

［61］俞华.我国微商新业态发展现状、趋势与对策［J］.中国流通经济,2016,30(12).

［62］杨芷静.自媒体时代的电商营销新形式［J］.电商,2016(10).

［63］陈婷.论新媒体时代的网红营收模式［J］.新闻研究导刊,2016,7(18).

［64］熊丽萍.博物馆文创产品销售的电商化发展前景与思考［J］.博物馆发展论丛,2017(00).

［65］韩宏斌.浅谈"互联网＋"给博物馆发展带来的机遇和挑战［J］.文物世界,2017(1).

［66］刘耀.新媒体环境下电商平台的发展战略研究［J］.经济研究导刊,2017(3).

［67］陈甜甜.浅谈博物馆文化创意产业的培育方法［J］.文物鉴定与鉴赏,2017(5).

［68］王晓玲.浅论地市级博物馆文化创意产品的开发与销售［C］//博物馆学文集.湖南省博物馆学会,2017(6).

［69］罗方妍.浅议电商平台在文创营销创新中的运用［C］//博物馆学文集.湖南省博物馆学会,2017(7).

［70］许定洁.基于"内容电商"的传统电商平台创新生态体系构建研究［J］.商业经济研究,2017(11).

［71］戴明禹.价值链转移视角下内容电商发展策略探讨［J］.商业经济研究,2017(22).

［72］孙丽君,张雪.VR影视产业盈利模式探析［J］.人文天下,2018(5).

［73］张宜春,蒋伟.大数据:助力文化产业转型升级［N］.中国文化报,2014-01-21.

［74］祖薇.微信"摇电视":电视的遥控器,微信的摇钱树［N］.北京青年报,2015-03-12.

［75］C. K. PRAHALAD, G. HAMEL. The Core Competence of the Corporation［J］. Harvard Business Review,1990(5、6).

［76］STEUER J. Defining Virtual Reality:Dimensions Determining Telepr-esence［J］. Journal of Communication,1992,42(4).

[77] BUGHIN J,CHUI M,MANYIKA J. Clouds,Big Data,and Smart Assets: Ten Tech-Enabled Business Trends to Watch[J]. McKinsey Quarterly, 2010(8).

[78] MCKINSEY. Big Data:the Next Frontier for Innovation,Competition, and Productivity[R]. McKinsey Report,May 2011(3).

[79] MEHTA ABHISHEK. Big Data: Powering the Next Industrial Revolution [J]. Tableau Software White Paper,2011(6).

[80] ARCHAK N,GHOSE A,IPEIROTIS P G. Deriving the Pricing Power of Product Features by Mining Consumer Reviews[J]. Management Science, 2011,57(8).

[81] LAVALLE S,LESSER E,SHOCKLEY R,et al. Big Data,Analytics and the Path From Insights to Value[J]. MIT Sloan Management Review,2011,52(2).

[82] DABENPORT T H,BARTH P,BEAN R. How "Big Data" is Different [J]. MIT Sloan Management Review,2012,53(5).

[83] ARAL S,WALKER D. Identifying Influential and Susceptible Members of Social Networks[J]. Science,2012,337(6092).

[84] ZHANG LIBO,HU YAN. Price Discrimination of Film Products and Building Hierarchical Market Under the Background of "Internet Plus" [J]. Contemporary Social Sciences, 2016(2).